China Stock

中国股票市场投资者行为选择与风险防范

孙春花 著

中国统计出版社
China Statistics Press

图书在版编目(CIP)数据

中国股票市场投资者行为选择与风险防范 / 孙春花著. ——北京:中国统计出版社,2013.4

ISBN 978 - 7 - 5037 - 6794 - 4

Ⅰ.①中…　Ⅱ.①孙…　Ⅲ.①股票市场—投资行为—行为选择—研究—中国②股票市场—金融风险防范—研究—中国　Ⅳ.①F832.51

中国版本图书馆 CIP 数据核字(2013)第 051986 号

中国股票市场投资者行为选择与风险防范

作　　者/孙春花
责任编辑/杨映霜
封面设计/黄　晨
出版发行/中国统计出版社
通信地址/北京市丰台区西三环南路甲 6 号 邮政编码/100073
电　　话/邮购(010)63376909 书店(010)68783171
网　　址/http://csp.stats.gov.cn
印　　刷/河北天普润印刷厂
经　　销/新华书店
开　　本/787mm×1092mm 1/16
字　　数/220 千字
印　　张/14.5
版　　别/2013 年 4 月第 1 版
版　　次/2013 年 4 月第 1 次印刷
定　　价/33.00 元

前言

中国用20多年时间建立与发展起来的股票市场虽然取得了炫目的成就，但依然年轻，各类问题还相当突出。如上市公司重融资轻回报，中小投资者的利益得不到应有的保护，市场监管缺位及滞后，信息披露不规范，甚至虚假信息充斥，等等。这导致了中国股票市场运行环境具有它的特殊性，同时，经济转轨期非稳定的心理特质及利益冲突使投资者行为选择更为复杂。中国股票市场特殊的运行环境和投资者行为选择的复杂性决定了其很难用传统主流金融理论进行分析。行为金融学的发展为研究中国股票市场提供了全新的视角与工具，同时，我们这样的市场也为行为金融学的进一步发展与指导实践提供了演练场。

本书综合运用心理学、统计学、行为金融学、数理经济学和博弈理论等多个学科知识，全面分析与研究中国股票市场的运行特征与投资者的行为选择，以期达到寻求适合中国股票市场投资风险防范与管理方案。

本书是在我的博士论文的基础上改写而成的，在博士论文书写期间，我的导师李腊生教授给予了悉心的指导，不论是我们共同发表的论文，还是我的博士论文无不饱含他的心血与智慧。他深厚的学术功底，敏锐的洞察力，独特的视角，严谨的学术风范，严于律己宽以待人的崇高品格深深地影响着我，在此向他表示衷心的感谢。同时，我还要特别感谢肖红叶教授、周国富教授、刘乐平教授、顾六宝教授、杨贵军教授、董璐教授、刘小欣教授、雷钦礼教授、金杭教授、马树才教授、史代敏教授、李金昌教授、许鹏教授等，他们在论文的评议与答辩过程中，均提出了诸多建设性意见，从而为本书的最后形成奠定了基础。中国统计出版社的陈悟朝主任对本书的出版提供了诸多帮助，在此表示感谢。感谢我的七位博士同学李时兴、蔡春霞、马蓉、卢英、蔡阳、连飞与张慧敏，他们性格各异，聪慧坚韧，不仅是我攻读博士生涯中共同挑灯夜读的同窗，也是我学习和生活中的良师益友，他们的鼓励与帮助使我获益匪浅。感谢与我师出同门的刘磊、耿晓媛等兄弟姐妹，他们给了我很多帮助与启示。这里，也非常感谢我工作单位内蒙古财经大学的各位领导与同事，为我攻读博士期间的工作提供了诸多方便与支持，生活上给予了诸多关怀，使我有更多的时间和信心完成学业，令我终生感念。

最后，我还要特别感谢我的父亲给予我的支持与鼓励。感谢我的先生吴文斌给予的关爱与理解，在我离家于天津财经大学攻读博士学位的一年时间以及后来书写博士学位论文期间，他独自悉心照顾儿子，使我安心于学业。同时文中涉及的图基本是在他的帮助下完成的。我的儿子吴迪聪明伶俐、乖巧可爱，在我一边工作一边攻读硕士学位期间生育了他，坐在妈妈的怀里陪伴我学习、考试与书写论文，直到硕士毕业。现在他又与我同级，只不过他上小学三年级，我是博士三年级。在他人生第一次迈入学校大门开始学习生涯的时候，在许多孩子需要家长陪伴适应学校生活的时候，他却在只有爸爸陪伴的日子里顺利适应了学校生活，一想到他，我欣慰与感激之情油然而生。

谨以此文献给我的亲人们，感谢他们的爱与奉献。

由于本人水平有限，书中难免错误与纰漏，请各位专家与学者批评指正。

孙春花

2013年1月于呼和浩特市

目录

第1章 绪 论 …… 1

1.1 研究背景与问题的提出 …… 1

1.1.1 投资选择理论的发展 …… 1

1.1.2 中国股票市场的现状 …… 7

1.2 研究的理论意义与现实意义 …… 8

1.3 结构设计与内容安排 …… 10

1.4 可能的创新性工作 …… 12

第2章 中国股票市场运行的基本特征 …… 14

2.1 中国股票市场总体运行特征 …… 14

2.1.1 中国股票市场的主要成就 …… 14

2.1.2 中国股票市场的发展阶段 …… 18

2.1.3 中国股票市场发展中存在的问题 …… 21

2.2 中国股票市场上市公司经营与信息披露特征 …… 31

2.2.1 上市公司经营状况 …… 31

2.2.2 上市公司信息披露 …… 34

2.3 中国股票市场投资者特征 …… 38

2.3.1 机构投资者特征 …… 39

2.3.2 个人投资者特征 …… 42

2.4 中国股票市场监管特征 …… 43

2.4.1 中国股票市场监管的发展阶段 …… 43

2.4.2 中国股票市场监管中存在的问题 …… 45

第3章 基于行为金融学的选择理论 …… 48

3.1 不确定性、风险与选择 …… 48

3.1.1 不确定性与风险 …… 48

3.1.2 选择与选择路径 …… 49

3.2 行为金融理论对传统主流金融理论的挑战 …… 51

3.2.1 行为金融理论对理性假设的质疑 …… 52

3.2.2 行为金融理论对市场有效假说的质疑 …… 55

3.3 基于行为金融学的选择理论 …… 57

目录

3.3.1 行为金融理论的发展 …… 58
3.3.2 前景理论中的选择理论 …… 61
3.3.3 行为人的认知偏差 …… 68
3.3.4 基于行为金融学的选择理论研究综述 …… 72

第4章 中国股票市场投资者行为选择 …… 77

4.1 中国股票市场投资及博弈关系 …… 77
4.1.1 局中人及其特点 …… 78
4.1.2 中国股票市场的博弈关系 …… 79
4.2 机构投资者的行为选择 …… 85
4.2.1 机构投资者“有意识”股价操纵与投机的行为选择 …… 85
4.2.2 机构投资者的羊群行为选择 …… 87
4.3 个人投资者的行为选择 …… 88
4.4 投资者行为选择与股价泡沫 …… 90
4.4.1 均衡定价下的投资者行为选择 …… 90
4.4.2 一致性投机与股价泡沫 …… 92
4.4.3 投资者行为选择对股价泡沫的影响 …… 97

第5章 基于行为选择的资产定价模型 …… 100

5.1 噪声交易与噪声交易者 …… 100
5.2 资产定价模型的发展与演变 …… 103
5.2.1 传统资本资产定价模型的发展与缺陷 …… 103
5.2.2 行为资产定价模型 …… 106
5.3 基于行为选择的资产定价模型 …… 112
5.3.1 基于投资者异质的行为资产定价模型 …… 112
5.3.2 基于混合预期的行为资产定价模型 …… 117
5.3.3 基于损失厌恶偏好的行为资产定价模型 …… 118
5.3.4 基于参考价格的行为资产定价模型 …… 121
5.4 中国股票市场行为资产定价模型的实证分析 …… 123
5.4.1 市场指数构建 …… 123
5.4.2 模型选择与数据处理 …… 124
5.4.3 检验结果分析 …… 127

目录

第 6 章　中国股票市场风险度量 …… 130

6.1　风险度量与 VaR …… 131
6.1.1　风险度量 …… 131
6.1.2　金融风险度量技术——VaR …… 132
6.1.3　损失厌恶偏好、满意准则与 VaR …… 133
6.2　VaR 估测中的概率分布设定风险 …… 135
6.2.1　决策中概率分布设定的风险 …… 135
6.2.2　非线性模型中非正态性的风险 …… 137
6.3　股票收益率非正态性检验 …… 141
6.3.1　股票收益率非正态性的经验证据 …… 142
6.3.2　正态性检验方法 …… 143
6.4　非线性 VaR 模型的改进 …… 148
6.4.1　非线性 VaR 模型的样本数据转换方法 …… 148
6.4.2　收益率分布主观模型 …… 152
6.5　中国股票市场正态性转换时变 VaR 估测 …… 155
6.5.1　基于收益率时变性的正态性转换 …… 156
6.5.2　中国股票收益率的正态性检验 …… 157
6.5.3　中国股票收益率分布时变性检验 …… 157
6.5.4　股市周期诊断与样本数据 …… 161
6.5.5　中国股票牛熊市正态性转换时变 VaR 的计算 …… 161
6.5.6　准确性检验 …… 164
6.6　中国股票市场噪声交易风险的测定 …… 166

第 7 章　行为资产组合模型与风险防范 …… 168

7.1　基于投资者损失厌恶偏好的行为资产组合选择 …… 169
7.1.1　损失厌恶型投资者的最优解 …… 169
7.1.2　损失厌恶型投资者的行为选择 …… 171
7.2　前景理论回报－风险模型 …… 175
7.3　基于损失厌恶偏好与心理账户行为资产组合选择 …… 176
7.3.1　中国股票市场行为资产组合模型的经验研究 …… 176

7.3.2 基于 VaR 的单心理账户行为资产组合模型 …… 179
7.3.3 VaR-BPT-SA 模型与 BPT-SA 模型的比较 …… 179
7.3.4 优化问题的等价 …… 180
7.3.5 VaR-BPT-SA 模型的有效边界 …… 183
7.3.6 不允许卖空情况下的 VaR-BPT-SA 模型 …… 190
7.3.7 VaR-BPT-MA 模型 …… 193
7.4 中国股票市场行为资产组合模型的实证分析 …… 195
7.4.1 模型构建与数据选择 …… 195
7.4.2 数据处理与模型回归 …… 197
7.5 实证结果分析与风险防范 …… 199

第 8 章 总结与展望 …… 202

8.1 总结 …… 202
8.2 中国股票市场风险防范的相应建议 …… 204
8.3 研究存在的问题与展望 …… 209

参考文献 …… 210

第一章

绪　论

1.1　研究背景与问题的提出

1.1.1　投资选择理论的发展

对于"面临着复杂的不确定性"时的选择问题，传统主流金融理论认为经济主体的选择行为是通过高度复杂的思维活动做出的，所以借用了哲学的"理性"概念对复杂的人类行为进行了抽象假定。假设经济理性是一种行为方式，即经济行为人对其所处环境的各种状态及不同状态对自己支付的意义都具有完全信息，并且在既定条件下每个行为人都具有选择使自己获得最大效用或利润的意愿和能力。这样选择过程首先是搜集与获取信息，然后进行信息的筛选与滤波，进而建立选择框架，最后投资者在知识、经验和财富等约束下（当可以进行无限制的借贷时可以放宽财富约束），最大化收入或效用的选择行为即是投资者的最优选择行为。由此传统主流金融学发展出了两种研究投资选择的范式：Markowitz（1952）的均值－方差模型与 Von Neumann-Morgenstern（1947）的期望效用理论。这为传统主流金融理论的投资选择构建了堪称完美而简单的分析框架。这种范式为投资选择行为提供了一种简单的标准和理想境界，无论投资者出于何种投资动机（资本增值、投机、变现等），采取何种投资方式（投资、投机或经纪），最基本的目的是获取利润，在这种趋利避害的目标指导下，权衡风险与收益使自身效用最大化这种指导思想贯穿于投资者全部的投资选择活动中。正是由于传统主流金融理论研究投资者选择过程的方式太过于理想化，所以使得传统主流金融理论在指导投资选择实践过程中缺乏现实意义。

从理想化走向现实化的金融学发展过程将会具有放松理论假设、发展更具有普遍意义的分析框架和更写实的模型特征。放松理论假设意味着将更多的分析因素纳入模型之中，从而减少了因为遗漏重要因素而造成失真的可能性。因此此后大量的研究工作主要沿这条路径展开。

(1)均值一方差模型研究综述

1952年，Markowitz最早将收益率和方差结合起来进行资产组合选择的研究，从理论上论证了“不要将所有的鸡蛋放在同一只篮子”的意大利谚语的合理性。通过对有效组合的收益与风险权衡关系，即有效边界，以及风险规避型投资者最佳投资组合选择的研究，揭示了如何通过分散投资来降低风险的内在机理，从而开创了现代投资组合理论的先河。

随着时间的推移以及研究的不断深入，人们逐渐发现Markowitz的均值一方差模型在指导投资实践过程中存在的缺陷(Borch，1969；Feldstein，1969)。主要包括：①Markowitz的均值一方差分析，以资产收益率变动的方差或标准差来度量投资者面临的风险，将资产组合的总风险分解为组合中单个资产收益的方差和各个资产收益之间的协方差，这虽然实现了技术上的可行性，但均值一方差模型计算量太大，且非常复杂，使其在实际中难以操作。②这种方法虽然可以有效地减小组合收益的波动，但随着相关问题研究的进一步深入，以方差作为风险的计量指标却受到了越来越多人的批评。第一，方差不适于描述低概率事件的风险，而低概率事件往往可能会造成收益的巨大波动，带来致命的损失。第二，由于方差是一种双边风险测度，在市场监管者视角下它是一种合理的风险测度，因为市场的极端向上变动或向下变动都不利于整个市场的稳定发展。然而从金融机构和投资者的角度来看，方差作为风险测度并不是非常合理的。这是因为他们作为风险承受者更关注的是可能遭受的偏离某一目标的不利状态和可能的资产损失。第三，用方差度量风险是基于风险未来收益率的不确定性或易变性的认识，而Fishburn等人的研究表明，易变性或不确定性并不是风险的本质属性，所以用收益率的易变性来描述风险是不合适的。③投资选择过程中只考虑均值、方差二元因素的影响是一种理想状态，实际投资选择中不可避免还要受到其他多种因素以及投资环境的影响。

继Markowitz的均值一方差模型之后，研究投资选择问题的改进工作主要从四个方向展开：①不断寻求与完善均值一方差模型的解决方法。针对均值一方差模型求解问题的改进工作，Mqaruardt(1970)提出了分数秩估计法，Hoerl和Kennard(1970)提出了岭估计和广义岭估计，Balakrishna等(1988)提出了压缩估计法。Kawadai和Konno(2001)研究了协方差矩阵具有稠密和高秩的大规模均值一方差模型的算法。Fernández(2007)将神经网络方法用于求解投资组合问题。屠新曙、王键(2000)通过建立无非负约束和有非负约束条件下证券组合的临界线方程,分别用一种独特的几何方法求解了允许卖空与限制卖空时证券组合投资最优权重。李腊生、翟淑萍(2006)使用矩阵形式给出了投资组合最优解的简单形式。王雪峰、叶中行(2007)使用 SPO 算法(particle swarm optimization,粒子群优化算法)讨论了投资组合选择问题。②在均值一方差模型中不断改进风险的度量方法。通过在均值一方差模型基础上不断改进风险的度量方法而提高投资选择技术的研究工作较多。而这一问题的改进又有两个分支:一是对风险指标的改进。Markowitz(1959)提出了均值一半方差模型,Hogan 和 Warren(1972)使用均值一低于目标收益率半方差构架,对投资组合选择问题进行了研究。Bawa(1975,1978),Bawa 和 Lindenberg(1977)及 Fishburn(1977)等学者将研究中心从半方差转移到下偏距(lower partial moment,LPM),并以谨慎的数学推导证明了 LPM 与随机优势的相关性,以此来发展均值一下偏距投资组合架构。Alexandre. G,A. Baptisa(2002)对均值一方差模型和均值一VaR 模型进行了系统的比较分析,阐述了二者在投资组合分析中的联系与区别。Jarrow 和 Zhao(2006)给出了 M-V 模型和 M-LPM 模型的仿真比较。张鹏(2008)运用不等式组的旋转算法,并结合序列二次规划法研究了不允许卖空情况的均值一方差和均值一VaR 两种投资组合问题。二是对分布假设的改进。Rachev、Hna(2000)和 Ortobelli, Huber 和 Schwartz(2002)研究了稳定分布条件下的投资组合模型。Consigli G(2002)研究了肥尾分布情况下均值一VaR 投资组合模型。Tsao 和 Chueh-Yung(2010)使用非受控排序遗传算法(non-dominated sorting genetic algorithm,NSGA-II)讨论了均值一VaR 模型的有效边界。Radovan Parrák 和 Jakub Seidler(2010)基于 2007 年与 2008 年动荡市场中捷克金融市场数据通过投资模拟方式对比了均值一方差模型与均值一VaR 模型。文凤华等(2002)根据行为金融理论中对风险偏好的描述,用 VaR 来定量风险偏好,并用这种偏好来指导最优投资选择。姚京、李仲飞(2004)使用等 VaR 线分析了均值一方差模型与均值一VaR 模型的内在联系,同时分别考虑了存在无风险资产、负债和非正态分布时的情形下均值一VaR 模型的有效选择问题。徐绪松、侯成琪(2006)研究了非正态稳定分布条件下投资组合收益和风险的度量,建立了均值一尺度参数投资组合模型。姚海洋(2008)利用无套利均衡分析方法,在任意收益率分布下研究了奇异协方差矩阵情形的均值一CVaR 模型的有效边界特征。③放宽均值一方差模型的假设条件,考虑有摩擦情况下、多因素情况下投资组合问题或增加其他约束条件下的投资决策问题。Jacob(1974)研究了带交易费用的最优投资组合。Patel 和 Subrahmanyam 等(1982)讨论了固定交易费的投资组合问题。Pogue(1970),Chen 等(1971)分析了可变交易费问题。Mansini 和 Speranza(1999)应用三种不同的启发式算法求解具有最小交易单位数限制的投资组合问题,并利用米兰证券交易市场的实际数据进行了验证。Crama 和 Schyns(2003)应用模拟退火方法求解具有复杂约束的投资组合问题。Chang(2000)应用遗传算法(GA)、禁忌算法(TS)和模拟退火算法(SA)求解复杂约束下的投资组合问题。Schaerf(2002)基于禁忌算法求解具有混合整数约束的投资组合问题。韩其恒等(2002)引入存在买空和卖空限制或借贷限制,研究了投资组合选择问题。荣喜民等(2005)在收益率服从正态分布的假设下,利用均值—VaR 方法,提出了有交易费用存在时的最优投资组合模型。黄思明等(2006)以投资者所获取的最大投资效用为目标函数,得到一个摩擦市场上适用于"允许买空卖空或借贷"的证券投资组合的二次规划模型。姚海洋,李仲飞(2009)研究了含无风险资产且具有不同借贷利率时投资组合选择的效用最大化模型,利用均值－VaR 模型有效边界的性质,得到了一般效用函数下最大效用存在的条件及最优解特征。李腊生等(2011)基于均值—方差模型,讨论了不同风险偏好投资者投资组合选择最优解,剖析了风险规避、中性、追求型三类投资者的投资组合选择行为。④新投资准则的建立。Roy(1952)研究了安全首要准则(safety first)的最优投资组合选择问题,与均值—方差模型思路不同,安全首要准则是在给定"灾险水平"这一事件的概率而极小化收益。Konno 和 Suzuki(1995)给出均值－方差－偏度投资组合选择模型,研究了收益分布不对称时,相同均值和方差在偏度不同状况下投资组合收益的大小。Yu 和 Wang(2006)用神经网络方法解决了均值—方差－偏度投资组合的求解问题。Young(1998) 构建了基于组合收益最小顺序统计量作为风险度量的极小极大(minimax) 投资原则的投资组合模型。León(2002),Wang 和 Zhu(2002)建立了基于资产收益具有模糊性的模糊投资组合选择模型。Ammar 和 Khalifa(2003)通过凸规划的方法讨论了模糊投资组合选择模型。Deng 等(2005)基于投资者考虑最坏情形下寻找最优投资策略的投资组合选择模型,并得到了存在无风险资产条件下的最优投资策略和资产定价模型。

从国内外的研究可以看出,均值—方差模型改进工作的发展脉络。即在关注均值—方差模型求解问题的同时,逐渐认识到方差作为风险度量指标的缺陷,于是寻求改进风险度量方法逐渐成为均值—方差模型改进研究的主流。Markowitz 等学者先后使用了半方差、绝对偏差、下偏矩等代替方差作为风险度量指标,虽然对方差测度风险的缺陷进行了一些改善,但是这类波动类风险测度指标还是间接地而不是直接地测度人们对风险的感受。而放宽均值一方差模型的假设条件，考虑有摩擦情况下、多因素情况下投资组合问题或增加其他约束条件下的投资决策问题方面的改进都没有突破均值一方差二元分析框架。新投资准则从不同角度解决了不确定性投资选择问题，但是没有形成统一的具有一定普适性的分析框架，故这些模型在实际投资选择中没有得到广泛的使用。同时由于非正态性假设下 VaR 计算的复杂性，关于均值一VaR 模型，目前的研究仅停留在正态假设下的投资组合选择问题，而大量的实证结果却表明，现实收益率的分布是非正态的。

(2)投资选择的期望效用理论研究综述

期望效用理论(expected utility theory，EU)由 Von Neumann and Morgenstern(1947)等人，继承 18 世纪数学家 Bernoulli 对“圣彼得堡悖论”(St Petersburg paradox)的解答，经严格的公理化阐述而形成。期望效用理论是研究在风险和不确定条件下进行合理选择的理论基础。后来，Arrow 和 Debreu 将其吸收进瓦尔拉斯均衡的框架中，成为处理不确定性选择问题的分析范式，进而构筑起现代微观经济学，并由此展开的包括宏观、金融、计量等在内的宏伟而优美的理论大厦。

期望效用理论通过引入投资者关于风险和收益、消费和投资的偏好结构，构造了投资者的效用函数，准确地反映了投资者对收益和损失的态度，系统地揭示了偏好结构对资产组合选择的影响。这些都是 Markowitz 均值一方差分析在理论分析上所无法比拟的。但由于投资者推导效用函数需要很高的计算成本，且期望效用分析只能针对特定投资者的偏好结构提供最优的资产组合，这就造成了现实操作上的困难。随着实验心理学的发展，期望效用理论在实验经济学的一系列选择实验中受到了一些“悖论”的挑战，如同结果效应、同比率效应、反射效应、概率性保险、孤立效应、偏好反转等。随后大量学者对期望效用理论进行了改进与发展，其主要集中在两个方面：一是对期望效用中权重的研究。在 EU 理论的基础上，Savage(1954)提出主观期望效用(subjectively expected utility，SEU)最大化理论，即决策备选方案的选择遵循主观效用函数最大化原则。然而 Daniel Ellsberg(1961)在一篇论文中通过两个例子向主观期望效用理论提出了挑战。Kahneman(1978)提出了主观权重效用(subjectively weighted utility，SWU)的概念，用选择主体主观的权重替代线性概率，就可以解释 Allais 问题和共同比率效应。再后来 Kahneman 和 Tversky(1979)提出了著名的“前景理论”(prospect theory，PT)，作为风险选择的描述性模型，“前景理论”是对 EU 的批判，其核心是通过价值函数和决策权重函数的选择，解释

EU无法解释的金融异象，是对SWU的进一步发展。二是扩展性效用函数(generalized utility model)的研究。针对同结果效应和同比率效应等，放松期望效用函数的线性特征，将用概率三角形表示的期望效用函数线性特征的无差异曲线，扩展成体现局部线性近似的扇形展开。Loomes和Sudgen(1982)所提出的“后悔模型”引入了一种后悔函数(解释共同比率效应和偏好的非传递性)，将效用奠定在个体对过去“不选择”结果的心理体验上，对期望效用函数进行了改写(仍然保持了线性特征)。Kurz(1968)首次将财富偏好引入效用函数，不过他的具体做法是将资本存量引入效用函数。Abel(1990)率先将习惯因素引入消费资产定价模型，以解释“股权溢价之谜”、“无风险利率之谜”，并说明行为人非理性特征，但他考虑的情况仅限于习惯是内部形成的。Hansen和Jagannathan(1991)利用生命周期效用函数研究资本资产定价模型。Epstein和Zin(1989,1991)提出的非期望递归效用模型，首次打破消费资产定价模型及其改进模型中的效用函数中两种风险偏好的不合理的数学关联(效用函数中的风险规避因子既表示截面风险又表示了时序风险偏好)。Campbell和Cochrane(1999)将模型扩展到外部习惯。Barberis(2000)等研究了期末财富期望效用幂效用投资者的资产组合选择问题。Shefrin和Stataman利用Cobb-Douglas函数提出了代表投资者既想避免贫困，又希望变得富有的愿望的两心理账户模型。Munk等(2003)利用生命周期效用函数研究了积累消费效用和期末财富期望效用最大化投资者的最优消费和资产组合选择问题。Chacko和Viceira(2003)利用Epstein-Zin效用函数，研究了投资者的最优消费和资产组合选择。

从上述文献回顾中可以看到，对期望效用理论的改进工作大多数是从其两个决定要素分别展开的，并且每一次的改进只是针对某一因素或解释某类特定经济现象，是对效用函数选择主体的情绪与行为因素的重视，说明人们逐渐意识到人的因素对于选择过程的影响。

(3)投资选择的行为金融学研究综述

随着实验与实证研究的深入，金融学者们借鉴心理学、社会学等学科相关研究成果，放松理性人的假设，尝试从投资者的实际心理和行为出发，建立新的模型来解释金融异象，从而诞生了行为金融学(behavioral finance)。行为金融理论借鉴了Simon(1978)的“有限理性”假设，对主流金融学提出了严峻的挑战。在行为金融学家看来，经济学中“理性”概念的含义太过于理想化，理性人应该是有理性愿望而没有完全理性能力的人。股票市场中的投资者实际上并不符合传统主流金融学的理性人假设，在面临不确定条件下进行投资选择时，他们会表现出明显的心理偏差，如后悔(regret)、损失回避(loss aversion)、过度自信(overconfidence)、非贝叶斯法则的预期以及框架效应等，这些心理偏差不是随机的，表现在其投资行为上，会呈现出明显的“羊群效应”(herding effect)特征。同时，所谓的“市场选择”也不是绝对的，非理性交易者是能够在市场中长期生存的，DeLong，Shleifer，Summers 和 Waldmann(1990)在其论文中证明了非理性交易者的生存机制。

行为金融学的兴起是对传统主流金融学的挑战。它较为系统地解释了众多市场异常行为，突破了传统主流金融理论的巢臼，在心理学、行为学研究成果的基础上从投资者的投资实际选择心理出发，重新审视主宰金融市场的人的因素对市场的影响，着重研究投资者的行为选择过程和以此为基础的市场选择。行为金融学使人们对投资者行为的研究由“应该怎么做选择”转变到“实际是怎样做选择”，它揭示了投资者心理因素在选择行为及市场定价中的作用和地位，从而使研究更接近于实际。

1.1.2 中国股票市场的现状

中国股票市场的产生是中国渐进式改革路径的必然产物。1981 年 9 月国内首家股份有限公司——北京天桥股份有限公司成立。1984 年 11 月，上海飞乐音响公司改制为股份有限公司，成为中国第一家向公众公开发行股票的股份公司。1990 年 12 月 19 日，上海证券交易所正式开业。1991 年 7 月 3 日，深圳证券交易所诞生，两个交易所的成立拉开了新中国金融市场发展的序幕。此后在短短的二十余年里，中国股票市场经历了一个从无到有，从小到大，从试点到逐步规范、积极稳妥发展的曲折历程，截至 2010 年底，在中国沪、深两个证券交易所上市的公司总数达到了 2063 家，境内上市外资股(B 股)达到了 108 家，境外上市公司数(H 股)达到了 165 家，融资的开放度也提高了不少。同期中国股票市场的总发行股本达到 33184.35 亿股，其中流通股本达到了 25642.03 亿股，约占 77.27%。两市股票市价总值达到了 256422.59 亿元，其中流通市值达到了 193110.41 亿元，约占 75.31%，沪、深两个证券交易所开户投资者总数达到了 18858.28 万户。2010 年两市股票成交量达到了 42151.98 亿股，成交金额为 545633.54 亿元。

作为一个兼具新兴和转轨双重特征的资本市场，中国股票市场具有典型的非有效和非理性特征，大量与公司基本面无关的信息主导着市场。许多研究者通过大量的实证分析证明中国股票市场投资者普遍存在着“代表性偏差”、“羊群效应”与“追涨杀跌”等现象；除了投资者行为存在偏差之外，上市公司、中介机构甚至于政府的行为也都不同程度地存在着非理性的偏差，它们都会对投资者行为结果产生重要的影响;此外,中国股票市场还具有显著的股价平均化和波动趋同化的特征。这些现象说明,在中国股票市场中,与基本面无关的噪声泛滥、噪声交易主导市场,其结果导致市场定价不合理,价格波动模式扭曲。同时,由于动量收益随着持有期的延长而衰退,导致整个市场的投资行为短期化。无论是上海证券市场还是深圳证券市场每年换手率基本都在200%以上,多数年份的换手率都在400%以上,其中2007年,上海和深圳证券市场的换手率都超过了900%,流动性居全球证券市场之首。这说明中国股票市场投资者多数年份对一只流通股的平均持有期只有50天左右。如果像许多经济学家指出的那样,美国股票市场77%的换手率已蕴含了相当比例的"非理性交易者"的话,那么中国股票市场就更是一个非理性交易者主导的市场了(贾男,2007)。

本书选择中国股票市场作为研究对象,主要出于以下三方面的原因:一方面,中国股票市场和世界上其他新兴市场一样,价格波动剧烈、少数人控制市场、内幕交易、内部人控制与关联交易等市场不规范现象俯拾皆是,信息很难能完全包含在股票价格之中,行为金融学的发展与不断成熟为分析和研究中国股票市场与投资者行为提供了全新的视角与工具。第二方面,高度的投机性和由此所引起的价格风险破坏了资源的合理配置,导致了中国股票市场的有效性程度低,在市场高速发展的同时,许多隐性的市场风险不断积聚,这些风险将随着市场的成熟和开放而逐渐显现出来。投资者作为股票市场的直接参与者和证券产品的消费者,其行为对市场的影响是巨大的,深入研究中国股票市场的投资者行为偏差和制度约束,寻求股票市场发展的矛盾根源,对于我们深刻认识股票市场的功能定位和运作机制,防范金融风险和金融危机,推动股票市场的发展和完善,具有重大的理论和实践意义。第三方面,党十七大提出"创造条件让更多群众拥有财产性收入",开启居民财富增长新格局。"十二五"规划强调要"创造条件增加居民财产性收入",要"逐步提高居民收入在国民收入分配中的比重"。股票市场作为实现居民拥有和增加财产性收入的重要途径,如何使其成为现实,则是一个需要专门研究的重大课题。面对2007年下半年以来中国股票市场持续低迷的现实,2012年1月的全国金融工作会议上,温家宝总理说出了"提振股市信心"的号召。如何落实这一号召,则又是我们所面临的全新课题。

1.2 研究的理论意义与现实意义

本书试图通过对中国股票市场运行特征的全面考察,揭示中国股票市场投资者行为选择和股票价格波动的深刻原因，为行为金融理论在中国的实际应用和投资者行为研究开拓新的思路和途径；并通过对中国股票市场价格波动与风险的研究，进一步探讨中国股票市场投资者的行为选择，为促进中国股票市场风险防范和保护投资者权益提供理论依据和实践指导。

本书的学术及实践意义可以从以下几方面来认识：

(1)行为金融学最初的提出只是针对传统主流金融学难以解释的金融异象，经过大量学者的共同努力与推进，今天行为金融学已得到极大发展，被广大学者所熟识。行为金融学试图不再仅仅局限于对传统主流金融理论的挑战以及对金融异象的解释，而是要概括行为特征，提炼行为特征，建立包容传统主流金融学的理论体系和分析框架，行为经济学模型不仅要考虑客观的备选方案以及环境对它们的影响，而且还要包括选择主体认知局限性、主观心理因素以及环境对选择主体的心理影响等因素，它必须是普适性更强的模型，从而使传统主流金融学的理性模型成为其特例。今天中国的股票市场，其是经济改革与经济转轨的产物，这决定了它的制度背景、运行环境与投资者心理都不同于成熟市场，客观上也需要有一个更为包容的理论体系提供指导，行为金融学也许能成为研究中国股票市场的重要工具，同时，我们这样的市场也许能为行为金融学的进一步发展与指导实践提供合适的演练场。

(2)行为金融学研究“实际怎样做选择”，拉近了理论与现实之间的距离。随着对行为金融学研究的深入，行为金融学对于经济现象的描述性解释具有很强的优势，但是将投资者主观因素客观地反映到模型中还存在一定困难，还没有形成规范的模型分析框架，从理论到指导实践还有一定距离。因此，如何将行为金融理论引入模型(例如，将多心理账户理论以及 SP/A 理论如何引入资产组合模型)，形成规范模型分析框架，对规范分析与指导实践就十分紧迫。

(3)由于中国股票市场发展历史较短，投资者的投资理念及投资心理尚未成熟，在目前中国政治稳定，宏观经济形势持续向好、国家经济政策没有突变，上市公司的质量暂时没有大的改观的情况下，股票投资者的规模、理性程度和心理因素等都对股票市场的发展、壮大以及繁荣程度产生着重要的影响，股票投资者行为选择的健康程度如何将直接影响股票市场发展路径的选择。为了保障股票市场耦合契约效率的正确发挥，对股票市场投资者行为的研究从未停止过。因而本书选择行为金融学对中国股票市场投资者行为选择的研究也具有很强的现实意义。一方面，对中国股票市场投资者行为选择进行研究，将会为证券监管部门的政策制定提供一定理论依据，从而在一定程度上引导投资者的行为，保护投资者的利益，促进中国股票市场的健康稳定发展。另一方面，同成熟的市场相比，中国股票市场并不满足传统主流金融学的有效市场假说，基于传统主流金融学的投资理论并不一定适合于中国投资者。结合行为金融理论，考察中国股票市场投资者的选择行为，对投资者制定科学的投资策略，提供投资选择参考大有裨益。

(4)投资者行为选择又是股票市场的风险源。中国股票市场特定市场选择环境或约束中，投资者选择行为影响股票市场价格的波动，从而决定股票市场风险不仅包含市场风险，还可能会存在噪声交易风险。而风险与风险的大小关系股票投资目标能否实现与实现程度，是投资者关注的焦点。目前测度风险大小的指标与方法众多，但是由于选择的测度方法不同，得到的风险值也可能迥异。可想而知，将这样的风险值用于投资选择、风险防范与管理，会有什么样的后果，因此，风险测度方法的选择以及提高特定风险测度方法估值的准确性，改善其估测精细化的有效性也显得十分重要。

1.3 结构设计与内容安排

本书研究的目的在于寻求适合中国股票市场投资的风险管理方案，而制订风险管理方案的依据是市场运行特征，市场运行特征的微观基础是行为选择，行为选择同时又是风险源。依此逻辑，本书形成三个递进的研究层次。

首先是运行层次，主要论述中国股票市场运行过程总体表现出的暴涨暴跌、短期行为、过度投机、坐庄操纵与风险巨大等非理性特征。在充分论证市场总体表现的同时，详细分析中国上市公司经营与信息披露、投资者以及监管等方面具体的特征。这一部分一方面清楚地说明了中国股票市场面临的宏观、微观等方面的经济环境，另一方面也详细研究了中国股票市场投资者的行为特征，为随后进一步研究中国股票市场投资者的表现与行为选择奠定坚实的基础。

其次是行为选择层次，通过前面运行部分的探讨发现，中国股票市场表现出明显的非理性与非有效特征，表明传统主流金融理论已不能很好地解释中国股票市场的经济现象。因此将行为金融学的选择理论引入，在此理论的指导下，刻画和解释中国机构投资者与个人投资者的不同行为选择。正是由于中国股票投资者个体的不同行为特征以及由此形成群体行为特征，一定时期内决定着中国股票市场价格的上涨下跌，从而形成了中国股票市场特有的风险。

最后是风险防范层次，主要解决中国股票市场作为新兴市场，发展还很不规范，投资者还没有形成成熟的投资理念，股票市场运行过程蕴含着巨大的系统风险与非系统风险，因此这里相应地提出针对投资者行为选择对于中国股票市场造成的风险的适宜防范策略。

基于这三个递进的研究层次，依照“股市运行特征→投资者结构→投资者行为选择→股价→风险→风险防范”的研究思路，本书的结构设计与主要内容安排如下：

绪论部分对传统主流金融学中均值一方差模型与期望效用理论这两种研究投资选择的范式以及改进工作进行评述，同时描述中国股票市场发展现状，指出行为金融学的选择理论可作为解释与指导中国股票市场运行的理论基础。第二章研究中国股票市场的运行特征。从宏观到微观、从总体到具体全面来描述、刻画中国股票市场的运行特征，揭示中国股票市场总体、上市公司经营绩效与信息披露、投资者与监管部门等方面的运行或行为特点，是我们研究的基本出发点。第三章研究不确定性条件下基于行为金融学的选择理论。在不确定性条件下，期望效用的不可计算性、行动结果比较的局限性以及投资个体选择的非理性使理性假定的选择理论脱离现实，行为金融理论在向传统主流金融理论提出挑战的同时，将人个体特质与心理因素考虑到投资选择过程中，形成了独具视角的研究理论与分析框架，是我们研究中国股票市场行为选择的理论基础。第四章研究中国股票市场投资者行为选择。描述中国股票市场参与各方之间存在的博弈，说明市场参与各方群体博弈的结果，同时刻画投资者行为选择与股票市场价格之间的关系，是我们进一步探讨市场运行特征及定价的微观基础。第五章研究基于行为选择的资产定价模型。梳理资产定价模型的改进过程，概述包含噪声交易者与理性交易者的股票市场中证券的收益与风险之间的均衡关系。从实证角度论证中国股票市场的定价问题，给出相应的定价模型。第六章研究中国股票市场风险度量。探析股票市场风险测度方法与测度过程可能存在的概率设定风险以及由此提出的正态性转换改进工作，同时通过中国股票市场验证其准确性与有效性。第七章研究行为资产组合模型与风险防范。本章首先以 Markowitz 的均值一方差模型为原型，通过引入投资者损失厌恶的现实特征，讨论相对于决策参考点，投资者在不同阶段的投资组合行为选择。其次，结合行为资产组合模型，从理论角度论证不同类模型的有效性与效率。但由于直接使用行为资产组合模型指导投资实践还有一定困难，故本章将着力于改进行为资产组合模型，探析基于 VaR 的单心理账户行为资产组合的最优解以及基于 VaR 的多心理账户行为资产组合模型的目标函数。鉴于组合模型难以用于实证检验，本章拟从市场选择的角度检验中国股票市场投资者基于收益与风险框架下的有效边界，并依此从宏观与微观两个角度探讨防范风险有效的行为策略。最后是全书内容的总结与展望部分，主要对全书进行总结，并对进一步的研究做出展望。

本书不仅注重分析单个个体的投资选择差异，更注重分析行为选择的金融市场意义。主要采用理论研究和实证分析相结合，运用心理学、统计学、行为金融学、数理经济学和博弈理论等，着重于规范分析、模型构建，结合中国股票市场的现实特征进行实证分析，按照运行特征、行为选择以及风险防范三个层次对中国股票市场进行全面分析与研究。

1.4 可能的创新性工作

本书可能的创新性工作如下：

(1)在对中国股票市场的风险进行测度时，使用了“时变”风险的概念，与通常文献中“时变”概念的测度方法不同，我们认为，ARCH 类模型虽能描述风险的时变性，但是这种测度得到的风险值没有参考性与普适性，因此本书采用了不同市场形态(牛市与熊市)下分别测度风险值的方法，来说明中国股票市场风险的时变特征。

(2)我们认为，VaR 是能够满足投资者对损失的主观感受且体现损失厌恶偏好特征的优秀风险测度方法，但在测度风险值 VaR 时，概率分布未知的障碍使基于正态分布的测定存在风险。本书利用正态性转换先处理样本数据，然后再利用基于正态分布假定下的 VaR 估测方法来修正 VaR 的估值，以此来修正正态性假设与现实之间的距离。在此基础上，我们进一步试图在考虑收益率分布时变性特征的情况下，利用正态性转换处理样本数据这一思想来细化和改善中国股票市场不同运行阶段的 VaR 估测。相应的经验分析表明：中国股票市场收益率分布不仅存在时变性特征，而且牛熊市期间的 VaR 值存在显著的差异。Johnson 转换函数之 SU 型适宜作为样本数据正态性转换函数，经转换样本数据估测的 VaR 值既提高了 VaR 估值的准确性，又改善了 VaR 估测精细化的有效性。

(3)将 VaR 作为风险测度指标引入单心理账户行为资产组合模型，构建了基于 VaR 的单心理账户行为资产组合模型，并在一种简单新颖解法基础上得到了正态与部分非正态分布下的显性解。同时发现非正态性假设下，模型难以找到统一的显性最优解，这需要在每一种分布假设下，先讨论 VaR 的最优值，然后才能探讨 VaR-BPT-SA 模型的解，这无疑增加投资组合理论指导实践的难度。而本书选择正态性转换方法使处理后的经验数据服从正态分布的思路为解决上述难题打开了方便之门。

(4)心理账户是行为金融学的核心理论之一，可以很好地解释一些金融异象。但是心理账户理论尤其是多心理账户理论在指导资产组合的实践中，理论上还没有构造出一般性的模型，本书参照 Shefrin 和 Stataman 的做法，基于 VaR 的风险约束构造了两个心理账户的资产组合模型，并且明确给出了解题步骤，分析其优越性。这可能为心理账户由理论转向模型、由理论转向实践提供一种新思路。

(5)本书以中国股票市场数据为基础，将从多角度进行的投资者个体行为资产组合选择模型过渡到市场选择模型，检验了中国股票市场的行为资产定价模型，在此基础上，测度了中国股票市场各行业板块的噪声交易风险。同时比较与分析了多个收益—风险模型，从实证角度验证了适合中国股票市场的运行模式，为中国股票市场风险防范与管理提供了经验证据。

第二章

中国股票市场运行的基本特征

中国股票市场与美国股票市场100多年的发展历史相比,还处于发展初期,股票市场交易机制、监管措施与制度建设还不够完善,大众的投资理念还不够成熟。因此中国股票市场与西方成熟资本市场相比,还是一个不完全竞争的新兴市场,中国特色相当明显。

本章将从市场总体、上市公司经营与信息披露、投资者与监管等角度简要说明现阶段中国股票市场运行的基本特征以及存在的问题,从而为进一步展开中国股票市场的行为选择与风险防范研究奠定基础。

2.1 中国股票市场总体运行特征

2.1.1 中国股票市场的主要成就

中国股票市场伴随中国经济走过了起伏跌宕的20多年发展历程,完成了发达国家可能需要几十年,甚至百年的发展阶段。中国股票市场取得了巨大的成就。

(1)股票市场规模和水平飞速发展

1991年底,中国沪深两家证券交易所的上市公司仅有14家,市价总值为109.2亿元,仅占当年国内生产总值(GDP)的0.51%。经过将近十年的发展积累,截至2000年底,沪深总市值达到了48090.94亿元,占当年国内生产总值48.47%。截至2010年底,A、B股上市公司已经达到2063家,其中上海交易所有894家,而深圳交易所有1169家。沪深两交易所总市值达256422.59亿元,其中流通市值达到了193110.41亿元,约占当年国内生产总值的66.69%。

(2)为国有企业提供了直接融资渠道,有力促进了国有企业的改制与改组从各国股票市场发展的历史进程来看，满足企业融资需求，发挥直接融资功能是股票市场发展的最根本动因，也是新兴市场的最主要功能。表 2.1 显示了中国股票市场历年的筹资情况。从 1993 年到 2009 年底股票筹资总额达 37776.53 亿元，其中 1997 年突破千亿大关，此后至 2005 年，年筹资规模基本保持在 1000 亿—2000 亿元的水平，2005 年之后，年筹资额大幅上涨，仅 2007 年境内筹资额就达到 8680.17 亿元，2010 年更是突破万亿元大关，达到 11971.93 亿元。图 2.1 可以更直观地表现中国股票市场的筹资状况及变动特征，即筹资规模快速上升，且极其不稳定。

表 2.1 历年中国股票发行量与筹资额

年份	发行量（亿股）	筹资额（亿元）	年份	发行量（亿股）	筹资额（亿元）	年份	发行量（亿股）	筹资额（亿元）
1992	20.75	94.09	1999	122.93	944.56	2006	1287.77	5594.29
1993	95.79	375.47	2000	512.04	2103.24	2007	637.24	8680.17
1994	91.26	326.78	2001	141.48	1252.34	2008	180.29	3852.21
1995	31.60	150.32	2002	291.74	961.75	2009	415.96	6124.69
1996	86.11	425.08	2003	281.43	1357.75	2010	928.37	11971.93
1997	267.63	1293.82	2004	227.92	1510.94			
1998	109.06	841.52	2005	567.05	1882.51			

资料来源：《中国证券期货统计年鉴 2011》，学林出版社，2011 年 9 月。

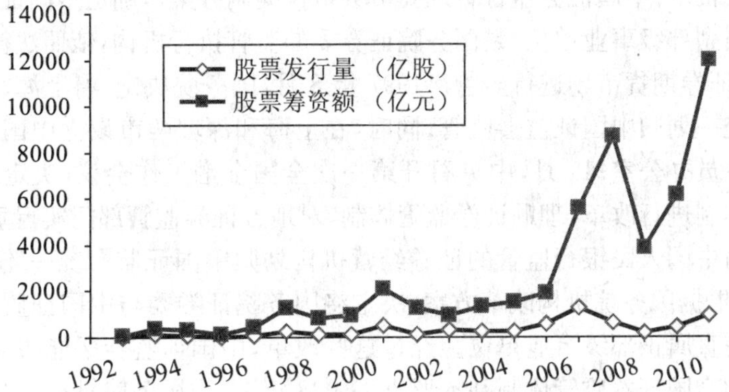

图 2.1 中国股票发行量与筹资额时序图

国有企业改革是中国经济体制改革的核心，也是经济体制改革的难点，股票市场的发展极大地支持了国企改革的顺利推进，为国企改革提供了必要的物质保障，甚至成为国企解困的重要途径。中国股票市场肩负了比成熟市场更多的政治与社会职能。

(3)多层次资本市场体系初步形成

在中国资本市场快速发展的同时，资本市场结构也不断深化，2009年创业板的成功推出与随后OTC市场的试点，标志着中国多层次的资本市场体系初步形成。目前，债券市场，已形成了国债市场、金融债券市场、公司债券市场、企业债券市场以及可转债市场；股票市场，相继设立沪深股市主板市场、深圳证券交易所中小板市场和创业板市场、中国证券业协会股份代办转让系统；衍生品市场，已设立上海期货交易所、大连商品期货交易所、郑州商品期货交易所、中国金融期货交易所、中国证券金融有限责任公司。中国资本市场现已不仅有了满足各类债务人债权融资需求的债券市场，而且也有了适应各类企业股权融资的分层股票市场，还有一些能满足投资者规避风险的衍生品市场。资本市场的体系基本齐全，为满足债权、股权直接融资偏好和套期保值、管理市场风险提供了多样化的途径。

(4)股票市场的法律法规和监管体系不断完善与发展

为对应运而生的证券市场实施监督管理职能，国务院证券委员会(简称国务院证券委)和中国证券监督管理委员会(简称中国证监会)于1992年10月宣告成立，标志着中国证券市场统一监管体制开始形成。国务院证券委是国家对证券市场进行统一宏观管理的主管机构。1993年11月，国务院决定将期货市场的试点工作交由国务院证券委负责，中国证监会具体执行。1995年3月，国务院正式批准《中国证券监督管理委员会机构编制方案》，确定中国证监会为国务院直属副部级事业单位，是国务院证券委的监管执行机构，依照法律、法规的规定，对证券期货市场进行监管。1997年8月，国务院决定，将上海、深圳证券交易所统一划归中国证监会监管；同时，在上海和深圳两市设立中国证监会证券监管专员办公室；11月，中央召开第一次全国金融工作会议，决定对全国证券管理体制进行改革，理顺证券监管体制，对地方证券监管部门实行垂直领导，并将原由中国人民银行监管的证券经营机构划归中国证监会统一监管。1998年4月，根据国务院机构改革方案，决定将国务院证券委与中国证监会合并组成国务院直属正部级事业单位。经过这些改革，中国证监会职能明显加强，集中统一的全国证券监管体制基本形成。1998年9月，国务院批准了《中国证券监督管理委员会职能配置、内设机构和人员编制规定》，进一步明确中国证监会为国务院直属事业单位，是全国证券期货市场的主管部门，进一步强化和明确了中国证监会的职能。《证券法》于1998年12月颁布并于1999年7月实施，这是中国第一部规范证券发行与交易行为的法律。自1998年建立了集中统一监管体制后，为适应市场发展的需要，证券期货监管体制不断完善，实施了“属地监管、职责明确、责任到人、相互配合”的辖区监管责任制，并初步建立了与地方政府协作的综合监管体系。与此同时，执法体系逐步完善。中国证监会在各证监局设立了稽查分支机构，2002年增设了专司操纵市场和内幕交易查处的机构。2005年11月，修订后的《证券法》颁布。《证券法》的实施及随后的修订，标志着股票市场走向更高程度的规范发展，也对股票市场的法规体系建设产生了深远的影响。2007年，为适应市场发展的需要，证券执法体制又进行了重大改革，建立了集中统一指挥的稽查体制。2008年中国资本市场发展报告(中国证券报，2008年1月25日)明确指出中国股票市场监管的发展目标为：到2020年，中国股票市场合理、高效的监管体制逐步完善。以政府监管、行业自律、市场主体的自我约束和社会监督组成的立体、多层次的监管体系基本确立。监管重点实现了从行政审批为主向信息披露为主的转变，监管模式实现了从机构监管向功能监管的转变。政府职能定位实现了从管理者到监管者的转变；证券、期货业协会及交易所的自律监管作用得到较为充分的发挥。

(5)股票市场服务水平与意识不断增强

从1990年新中国第一家证券交易所——上海证券交易所正式营业，中国股票市场相关机构不仅为投资者提供金融交易服务，而且还为股民提供资讯、投资咨询、风险教育等全方位的服务。随着证券市场相关业务竞争的不断增强，相关金融机构的服务意识与服务水平也得到显著提升。时至今日，中国有证券公司106家，期货经纪公司167家，证券交易所营业部已达3956个，遍布全国各地。沪深两家证券交易所的交易和结算网络覆盖全国各地，技术手段先进，方便快捷。

(6)股票市场在国民经济中的地位日益提高

股票市场是国民经济的晴雨表，作为重要的资源配置场所对国民经济运行有直接影响，同时国民经济运行也会影响股票市场的基本走势。到2010年底沪深两家交易所的股票总市值已达到265422.59亿元。与1992年的53亿元相比，增长了将近5007.97倍，1992年股票总市值与GDP的比值为4%，2010年已达到了66.69%，说明股票市场在国民经济中的地位日益提高，对国民经济的积极作用越来越显著。

中国股票市场在国民经济中的地位，仅拿股票交易印花税占财政收入的比率之变化情况便可窥见一斑。1993年沪深两市所创造的印花税收入为22亿元，占当年财政总收入的0.51%，随后股票市场交易活跃，印花税增长速度迅猛,2000 年股票市场的印花税就达 485.89 亿元,占当年财政总收入的 3.64%。2000 年以后,中国经济发展迅速,股票市场连续两次下调交易印花税,致使印花税在财政总收入中的比率增速减弱(除 2007 年外)。2010 年的印花税为 544.17 亿元,是当年财政总收入的 0.66%。2007 年股票市场指数达历史最高,交易异常活跃,印花税创历史新高,达 2062.00 亿元,为当年财政总收入的 4.02%。表 2.2 给出了中国股票市场各年印花税总额以及在中国财政总收入中所占比率。图 2.2 中显示,印花税总额虽然波动比较大,但整体呈上升趋势,说明印花税正在成为财政收入的一个不可忽视的组成部分。

表 2.2 历年中国股票印花税在财政收入中的比率

年份	财政收入(亿元)	股票印花税(亿元)	比率(%)	年份	财政收入(亿元)	股票印花税(亿元)	比率(%)
1992	—	—	—	2002	18914	111.95	0.59
1993	4349	22.00	0.51	2003	21715	128.35	0.59
1994	5248	48.77	0.93	2004	26397	169.08	0.64
1995	6242	24.22	0.42	2005	31649	66.35	0.21
1996	7408	127.99	1.73	2006	35423	180.94	0.51
1997	8651	250.76	2.90	2007	51304.03	2062.00	4.02
1998	9853	225.75	2.29	2008	61316.9	927.68	1.51
1999	11377	248.07	2.18	2009	68518.3	510.38	0.74
2000	13380	485.89	3.63	2010	83080.32	544.17	0.65
2001	16386	291.31	1.78				

资料来源:《中国证券期货统计年鉴 2011》,学林出版社,2011 年 9 月。

2.1.2 中国股票市场的发展阶段

纵观中国股票市场 20 多年的发展历程,大体可以划分为四个阶段:

第一阶段是 1984—1991 年,这是中国股票市场萌生及初探阶段。1984 年城市经济体制改革试点工作会议提出"允许职工投资入股,年终分红",城市集体企业、国营小企业开始股份制改革。随后,中央下发《关于经济体制改革的决定》,国有中小型企业也开始此项改革。股份制试点的铺开使得股票发行数量迅速增加,股票流通市场形成,股票交易日益活跃。1984 年 11 月经中国人民银行上海分行批准,上海飞乐电器总公司向社会公开发行股票 32.5 万元,每股票面价值 50 元。股票绝迹 35 年后,中国再一次出现了股票。时隔一个月后,

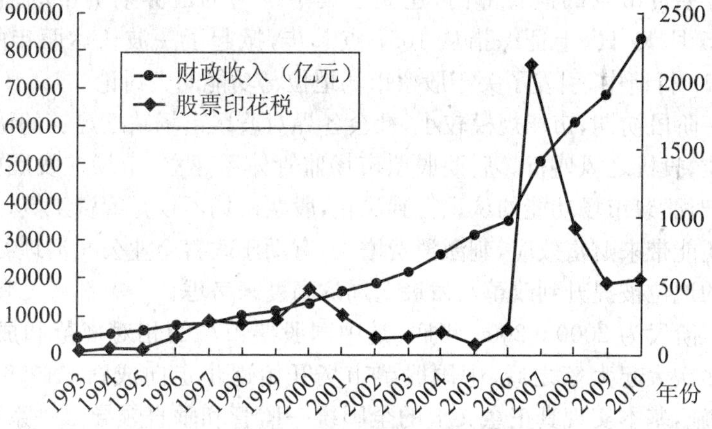

图 2.2　中国股票印花税在财政收入中的比率

上海延中实业股份公司亦向社会公众公开发行股票共 500 万元，其中 94%为个人股。1986 年 9 月 26 日上海市政府批准这两个股票在静安证券业务部挂牌上市，标志着中国股票市场的正式诞生。这一阶段总的特征是股票发行不畅，股票开始上市，但反应冷淡，实际上是有股无市。1987 年党的"十三大"对前期股份制试点的成绩作出了肯定，允许继续试点并提出了规范性意见。为解决股票流通问题，1986 年上海试办了股票的公开柜台交易。经国务院授权、中国人民银行批准，上海证券交易所于 1990 年 11 月 26 日正式成立，并于同年 12 月 19 日在上海开张营业。这是中华人民共和国成立以来大陆开业的第一家证券交易所。中国第二家证券交易所——深圳证券交易所于 1991 年 7 月 3 日正式开业。

这一阶段是中国股份制改革起步初期，各项基本制度在探索中得以建立，整个市场规模较小，股票市场的发行和交易缺乏全国统一的法律规范，也缺乏统一的监管。同时，这一阶段人们对资本市场的发展在认识上存在一定的分歧。

第二阶段是 1992－1999 年，这是中国股票市场形成和初步发展阶段。1992 年邓小平在南方视察时指出："证券、股市，这些东西好不好，有没有危险……"邓小平南方谈话后，中国确立经济体制改革的目标是"建立社会主义市场经济体制"，股份制成为国有企业改革的方向。1993 年，股票发行试点正式由上海、深圳推广至全国，打开了资本市场进一步发展的空间。1992 年 5 月全面放开股价，上证综指从 617 点上升到 1429 点。随后，由于新股上市，上证综指又跌至 387 点，第一次全国性的炒股热潮出现。1998 年 4 月，中国证监会成为全国证券期货市场的监管部门，建立了集中统一的证券期货市场监管体制。1999年5月19日，上证综指从1057点起步，掀起了一波长达两年的牛市行情。5·19行情中，引发了关于股票市场地位与功能的大讨论。

这一阶段初期，市场规模较小，社会各界对股票市场缺乏足够的认识，市场监管缺位，投机之风盛行。后期股票市场监管体系建立，市场在发展中不断规范，人们对股票市场功能的认识得到深化，股票市场不仅是筹资工具，而且股指的上涨还能带来财富效应，刺激消费增长，有助于改善企业公司治理结构等，股票市场的地位被提升到改革与发展全局的高度来考虑。

第三阶段为2000－2004年底，是中国股票市场的相对规范和成熟阶段。经历了多次大起大落之后，中国股票市场开始逐步走向成熟。1999年《证券法》的实施，基本实现真正意义上的全国统一监管和垂直领导。一系列有关证券的法律、法规在此期间颁布，引领着中国股票市场走上规范与成熟。2004年1月31日，国务院分布《国务院关于推进资本市场改革开放和稳定发展的若干意义》，明确提出"积极稳妥解决股权分置问题"。2004年5月中国证监会批准在深交所设立中小企业板。2003年底至2004年上半年，南方、闽发、德隆等证券公司长期积累的问题充分暴露，风险集中爆发，全行业生存与发展遭遇严峻的挑战，2004年中国证监会制定了创新类和规范类证券公司的评审标准，处置了31家高风险证券公司，同时支持优质公司在风险可控、可测、可承受的前提下拓展业务空间。

这一阶段股票市场在逐步规范和成熟中，逐渐暴露出一些问题，证券公司通过综合治理净化了中介，并且逐步着手针对股票市场的制度缺陷开始股权分置改革。

第四阶段为2005年初至今，股权分置改革和市场化制度逐步完善，金融创新日新月异。截至2004年底，中国上市公司总股本为7149亿股，其中非流通股份为4543亿股，占上市公司总股本的63.55%；国有股份占非流通股份的74%，占总股本的47%。股权分置问题是由于中国股票市场建立初期，改革不配套和制度设计的局限所形成的制度性缺陷。股权分置造成上市公司的股权结构极不合理、不规范，上市公司股权被人为地割裂为非流通股和流通股两个部分，非流通股股东持股比例比较高，约为2/3，并通常处于控股地位。其结果是同股不同权，上市公司治理结构存在严重缺陷，容易产生一股独大、甚至一股独霸现象，使流通股股东特别是中小股东的合法权益遭受损害。

2005年4月29日，中国证监会发布《关于上市公司股权分置改革试点有关问题的通知》，宣布上市公司股权分置改革试点启动。5月9日，三一重工、清华同方、紫江企业、金牛能源被确定为首批股改试点公司。次日，三一重工作为首个股权分置改革方案亮相。2006 年 5 月 7 日，中国证监会公布《上市公司证券发行管理办法》，标志着恢复再融资为开端的“新老划断”正式提上日程。2006 年 10 月 9 日，“G”股标识正式告别沪深股市，两市 1000 多家“G”股恢复原有的股票简称；相反，所有未股改公司被冠以“S”作提示。这意味着持续了一年之久的股权分置改革基本结束，沪深股市也真正进入了“后股改”时代。2009 年 10 月 30 日首批创业板公司股票在深圳挂牌上市。中小板和创业板的成立标志着中国向建立多层次市场体系的目标实现了实质性的跨越。2010 年 3 月 26 日中国证监会公告同意中国金融期货交易所沪深 300 股票指数期货合约上市。2010 年 4 月 16 日，沪深 300 股指期货合约在中国金融期货交易所平稳上市。2010 年 3 月 31 日起上海、深圳证券交易所开展试点券商的融资融券业务。股指期货和融资融券业务被认为是必要的资本金融证券市场制度创新，股指期货的推出与运行进一步改变了投资者的盈利模式，部分解决了中国股票市场只能单边作多的弊端，有利于中国资本市场的深密化、精细化，有利于资本金融资源的优化配置。

这一阶段法律法规进一步规范和完善，股权分置改革使股市“脱胎换骨”，股权分置改革的顺利推进使国有股、法人股、流通股的利益分置、价格分置问题得以解决，实现了证券市场的统一性、一致性与对称性，为后续的金融创新奠定了制度与市场基础。

2.1.3　中国股票市场发展中存在的问题

经过 20 多年的发展，中国股票市场已跃居全球市值第三，实现了跨越式发展，现已成为中国经济强力的“助推器”，居民投资选择最重要的渠道。然而，中国股票市场依然年轻，且发展过快，以及初期特殊的定位等，使得发展过程中遗留下诸多问题尚未获得很好的解决，其中主要包括：

(1)暴涨暴跌

股票市场是参与各方多空博弈的场所，通过各方的较量形成股票市场价格的波动。股指在一定范围内的波动是正常的，但是中国股票市场自 1990 年 12 月以来却经历了八轮惊心动魄的暴涨暴跌(以上证综指为例)，见表 2.3。

中国股票市场在 20 余年的时间里经历多次的大起大落中，最近的一次是从 2005 年下半年开始，股票市场在经历了四年熊市之后开始复苏，并从 2006 年下半年起快速上涨，上证综指在两年多一点的时间里暴涨了 5 倍，于 2007 年 10 月到达了历史最高位 6124 点。接着就是股市泡沫的破裂，从 2007 年 10 月之后的一年中，上证综指下跌了70%。虽然中国股票市场从建立之初开始，一直经历着大幅波动，但是在经过多年规范工作的努力之后，特别是在经过大力发展机构投资者，使机构投资者已经成为中国股票市场中的重要力量之后，中国股票市场仍然出现如此巨大波动，上涨和下跌的幅度都超出了市场各方的预期，这是事先无论政策制定者，机构和个人投资者，还是学术研究人员都无法想象的。

表 2.3　中国股票市场波峰波谷时间表

时间	上证综指(点)	涨跌幅度	备　注
1990.12.19	100	—	基点
1992.5.26	1429	涨1300点	第一轮波峰，历时1年半
1992.11.16	400	跌1000点	历时5个月
1993.2.15	1536	涨1100点	第二轮波峰，历时3个月
1994.7.29	334	跌1200点	历时1年5个月
1994.9.13	1053	涨720点	第三轮波峰，历时1个半月
1996.11.9	512	跌540点	历时1年4个月
1997.5.12	1510	涨1000点	第四轮波峰，历时4个月
1999.5.17	1047	跌500点	持续调整，历时2年
1999.6.30	1756	涨700点	第五轮波峰，历时1个半月
2000.1.4	1361	跌400点	历时近半年
2001.6.14	2245	涨900点	第六轮波峰，历时5个月
2005.5	—	—	持续整理，股改启动
2005.6.6	998	跌500点	历史新低
2006.5.9	1500	涨500点	重上1500点，历时近1年
2007.10.15	6092	涨4500点	第七轮波峰，历时1年5个月
2008.11.4	1679	跌4410点	持续下跌
2009.8.4	3478	涨1800点	第八轮波峰，历时9个月
2011.10.20	2315	跌1150点	持续下跌，历时2年2个月

资料来源：由大智慧股票软件数据整理。

(2)内幕交易

股票价格的变化是对信息的反应，信息对于公司股票的估价是至关重要的。按照是否同时被所有市场参与者获得，信息可分为公共信息和私有信息，公共信息是同时被所有市场参与者获得的信息。私有信息是指市场参与者获知时间和程度不同的信息。在其他情况不变的情况下,掌握不同信息的人对股票的估价也是不同的。拥有信息优势的投资者,可以利用较多的私有信息对股票价值作出更准确的判断,从而在股票价格大幅低于价值时买入,而在私有信息逐渐成为公共信息后,股票价格接近或超过股票价值时卖出而获利。私有信息包括合法私有信息和内幕信息,合法私有信息是指那些通过合法途径和方式搜集、获取的信息,如通过基本面分析或技术分析获得的信息,内幕信息是指涉及公司的经营、财务或对公司股票价格产生重大影响的尚未公开的信息。由于信息技术的发展以及证券投资越来越专业化,市场有效性不断提高,合法私有信息往往在极短的时间内就成为公共信息,因此,依靠合法私有信息在股票交易中获利的机会就越来越小。

股票市场中,典型的内幕交易过程一般为:首先,有实质性利好或利坏的内幕消息在少数内部人中扩散,这些获得内幕消息的人开始交易目标公司的股票。随后,由于获得内幕消息的内部人逐渐增多,以及一些不知情的外部人根据观察到的交易特征而参与交易,股价被不断推升或下跌。最后,消息公开披露,内部人实现利润或提前止损并逐步退出交易。内部人由于掌握内幕信息,从而可以准确地预测股票价格未来的走势,因此可以提前交易并获得至信息正式披露前的差价收益。

在中国股票市场,绝对多数个人投资者只能获得公共信息,而机构投资者却掌握着大量的私有信息,并且有时他们还是虚假信息的直接制造者,他们利用信息的垄断地位,诱骗中小投资者,从而加剧了中国股票市场信息的失真性,人为地放大了股票市场中机构投资者与个人投资者的信息非对称性,其结果是,机构投资者从中获得高额的信息垄断利润,而个人投资者则承受了市场中的巨大风险损失。

(3)低质量的上市公司充斥市场

股票价格的物质基础应该是上市公司的经济实力与其预期可能给投资者带来的回报,也即上市公司的质量。中国上市公司目前普遍存在着资产质量不高,运营不够规范的弊病。由于中国的上市公司过半数是由原国有企业改制而成,并且在原先实行行政主管部门和监管机构联合审批制的条件下,大量劣质资产被注入上市公司,以次充好,企业包装上市的现象十分严重。如红光实业上市前,其主要业务生产能力已几近丧失,但资产评估时仍然按正常生产假设前提进行估值,导致资产大幅升水。蓝田股份连包装都懒得费工夫,上市前直接伪造银行对账单凭空虚构资本 25700 万元,虚增公司无形资产 1100 万元。

公司上市后，这些虚增资本都和普遍股享有同等权益。因此，大量资产质量不高的上市公司形成了中国股票市场的微观市场主体，从而使得个别公司存在的非系统性风险转化为整个股票市场的系统性风险，严重影响了股票市场的健康运行，使得资产组合策略从某种程度上在中国股票市场失去意义。

(4)存在严重的制度性缺陷

自从沪深两家证券交易所成立以来，在国家强制性制度变迁的安排下，将股票市场纳入行政化轨道，股票市场被严重行政化，这些制度性缺陷在一定程度上阻碍了中国股票市场的进一步开放和发展。中国股票市场的制度性缺陷主要表现在以下几方面：①上市公司的选择制度仍具有浓厚的行政色彩。首先，由于发行额度成为一种稀缺的资源，取得发行额度相当于获得了一笔低成本甚至无成本的资金，导致企业把主要精力放在争取发行额度上，而并不关心企业本身的发展与规范；其次，由于实现额度管理，中国股票市场事实上成为国有企业、国有银行等改革与融资的场所，而众多的民营企业和大量中小高新技术企业尽管有良好的经营业绩和发展前景，也无法进入股票市场获取其急需的发展资金；目前，额度审批已开始转化为核准制，但核准制的具体标准制定和操作流程上仍然存在一定的行政干预色彩；最后，国内已开辟了创业板市场，但其上市标准及相关要求、手续等与主板市场并无多大差异，上市公司选择制度暂时并无实质性改变。②监督行政化造成了股票市场运行的扭曲。虽然股票市场相应的一系列法律法规的出台，但目前规范有效的监管体系还没有形成，政府制定股票发展以及监管政策的观念相对滞后，政府的管制性均衡、过多的非市场手段产生了种种异常的投资行为，从而使得市场内在传导机制扭曲。③退市制度形同虚设，必将使垃圾股横流。退市制度保证股市之水常换常清，通过新陈代谢实现优胜劣汰，是成熟资本市场制度建设的重要内容之一。目前中国股票市场基本表现为一个单项扩容的半封闭市场，退市制度形同虚设，垃圾股退市难。只要垃圾股不退市，就可能被狂炒，其股价就敢翻手为云、覆手为雨。然而垃圾股的比价效应将严重扭曲整个市场的股价秩序才更为糟糕。比如，当所有垃圾股价格都不愿低于 5 元时，投资者就会不自觉地抬高“低价股”的价格标准，从而整体抬高市场股价，出现股价全面高估。④上市公司行为普遍扭曲。股票市场对经济的作用或功能主要表现在三个方面：一是为企业筹集资金，即“筹资效应”；二是促进企业产权结构和内部治理结构的转变，即“改革效应”；三是促进资源的再配置，即“重组效应”。但是，中国上市公司主要工作表现为筹资，公司改制往往被忽略，股票市场在市场经济中的功能有待进一步深化。

(5)行政干预过多，导致“政策市”

不论从历史的角度还是从现实的需要考察，在转轨经济过程中培育和发展股票市场，没有政府的组织和推动显然是不行的。同时，股票市场作为重要的资源配置场所对宏观经济运行有直接影响，宏观经济运行也会影响股票市场的基本走势。从这个意义上说，政府对股票市场的干预有一定道理，有时甚至是必要的。但是，政府的干预应该有限度，这就是不能违背市场经济的一般规律和扭曲股票市场的内在机制。

中国政府在股票市场上身兼市场监督者、最大股东和保护投资者三重职能，这使其扮演着对上市公司投资者和市场的"隐性担保"角色，因此政府从股票市场诞生那天起就习惯用行政力量干预与主导股票市场的运作，使股票市场自我扩张、自我收缩、自我协调和自我选择的功能难以发挥，并且导致市场投机操纵气氛弥漫。①政府的运作机制不同于股票市场的运作机制，其下达"上市额度"的大小与股票市场的承接能力很难达到均衡，这种被人为扭曲的供求关系必然会使股票市场缺乏稳定的基础，忽而牛气冲天，忽而熊气弥漫。②为实现经济政策目标，行政调控替代市场协调，而且行政调控力度往往难以把握，结果造成股票市场政策性大幅度涨跌，给得到内幕消息的机构和个人投资者提供牟取暴利的机会，而使广大中小投资者蒙受巨额损失。③股票发行和交易是企业、投资者、市场的双向和多重选择过程，在中国却被简化为单向的、由政府控制的选择过程。在计划的发行额度内，政府选择发行股票和股票上市的公司，这就削弱了股票市场本身优化资源配置的功能。④股票发行价格也不是主要由企业经营情况、行业特点和经济运行状态决定的市场价格，而是由政府主管部门审批核定的计划价格，导致股票价格不合理，一、二级市场上投机成风。政府直接面对市场、面对企业、面对投资者，成为市场的直接参与者，而不是市场规则的制定者，一旦出现问题都要由政府负责，政府处于被动境地。

上海证券交易所"中国证券投资者行为研究"课题组 2001 年先后两次进行了关于影响投资者投资行为的五大因素的问卷调查，得出的结论是：国家政治经济环境和证券市场政策是影响证券市场和个人投资行为的主要因素，投资者对政策存在"依赖心理"，86.19％的个人投资者认为"宏观政治经济形势"和"证券法制监管因素"是影响证券市场发展和个人投资行为最重要的因素。施东晖(2001)的实证研究指出，在 1992－2000 年初沪市的 52 次异常波动中，由政策因素引起的共有 30 次，约占 60％。马玖军(2006)回顾了从 1992 年至 2005 年，股票市场经历了 10 次剧烈的震荡，并认为这背后基本上都是政策这只"有形之手"在进行调控。表 2.4 简单列举了 2007－2010 年中国股票市场重大政策事件及相应的股价波动。虽然表 2.4 中某些政策事件对应的股价波动并不明显，这与表 2.4 仅统计了政策出台之日的收盘价与次日收盘价之间的股价变动有关。部分政策在出台之前就被市场预期,因此政策的影响已提前反映在股票市场,而部分政策对股票市场影响存在持续性,陆续才表现在股价中。如果将这些都综合起来考虑的话,会发现政策对于中国股票市场的影响十分巨大。

表 2.4　2007—2010 年中国股票市场重大政策事件及相应的股价波动

年份	日期	重大政策事件	上证综合指数（前收盘价—今收盘价）	涨跌幅（%）
2007	5.30	交易印花税税率由 1‰上浮为 3‰	4334.92—4053.09	6.50
	8.11	《人民日报》发表题为《证券市场健康稳定发展》的文章	4749.33—4820.06	1.49
2008	4.20	规范“大小非”减持	3094.67—3116.98	0.73
	4.23	交易印花税率由 3‰调整为 1‰	3278.33—3583.03	9.29
	9.18	交易印花税单边征税(1‰)	1895.84—2075.09	9.45
2009	6.10	公布《关于进一步改革和完善新股发行体制的指导意见》,A 股市场 IPO 在暂停 9 个月后重启	2796.90—2816.25	0.69
	10.30	深交所创业板开市	3031.33—3076.65	1.50
2010	1.12	上调存款准备金率 0.5 个百分点(18 个月来首次上调)	3293.97—3172.66	—3.68
	4.8	股指期货启动	3158.68—3118.71	—1.27
	8.20	启动新股发行后续改革	2687.98—2642.31	—1.70
2011	11.30	下调存款类金融机构存款准备金率 0.5 个百分点(3 年来首次下调)	2333.41—2386.86	2.29

资料来源:根据国研网数据整理而成。

(6)短期行为普遍

短期行为通常是指一次股票操作的运作周期在六个月以内来获取短期利差的行为,是中国股票市场目前普遍存在的现象。中国目前有些上市公司质量较差,股票不具有长期投资价值,而“庄家炒作,散户跟庄”的流行趋势又使得机构投资者也不能免俗。又由于机构投资者具有规模大、资金充足和人员专业的优势,使得他们天然地具有操纵市场的冲动,在操纵市场的暴利驱使下,机构投资者的行为也必然变得短期化了。证券公司自有资金严重匮乏,对外融资又无合法渠道，这就使得它们偷偷挪用客户保证金、变相拆借资金或吸收存款来作为其炒作股票的资金来源，而这些资金的短期性、非合法性和高成本又必然导致其交易行为非规范化、交易目的暴利化和交易短期化。虽然国家先后出台的证券公司增资扩股、进入银行间同业拆借市场、股票质押贷款等措施，使得由于资金缺乏导致的行为短期化有所减少。但是，由于目前银行的贷款尤其是股票质押贷款多为短期贷款，这就使得采用这种融资方式的证券公司仍然面临着短期还款的压力，尤其是年底结账的压力，这反而又增加了行为短期化的可能。

表 2.5　全球主要证券市场平均年换手率比较(%)

交易所 / 年份	纽约	韩国	东京	伦敦	新加坡	香港	上海	深圳
1997	65.71	145.56	32.93	44.03	56.28	90.92	701.81	817.43
1998	69.88	207.00	34.13	47.10	63.95	61.94	453.63	406.56
1999	74.60	344.90	49.40	56.70	75.10	50.60	471.46	424.52
2000	87.70	243.00	58.80	69.30	58.50	60.90	492.87	509.10
2001	86.90	218.70	60.00	83.80	58.70	43.90	269.33	227.89
2002	94.80	254.40	67.90	97.30	53.80	39.70	214.00	198.79
2003	89.50	193.10	82.60	106.60	74.40	51.70	250.75	214.18
2004	89.80	147.20	97.10	116.60	60.80	57.70	288.71	288.29
2005	99.10	206.90	115.30	110.10	48.40	50.30	274.37	316.43
2006	134.30	171.40	125.80	124.80	58.20	62.10	541.12	609.38
2007	167.10	192.60	138.40	154.20	77.60	94.10	927.19	987.42
2008	240.16	196.27	151.20	152.73	63.67	86.04	392.52	469.11
2009	151.14	230.46	118.90	101.17	63.47	78.16	499.41	793.27

资料来源：《中国证券期货统计年鉴 2011》与《世界经济年鉴 2009/2010》等。

调查显示，中国股票市场中 76.3%的投资者完成一次股票操作的运作周期少于半年，运作周期少于一个月的投资者占 27%，只有 7.3%的投资者的股票运作周期超过一年(成思危，2003)。属于短线操作的投资者占大多数，而长线投资者的数量很少，而且还有相当一部分投资者属于超短线操作。投资者在以追求短期利差为目的时，通常带有明显的"追涨杀跌"等投机特征，即不太关注上市公司业绩，而主要依据市场交易信息(技术分析)、政策环境与庄家因素等其他信息来进行投资决策。这就使得中国股票市场出现换手率高、市盈率高与波动率大等特征。表 2.5 显示，从 1992 年至 2010 年，中国股票市场换手率

(turnover ratio)[1]整体较高,不同时期换手率差异又很大。无论是上海还是深圳证券交易所每年换手率基本都在200%以上,多数年份换手率都在400%以上,其中2007年上海和深圳证券交易所的换手率都超过了900%,流动性居全球股票市场之首,而且这种高换手率没有放缓的趋势。如2009年平均换手率仍高达499.41%。高换手率意味着,对中国股票市场上的每一只可流通股票,平均来看2009年一年之中被交易了5次,或者说50个交易日左右全体流通股股东就要进行一次"大换班"。而较成熟的美英日股票市场上,换手率一般在100%左右,只有在个别年份才达到200%,股票的平均持有期在一年左右。

(7)投机气氛浓

中国股票市场的投机性浓厚,至今已成为大多数人的共识。中国建立资本市场的目的,本来是为确立依靠市场来合理分配社会资源的机制;推行股份制的目的,是为了用股份制来改造国有企业,使之成为适合市场经济需要的微观基础。可是,在实践中人们却给资本市场、股份制定错了位,把它们仅当作给国有企业融资、解困的工具。为此,国有企业,特别是上市公司,不能不继续依赖国家所提供的庇护或"隐性担保",导致人们不怕风险的投机心态和投机行为盛行。一项对中国投资者的调查显示,78.696%的个人投资者进入股市的主要原因是为通过股票的买卖价差而获利,只有11.796%的个人投资者入市是为了获得公司分红的收益;约61.496%的投资者购买过ST或PT类股票,其购买的主要理由是认为有投机机会(陈斌,2002)。

过高的市盈率[2]是描述投机程度的一个指标。市场中过度的投机行为,往往导致股票价格脱离上市公司的业绩,导致与上市公司的盈利能力相比,显得过高。市盈率越高,表示投资者需要更长的时间才能够收回投资成本。从表2.6可以看出,除了个别年份,中国股票市场的市盈率都高于30倍,特别是在2000年和2007年,中国股票市场的市盈率达到了将近60倍。而其他主要市场的市盈率一般在20倍左右,只有在个别市场的极少年份才达到30倍,同时各年份基本都低于中国。虽然中国的经济发展速度高于西方发达国家和主要周边国家,但是,像2007年这样,中国股票市场与其他市场的市盈率之间如此巨大的差距,是难以用经济发展速度的差距来解释的。这也一定程度上反映了中国股票市场的投机性。

---

① 换手率(或周转率)是指一段时间内成交股份总数与流通股份总数的比值。

② 市盈率用每股市价与每股利润的比值来表示。

表 2.6 全球主要证券市场平均市盈率比较

年份＼国家	纽约	韩国	东京	伦敦	新加坡	香港	上海	深圳
1997	18.58	10.12	38.00	19.15	15.00	12.10	39.86	41.24
1998	21.88	27.77	103.00	23.02	19.00	10.66	34.38	32.31
1999	25.13	34.63	—	30.45	99.20	26.73	38.13	37.56
2000	22.85	15.34	85.50	23.31	20.90	12.80	58.22	56.03
2001	31.06	29.29	61.40	20.29	16.80	12.18	37.71	39.79
2002	29.00	15.61	—	17.73	21.20	14.89	34.43	36.97
2003	27.88	10.06	122.10	18.29	24.90	18.96	36.54	36.19
2004	20.44	15.84	52.40	14.69	16.60	18.73	24.23	24.63
2005	18.85	10.98	50.40	13.97	15.40	15.57	16.33	16.36
2006	18.16	11.40	32.80	13.37	19.40	17.37	33.30	32.72
2007	18.39	16.84	28.30	11.83	18.00	22.47	59.24	69.74
2008	19.59	8.99	16.40	8.88	6.20	7.26	14.86	16.72

资料来源:《中国证券期货统计年鉴 2011》与《世界经济年鉴 2009/2010》等。

换手率也可以作为衡量投机程度的一个指标,是因为投机行为主要是从买卖差价中获利,因此与投资行为相比,持有股票的时间相对较短,股票市场上投机的人越多,整个市场的股票换手率也就越高。这说明中国股票市场的投机性大大高于同期的日美英市场。长期以来,反映中国 A 股市场活跃程度或投机性的流通股周转率一直很高,长期位于世界股市前列,说明投资者基本上都是通过低买高卖获取价差作为赚钱的途径。

(8)股票价格变化趋势与整个国民经济的变化趋势不协调

2010 年和 2011 年,中国股票市场连续两年背离宏观经济大势,跌幅在全球股市中居于前列。股票价格在一定时期内所呈现的趋势应该是由经济景气变量(如上市公司业绩、利率变化)等因素影响和决定,应该受到宏观经济背景的支持。如果股票价格变化趋势偏离经济发展的正常轨道,表明股票市场非理性行为存在。

由表 2.7 可以看出,整体来看中国股票总市值增长很快,在国民经济发展的作用也越来越大。但是与 GDP 的一致地增长趋势不同,中国股票总市值的波动较大,与 GDP 的比值变化较大,如图 2.3 所示。

(9)股价结构不合理

股价结构不合理,则是中国股票长期存在的现象。缺乏“想象空间”的绩优股无人问津,备受冷落,而那些带着“朦胧题材”的垃圾股却被反复炒作,股价高起。这种“劣币驱逐良币”的现象，严重影响了市场配置资源的能力和效率，也助长了市场的投机风气。同时“新股热”持续不退，也体现了股价结构不合理。近几年，市场偏爱新股，给新股支付较高的溢价，已成为中国股票市场的一个独特现象。统计显示，新股的发行市盈率超过沪深300指数的两倍，且上市首日后还能有超过30%的整体涨幅。作为一个特别的群体，新股定价水平似乎已独立于其他上市公司，形成自我循环，造成少数人获利、多数人吃亏的局面[①]。

表2.7　中国股票总市值与GDP的比值

年份	GDP（亿元）	股票总市值（亿元）	比值（%）	年份	GDP（亿元）	股票总市值（亿元）	比值（%）
1992	26923.48	1048.13	3.89	2002	120332.69	38329.12	31.85
1993	35333.92	3531.01	9.99	2003	135822.76	42457.72	31.26
1994	48197.86	3690.62	7.66	2004	159878.34	37055.57	23.18
1995	60793.73	3474.00	5.71	2005	184937.37	32430.28	17.54
1996	71176.59	9842.37	13.83	2006	216314.43	89403.89	41.33
1997	78973.03	17529.23	22.20	2007	265810.31	327140.89	123.07
1998	84402.28	19505.64	23.11	2008	314045.43	121366.44	38.65
1999	89677.05	26471.17	29.52	2009	340506.90	243939.12	71.64
2000	99214.55	48090.94	48.47	2010	397983.15	265422.59	66.69
2001	109655.17	43522.19	39.69				

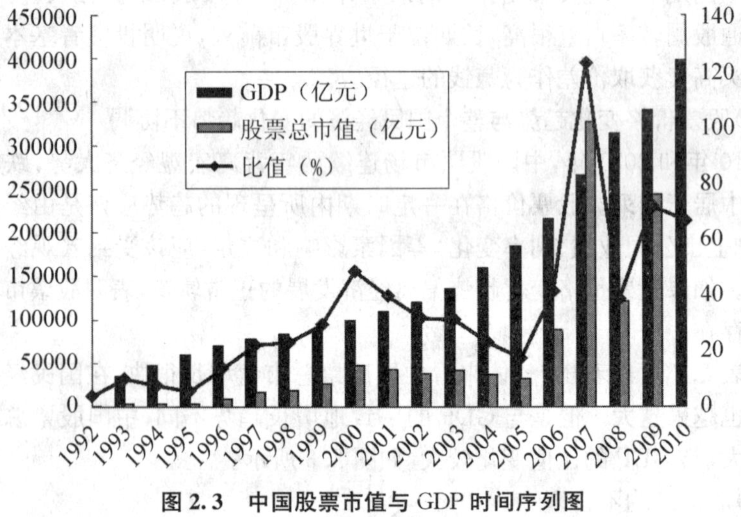

图2.3　中国股票市值与GDP时间序列图

① 来自于《人民日报》，2012年1月10日。

2.2　中国股票市场上市公司经营与信息披露特征

上市公司是股票市场的微观基础，也是股票市场基本信息的主要来源之一，所以上市公司的质量是股票市场健康发展的基础。上市公司的质量主要包括：公司的规范程序、公司的透明度和公司的业绩等。公司运作规范，才能保证公司的正常运作并保证股东的利益；公司规范透明，公平公开的原则才能实现；公司业绩良好，市场才有持续发展的潜力。

2.2.1　上市公司经营状况

上市公司是股票市场的融资者，它通过发行股票的方式获得投资者的资金用于发展生产，并以股息、红利回报投资者。上市公司凭借着投资者的资金不断成长壮大，投资者也从中获益，因为投资者购买股票是一种投资行为，投资的直接目的为了取得股息等收益。股息是由公司利润分配而来，利润又是通过公司经营获取的价值部分。

中国股票市场根植于计划经济体制，上市公司过半数是由原国有企业改制而成，虽然经过了股份制改革，但是企业的经营机制尚未完全转变到现代股份制的规范轨道上来。因此中国上市公司质量不高，运行不够规范，非系统性风险突出。

(1)主营业务不突出，业绩不稳定

中国股票市场许多上市公司为增加竞争实力，扩大经营范围，参与多种业务经营。但是其中部分公司的主营业务却不明确，这类公司虽然具有一定程度的分散风险的优点，但专业性差，产品或服务的规模经营程度低，难以形成规模效益，投资判断难度也大大增加，尤其通过捆绑上市的企业。捆绑上市是指相互关联或全无联系的经营性资产未经磨合而组合起来的状况。捆绑上市能使不具备上市条件的企业联合起来实现上市，还可以保证上市规模，但与此同时也存在诸多问题。

可能正因为主营业务不明确，上市公司的经营业绩并不够稳定，尤其对于捆绑、重组上市的公司能否保持持续和稳定的经营业绩还是个问题，有些公司在上市后明显乏力，更说明上市捆绑、重组的业绩具有模拟业绩的性质。

(2)重融资，轻分红

对中国上市公司资本结构情况进行分析，可以发现中国上市公司资本结构明显不同于其他国家上市公司的特征，而存在过度融资，且偏好股权融资。中国上市公司融资结构中内部筹资所占比率相对少，有时候甚至为负值，外部筹资比重占绝对优势，其中2003年前股权融资在外部筹资额中占比最大。2003年证券监管部门加强了对上市公司再融资的监管，并且再融资受到投资者的普遍厌恶，因此股权再融资在长期资金来源的比重出现了下降，长期负债的比重达到了历年的最大值。2004—2010年，股权融资比率依旧保持高位，所不同的是债务融资比率上升，留存收益比率下降。周健男(2006)以1995—2005年的上市公司的年度报告为依据，利用资金闲置率和流动资产比例等指标对中国上市公司是否存在过度股权融资进行考察，结果表明中国上市公司过度融资的程度相当高。从资产闲置情况看，公告披露变更投资方向的上市公司中约有1/4的募集资金被闲置，而大量的融资资金被用于委托理财也从另一个侧面证明了上市公司存在明显的过度股权融资现象。

表2.8　历年中国上市公司股利分配情况

年　度	上市公司家数	现金股利		股票股利	
		公司家数	比率(%)	公司家数	比率(%)
1992	53	29	54.72	46	86.79
1993	183	142	77.60	152	83.06
1994	291	218	74.91	147	50.52
1995	323	201	62.23	163	50.46
1996	530	179	33.77	245	48.13
1997	745	223	29.93	191	25.64
1998	851	263	30.90	162	19.04
1999	949	307	32.35	126	13.28
2000	1088	648	59.56	115	10.57
2001	1160	653	56.29	96	8.28
2002	1224	614	50.16	64	5.23
2003	1287	603	46.85	100	7.77
2004	1377	691	48.18	48	3.49
2005	1381	736	46.67	55	3.98
2006	1434	673	46.93	50	3.49
2007	1550	766	49.42	102	6.58
2008	1625	872	53.66	167	10.28
2009	1718	912	53.08	83	4.83
2010	2063	1084	52.54	134	6.50

资料来源：历年《中国证券期货统计年鉴》，学林出版社，1993—2011。

从国际经验来看，欧美上市公司一般是将税后利润的30%－40%用于分红，日本上市公司一般将税后利润的10%－15%用于分红。1983－1992年间美国上市公司的平均股利支付率为85%，且大多以现金发放。与此相对照，中国大量的上市公司没有股利分配，股利派现的就更少。从1992—2010年，这19年上市公司年平均分红比率为50.51%，也就是说，每年将近一半的上市公司，拒绝给予投资者现金回报，投资者并没有分享到上市公司净利润增长的成果，见表2.8。经济参考报2011年9月19日报道，从1990年末到2010年末中国A股累积融资4.3万亿元，A股累积完成现金分红约为1.8万亿元，据估算普通投资者分享的现金分红仅0.54万亿元。这意味着，近21年来A股市场给予普通投资者的现金分红总额与融资总额的比值不足13%，而如果按照3.5%的一年期存款利率，以复利计算21年的储蓄回报高达105.9%。

健康的资本市场，应该兼具融资与投资功能，其中任何一项功能的"出位"，必将影响市场的发展。在西方成熟资本市场，上市公司均有着透明的股利政策和长期的分红措施。通用汽车、可口可乐、美国铝业等股票数十年保持一定数额的派现，其股票被兼顾固定收益和成长价值的投资者长期持有。为了规范上市公司证券发行行为，保护投资者的合法权益和社会公共利益，国家于2006年5月出台了《上市公司证券发行管理办法》，在公开发行证券的条件中规定最近三年以现金或股票方式累计分配的利润不得少于最近三年实现的年均可分配利润的20%，2008年10月中国证监会通过了《关于修改上市公司现金分红若干规定的决定》，将这一比率提高到30%。股权改革之后的中国上市公司股利政策发生了明显变化，股利分配形式逐渐以现金股利为主。2009年股利分配形式中现金股利居主导地位。在2009年底的1718家上市公司中，共有1258家上市公司提出了股利分配方案，占统计总数的73.32%。其中共有912家上市公司发放红利，占所有股利分配公司的72.50%。

(3)公司治理不规范

理论上法人治理结构是市场经济体系下最具活力与适应力的企业制度。公司法人治理结构摆脱传统控制方式束缚，引进专业化经营管理，为公司企业有效运作提供了基本保证条件。同时，公司法人治理为企业外部融资打开了大门，使法人企业可广泛吸收社会资本而不必受到众多出资人对企业的干预和影响。明晰的产权关系是完善企业法人治理结构的基础，在明晰的产权关系下，股东作为委托人拥有企业法人财产的终极权利，并有权依法制约经营者；而经营者作为代理人，虽不完全拥有财产权利，但拥有财产经营权，委托者与代理者双方依据规定共同分享企业剩余索取权。

中国上市公司股权过度集中，延续了原国有企业产权界定不完整、产权关系不明晰的顽症，这使得上市公司多层次代理关系的产权界定较为模糊，造成了微观层次的代理者没有相应激励动力去有效运营国有资产，委托人也缺乏积极性去监督代理人。在中国上市公司现行的委托代理关系中，代理者的主要决定权仍掌握在政府主管部门手中。这样在经营过程中，一方面，如果代理者侵害了委托人的利益，其责任难以追究；另一方面，由于委托者和代理者其实都是国有资产不同层次上的代理人，因此还会产生合谋倾向；最后，失去控制的内部人对自身利益（如逃避风险）和个人成就感（如控制权）的追逐进一步导致了企业融资选择与股东利益目标相偏离。

(4)利润操纵，关联交易突出

由于中国证券监管部门对上市公司的配股筹资和摘牌有一些硬性指标规定，部分上市公司为了达到“保配”和“保牌”的目的，就利用关联交易操纵经营利润。操纵利润基本可以分为公司内部利润操纵和公司外部操纵。所谓公司内部利润操纵，是指在股份公司内部以捏造利润或隐瞒利润为手段，美化或丑化公司形象；公司外部利润操纵则主要是利用关联企业及关联交易，美化或丑化公司财务状况。如有些上市公司实际上已经亏损或濒临亏损，但通过关联交易，母公司向其“输血”使得其当期经营业绩变为优良，这无疑会误导中小投资者，增加了股票市场的噪声。有些上市公司本无配股资格和条件，但通过关联交易，上市公司获取了母公司的帮助，业绩达到配股所需要的条件，达到从证券市场“圈钱”目的。但是，这种优良的业绩是虚假的，一旦破灭，最终受到损害的仍是广大中小投资者。

2.2.2 上市公司信息披露

上市公司信息披露主要是指公司以招股说明书、上市公告书、定期报告和临时报告以及其他披露文件，把公司财务状况、经营成果和现金流量等与公司相关的信息，向投资者和社会公众公开披露的行为。1993 年 3 月 18 日，中国证监会下达《关于股票公开发行与上市公司信息披露有关事项的通知》，要求指定报刊按规定刊登上市公司定期报告和临时报告。

信息披露是上市公司与投资者和社会公众全面沟通信息的桥梁。目前，投资者和社会公众对上市公司信息的获取，主要是通过大众媒体阅读各类临时公告和定期报告。真实、全面、及时与充分地进行信息披露至关重要，一方面当上市公司向市场披露了有用的信息而筹集到了必要的资金，并利用资金获得了丰厚的利润，那么可以认为信息披露已达到了资源的最佳配置的目的；另一方面当上市公司向市场披露了有用的信息，投资者在权衡不同证券价格所反映的风险和报酬的基础上，作出购买、持有与转让决策，有利于投资者形成一个合理的证券投资组合。

(1)中国上市公司信息披露存在的问题

上市公司信息披露有益于维护公司投资者权益和市场有效运行，完善的信息披露也是保证市场公平、公正原则的前提。随着相关法律规范的不断出台，中国上市公司披露制度取得了很大发展，信息透明度得到大大改善。但目前中国上市公司信息透明度普遍较低(普华永道，2001；Jin and Myers，2006)，主要表现为：

①信息披露整体质量不高。2007 年 2 月，沪深证券交易所分别对 2006 年度上市公司信息披露工作进行了等级评估，结果见表 2.9。2006 年，中国证监会查处与虚假披露相关的案件 33 起，处罚上市公司 8 家、高管人员 80 多人，处罚涉案会计师事务所 3 家以及会计师 21 人。

表 2.9　2006 年度上市公司信息披露的等级评估

	上市公司数	优良	合格	不良
深交所	514	30	450	34
上交所	646	53	534	59

②信息披露的虚假性，违规事件频发。中国证券市场仍然存在大量的虚假信息披露，上市公司的虚假信息披露给投资者带来重大损失，见表 2.10。2001 年，上海证券研究所、上海证券报、中国证券报、证券时报联合举行了一次上市公司信息披露质量的问卷调查，结果见表 2.11。贾男(2007)根据上海证券交易所网站统计的信息披露可靠性调查显示，个人投资者和机构投资者对上市公司披露信息的完全信任比率分别为 8.45%与 0，这一调查数据基本与表 2.11 吻合。这虽然是被调查者的主观判断，可能并不代表会计信息失真的客观分布，但却反映了资本供应方对会计信息真实性的不信任程度。

表 2.10　中国股票市场十大虚假信息披露案件

年份	2000		2001		2004		2005			2007
上市公司	亿安科技	中科创业	银广厦	蓝田股份	东方电子	德隆系	丰乐种业	江苏琼花	科龙电器	天润化工

表 2.11　2001 年投资者关于上市公司信息披露信任度调查结果(%)

	完全可信	基本可信	部分可信	基本不可信	完全不可信
机构投资者	0	41.41	54.54	3.03	1.02
个人投资者	8.61	26.98	45.17	16.10	3.14

③信息披露的非主动性与随意性。上市公司往往把信息披露看成是一种累赘和额外的负担,而不是把它看成一种应该承担的义务和股东应该获得的权利,因而往往不是主动地去披露有关信息,而是抱着能够少披露就尽量少披露、能够不披露就尽量不披露的观念。产生这种现象的根本原因在于上市公司在其经营管理方面存在着较多的不愿意让公众知道的暗点,从而对信息披露产生一种畏惧和逃避的心理。

尽管政府针对上市公司的信息披露出台了一系列的法律法规,但许多上市公司在对待信息披露的问题上往往做得不够严肃,在信息披露的方式、披露内容和披露时机的选择上随意性很强,造成大量的小道消息和内幕信息。

④信息披露的不充分性。由于害怕向企业竞争者泄密,或者其他方面的原因,上市公司对于一些信息的披露不够充分。第一,研发信息披露不充分。在当今世界中,科学技术是一个企业最具有竞争力的要素,一个企业在研发方面的作为往往能够折射出这个企业将来的发展状况,而且能够影响企业的未来价值。但是,上市公司为了确保将来产品市场上的竞争力,往往牺牲资本市场上的利益,对企业研发方面的信息披露很少,或者根本就不披露,这样投资者就很难对公司作出客观的估计,股票市场价格就很难正确反映股票的真实价值。第二,人力资源信息披露不充分。企业之间的竞争归根到底是人才的竞争,拥有优秀人才的公司,它的未来收益就有比别的公司大的概率。但是,中国股票市场上对公司人力资源信息的披露十分有限,这也造成了投资者无法对公司的价值作出客观评价。第三,对偿债能力披露不充分。目前中国股票市场上反映偿债能力的指标主要有财务比率中的流动比率、速动比率、资产负债率等。这些指标反映的是某一特定时期的静态数据,并不能反映多年的平均状况,且这些指标可以在期末被人为地修饰。更重要的是对于分析偿债能力非常有用的资料未能予以披露,如存货的结构和变现能力、应收账款的金额与账龄,尤其是逾期债务和金额较大的债务等,这些资料上市公司往往借故保护商业秘密不予公布。在大多数情况下,公司对于有关企业负面的信息披露更是不足,避重就轻,故意隐瞒或者遗漏重大事项等,误导投资者。

⑤信息披露的滞后性。上市公司的财务状况和经营状况发生变化时,应该

及时地、尽快地发布信息，以满足投资者的需要，使投资者能够尽快作出相应的决策。但是，有很多上市公司出于特殊目的，并不及时披露，从而给投资者造成了很大损失。这样，一方面投资者获得的信息已经是以前的信息，对以后的选择已没有多少实用价值；另一方面，通过特殊渠道提前获取信息的投资者利用事件发生和信息披露之间的时间差谋取超额利益，这就导致了投资者之间的非公平竞争，对市场效率有害无益。从表 2.12 发现，上海证券交易所的上市公司绝大部分选择在三四月份才披露上一年的年报，一定程度上说明上市公司并没有热情及时披露相关信息。

⑥信息披露的可理解性较差。有调查显示，个人投资者对财务会计报告中的相关指标仅仅能够基本理解或部分理解，完全理解的比例很低，还有部分投资者基本不能或完全不能理解，这反映出信息披露项目和会计信息过于专业化。相对而言，机构投资者能够较好地理解年报的各个项目，但是，即使是受过良好专业培训的机构投资者，仍然也有无法完全理解的情况。这种情况的存在，除了应当加强对个人投资者的素质教育外，还有必要改进年报披露信息，尤其是财务会计信息的披露形式，提高会计信息的揭示程度和可理解性，使其对一般中小投资者而言，也容易阅读和理解，这样才能便于他们在实际投资选择中加以应用，体现信息披露的公平性和公正性。

表 2.12 2008—2010 年上交所上市公司年报披露时间选择情况

年　度	上市公司总数	年报披露月份	年报披露公司数	比率(%)
2008	864	1	9	1.04
		2	84	9.72
		3	350	40.51
		4	421	48.73
2009	873	1	11	1.26
		2	93	10.65
		3	376	43.07
		4	393	45.02
2010	903	1	21	2.33
		2	45	4.98
		3	468	51.83
		4	369	40.86

数据来源：由上海证券交易所网站数据整理，2009 年有 3 家上市公司无公布年报。

综合以上六种情况看，信息缺乏真实性是最主要问题。根据JM(2006)的理论模型，公司透明度越低，公司内部人越有可能通过内部信息谋取私利，使得内部人承担更多的公司特质风险，并减少外部投资者吸收的公司特质风险，由此最终导致股价变化呈现出随大盘波动的特征。

(2)中国上市公司信息披露存在问题的成因

在股票市场快速发展的过程中，投资者对上市公司的信息披露提出了越来越高的要求，但是每个上市公司为了自身的利益或其他原因并没有真实、全面、及时与充分地披露相关的信息，原因主要来自于：①上市公司内部违规操作。上市公司信息披露存在问题最主要的原因是利益诱惑。有些上市公司为了自身的利益或目标，花尽心思粉饰数据，制造虚假信息进行披露。②市场外部监管不力。频发的信息虚假案件暴露了上市公司提供的信息存在很大虚假成分，同时也说明中国信息质量监管力量薄弱。③市场经济体制相互竞争的影响。上市公司信息披露会给企业带来不利的影响，这其中包括上市公司信息披露有关公司研究开发的信息，这些信息的披露无疑会给企业带来竞争压力；披露资本运营信息会让同行获悉企业的经营动向；披露有关企业的坏消息，将会影响信息使用者对公司的信心。④相关制度不完善。股票市场对上市公司信息披露质量评估制度不完善，造成了很多上市公司没有真实、全面、充分与及时地披露信息。还有对很多违规的上市公司没有相应的处罚制度，以至于很多上市公司以身试法。同时由于会计法制不健全，会计准则制度和会计实践之间存在很大的差距，加上经济不断创新，新鲜事物层出不穷，相对会计实践就经常会出现很大的出入，各种相应管理机构制度比较零散，操作性不强，很多会计处理就没法可循，这也造成了中国上市公司信息披露不规范。

2.3 中国股票市场投资者特征

投资者是股票市场主体的最主要组成部分，而投资者买卖股票的行为直接产生了股票交易价格，按照在股票市场上投资的资金量大小，可以将投资者分为两类：一类是资金量大到其交易行为足以影响一段时期某只股票价格的投资者，简称机构投资者或庄家；另一类是资金量不足以影响任何一只股票价格的投资者，简称为个人投资者或散户。

中国股票市场个人投资者与机构投资者的投资行为特征明显不同。中国股票市场以个人投资者为主，2010年沪深A股市场持股数小于10000股的户数约占总户数的84.04%，其总持股市值只占总流通股总市值的7.18%。沪深

B股市场持股数小于10000股的户数占总户数的74%，其总持股市值只占总流通股总市值的5.90%[①]。这说明中国股票市场上个人投资者虽然人数多，但是其拥有的资金却相对比较少，且在市场上交易十分活跃，频繁买进卖出。同时个人投资者由于实力弱小，专业知识和分析能力欠缺，获取信息和处理信息的能力十分有限，一般只能从市场价格的变动中进行信息的判断，喜好探听“小道消息”，跟风现象严重。另外，由于目前中国股票市场个人投资者投资股票的资金主要来源于工资收入的节省，因而能投资于股票的资金是有限的，再加上股票市场交易数额的限制，客观上导致了个人投资者对低价股的偏好。中国股票市场机构投资者的数量虽少，但拥有绝大部分的资金实力（机构投资者拥有的资金占入市资金的将近90%）。机构投资者中的主力大户选择业绩状况与题材潜力俱佳的股票，利用其信息、资金的优势，惊人的交易量，采取砸盘、震仓、抬高、抬升的手段影响股价的走势，吸引个人投资者外围造市，“抬轿”筑基，进而达到操纵股价的目的。

2.3.1 机构投资者特征

机构投资者主要包括证券投资基金和证券公司。证券投资基金成立初衷以及投资性质应该是利用专家理财的手段，实现中小投资者规避风险的要求，因此，它的投资策略本应由基金管理人根据基金的性质和专家的智慧独立作出。但是由于中国的证券基金管理公司与证券公司之间的特殊关系，使得这种决策程序与过程往往会遭到破坏，证券投资基金管理者通常会为了大股东公司的利益而牺牲委托人的利益，尤其是当证券投资基金采取封闭式基金时更会如此，因此这类基金的管理者即代理人没有来自任何方面的压力与约束，委托人只有“用脚投票”根本就不对其构成约束。正是证券投资基金与其他机构投资者的这种特殊关系，才使得中国证券市场中的证券投资基金不能作为一个独立的博弈主体，它在一定程度上扮演着大股东公司或与其有密切关系的投资机构的助手，从而极大地增强了机构投资者在市场博弈中的优势。证券公司由于缺乏自有资金，不论其采用合法手段（例如股票质押贷款）或非法手段（例如挪用客户保证金、变相拆借资金或吸收存款）作为其炒作股票以获取暴利的资金来源，这些资金都具有短期性和高成本的特点。

（1）投资特色不明显

---

① 由《中国证券期货统计年鉴2011》的数据计算得来。

从运作角度看，不同类型的基金风格实际上是按照投资企业的风格划分的，并且为了充分发挥多元化组合投资的优势，基金至少应分散投资到20只股票之上。中国基金业的发展过程中，几十家基金的投资水平从来很难分得开，投资特色不明显。曾晓洁、黄嵩、储国强(2004)在对中国证券投资基金投资风格的实证分析中发现，中国基金的投资风格趋于相同，且实际投资风格与招募说明书所宣称的投资风格不一致，他们认为这与中国基金市场的不成熟和基金的投资行为不规范有关。杨朝军等(2004)同时采用风格箱方法和聚类分析法对中国证券投资基金的风格进行了分析，也发现了中国证券投资基金投资风格呈现趋同化，实际的投资风格偏离了招募说明书所宣称的投资风格，而投资者是根据招募说明书所宣称的投资风格进行投资选择的，因此他们认为基金管理者违背招募说明书中约定的投资风格是一种违约行为。

究其原因，首先是基金运作模式与上市公司行为特征的矛盾。由于改制不彻底和市场约束机制软化，相当部分上市公司产生了“国有企业复归”现象，以致上市越早的企业平均盈利水平越低。这种情况使中国股票市场缺乏足够的蓝筹股和绩优成长股，可供选择的投资品种较为有限。同时大量的资产重组也使企业的经营情况和产业特征处于不稳定状态。在这种市场环境下，基金无法形成和坚持既定的投资风格，只能追逐市场热点，从而使多个基金同时买卖相同的股票。其次是基金的理性投资理念与市场普遍存在的短线投机观念之间的矛盾。主要是在基金经营过程中，基金持有人在购买基金的时候有一个心理，喜欢买排在前面的基金，喜欢买第一名、第二名、第三名，这恐怕也是全世界基金投资者的心理。如果哪一个基金长期明显地跌到倒数第几，那么基金就不能够募集到足够的份额，从而基金难以生存。作为一个新兴市场，中国股票市场存在着高投机性、高换手率以及市场与个股频繁剧烈波动的特点，市场上充斥着短线投机观念。基金的理性投资理念遭到“适者生存”法则的严重挑战，越来越多的基金经理放弃原来奉行的成长型或价值型投资理念，在某种程度上蜕化为“追逐热点、短线运作”的投资方式。再次是基金性质和中小投资者投资理念之间的矛盾。基金是一种代人理财的集合投资方式，但中国广大的基金投资者缺乏长期投资理念，将基金看作是短期内能为自己带来丰厚利润的工具，是一种“准股票”，一旦基金表现落后于市场或同行，或净资产值有所下降，就会遭到投资者责备和质询。在这种巨大压力下，某些基金为了不使本基金净资产值落至最后一名，基金经理通常会避免使用过于独特的投资决策，尽量与大多数同行保持一致，以免业绩落后于同行平均水平。当市场上出现某一热点时，不少基金经理会积极加入，以免自己被市场大势所抛弃，在运作上呈现从众和跟风趋向。

(2)追涨杀跌

“一基”独大成为目前中国股票市场最典型的特点，一只基金占据市场接近半壁江山，从而成为市场上生杀予夺的角色，在中短期内决定市场的具体走势，故基金的行为特征决定着市场的走势特征。而基金最显著的特征就是抱团取暖，就是即使我不能够超越同行，我也决不能接受被同行甩在后面的局面。所以，中国基金最大的特点就是一定要和同行混在一起，要演大合唱，不希望也不想成为一个独唱者。

机构投资者的这种行为特征导致中国股票市场从本质上丧失了内在的涨跌自我调控机制。因为股票市场价格上涨时，只要有一只基金敢拉抬自己的市值，其他基金就会紧紧地追随，从而使得股价可以长期狂涨，越是涨得快，后面追的速度越快。而股价跌的时候，基金要么护盘，拖住自己的重仓股，要么疯狂地割肉。在股价下跌过程中持有现金是最佳的策略，故大量基金为了排名，为了不至于跌得很难看，于是大量套现，这又造成了股价大跌止不住，可能价值已明显下降，但还在不断地下跌。

(3)股价操纵

中国股票市场机构投资者具有规模大、资金充足和人员专业化等优势，使得他们天然地具有操纵市场的冲动。机构投资者持有巨额资本，利用股票价格可以远远偏离它所代表实值的这个特点，操纵股票供求，使股价大起大落。部分机构投资者进入股票市场，根本无意于提高上市公司的技术与管理水平，无意于增进上市公司效益以获取更多的股息(红利)，而只想人为地把股价“炒”起，从股价的大起大落中牟取暴利。为此，他们不惜采取制造舆论、造谣欺骗等一切手段来误导股民。

中国股票市场上不断有庄家操控股票的丑闻，空手道式的资本游戏不时上演，上市公司被蛀成空壳的事件不在少数。市场操纵行为使个人投资者的合法权益遭受严重损害，市场失去公平与公正，破坏了股票市场的良性运行，妨碍国家经济的健康发展。

(4)败德行为

中国基金经理败德行为发生的原因主要是委托代理关系下委托人与代理人利益的不一致以及监管的无效。在委托—代理关系中，委托人和代理人追求的目标并不一致，各自都希望自己的利益最大化。由于信息的不对称，即委托人不能完全观察到代理人的行为(努力程度)，而代理人对自己的行为(努力程度)完全清楚，基金拥有的资金优势又决定了它的行为对股票价格具有决定性的影响，在激励相容得不到满足的情况下，基金经理完全有能力通过其行为对股价的影响来谋取私利，这使得基金经理始终存在机会主义动机。当信息优势方以牺牲对方的利益为代价而获取经济利益时，信息优势方的行为往往被称为败德行为。不论在日常经济活动中的败德行为是否真正发生，只要经济活动处在信息不对称的环境中，败德行为发生的可能性都将是存在的。面对中国证券投资中监督的困难以及其极低的违规成本，基金经理机会主义动机就必然转化成败德行为，近两年不断暴露的“老鼠仓”事件就是很好的例证。

2.3.2 个人投资者特征

由于个人投资者在投资理念、投资知识和技巧方面普遍都不够成熟，获取信息和处理信息的能力也十分有限，一般只能从市场价格的变动中进行信息的判断，过分依赖自己打听到的“小道消息”，跟风现象严重。

(1)资金量小

中国股票市场个人投资者虽然人数多，但是其拥有的资金却相对比较少，个人投资者拥有的总资金约占入市总资金的 10.09%。个人投资者的资金有限，在股市上的投资通常占家庭总资产的比例高，风险承受能力低。

(2)价格被动接受者

中国股票市场机构投资者与个人投资者的博弈中形成的价格决定机制类似于产品的垄断竞争市场。机构投资者类似于产品市场的垄断厂商，决定着股票的市场价格，个人投资者类似于竞争者，只是价格的被动接受者。产品市场在市场出清的情形下达到市场均衡，由此决定市场的最优供给量。但是中国股票市场与实体经济中产品市场又不同，股票市场供给量固定。在股票供给量一定的情况下，机构投资者拉高股票价格，个人投资者解读为利好消息，跟风追进，这样市场需求量大增，因此股票市场价格会进一步上涨。与之相反，在一个价格高点(价格可能远远高于其价值)，机构投资者故意散布虚假信息，个人投资者错误解读为股票市场价格还会上升，个人投资者继续跟进，这正是机构投资者出货的时候，广大个人投资者成为承接股票市场最后一棒的“傻子”。虽然股票市场价格大幅下跌，个人投资者也只能自认倒霉，被动接受当前的低价割肉离场或持有。由此说明中国股票市场个人投资者只能被动接受股票市场价格，同时又助推了股票价格的上涨或下跌。

(3)跟风操作

正如中国上市公司的行为不够规范，中国股票市场上个人投资者的行为也不够理性和成熟。个人投资者由于大多数缺乏必要的金融知识和投资技巧，收集和分析信息的能力低下，众多个人投资者不是着眼于公司股票长远的投资价值，而是为了获取眼前股票买卖的资本利得，他们的投资选择具有较大的随意性与盲目性，跟风操作。当某些机构大户居心不良，为赚取投机利润而恶性引导时，个人投资者追涨杀跌，其结果是被套牢或踏空，成为股票市场投机的牺牲品；当没有机构大户操纵股票市场时，个人投资者就会乱冲乱撞，使股市无规律可循，政府对股市监管的难度也会因此而增大。

2.4 中国股票市场监管特征

股票市场监管是控制市场参与者市场行为的一个完整的系统。在该系统中，监管主体主要包括国家立法、司法和行政部门，监管对象包括股票业务本身以及与股票业相关的其他利益组织或个人。这些单位和个人受自身地位与利益机制支配，通过一定的方式影响着股票价格的变化。

股票市场监管的目的是提高市场效率，而效率最终要通过微观主体的效率来体现。对上市公司、股票市场的监管就是要促进市场效率向更高层次演进，使股票市场价格尽可能反映企业信息的基本面，从而引导资本资源的优化配置。这就要求监管应以股票市场的有效运行作为其行为准则。

2.4.1 中国股票市场监管的发展阶段

中国股票市场监管体制经历了一个从地方监管到中央监管，由分散监管到集中监管的过程，大致可以分为三个阶段。

第一阶段从 20 世纪 80 年代中期到 90 年代初期，证券市场处于区域性试点阶段，这是中国证券市场的起步阶段，股票发行仅限于少数地区的试点企业。1990 年，国务院决定分别成立上海、深圳证券交易所，两地的一些股份公司开始进行股票的公开发行和上市交易的试点。1992 年，又开始选择少数上海、深圳以外的股份公司到上海、深圳两家证券交易所上市。这一时期证券市场的监管主要由地方政府负责。

第二阶段从 1992 年开始到 1998 年 8 月，国务院总结了区域性证券市场试点的经验教训，决定成立国务院证券委员会和中国证券监督管理委员会，负责对全国证券市场进行统一监管，同时开始在全国范围内进行股票发行和上市试点。从此，证券市场开始成为全国性市场。1997 年 11 月，第一次全国金融工作会议上中央决定对全国证券管理体制进行改革，理顺证券监管体制，对地方证券监管部门实行垂直领导，并将原由中国人民银行监管的证券经营机构划归中国证监会统一监管。

这一阶段由国务院证券委统管全国证券市场有关事务。证券委由人民银行、计委、体改委、财政部等16个国务院直属部委相关的副部长级官员组成，采取例会形式办公，是一个比较松散的机构，在其下面设立了中国证券监督管理委员会作为具体执行机构，负责日常管理活动。管理过程中国家计委、中国人民银行、财政部参与较多，其中每年由国家计委和证监会编制本年度股票发行规模，主要由证监会负责各省(市)计划额度的分配、审批发行上市公司资格、审批证券经营机构的主承销商资格，对证券交易所进行管理；证监会会同国务院有关机关审定从事证券业的会计师事务所、律师事务所、资产评估机构的资格，审定有关股票交易方式的开发事宜，负责中国企业到境外上市及国际监管合作事宜，负责日常检查处罚事宜；中国人民银行对证券公司、信托投资公司、财务公司等从事证券经营业的专营与兼营金融机构的确立、变更、破产和日常督察予以负责，监管这些机构的市场进出资格标准。中国证监会同时授权部分省(市)成立了证券监管机构在授权范围内履行监管职责。这样便形成了证券委、各部委、地方政府等共同参与监管的多部门监管组织系统。

第三阶段从1998年9月至今，初步建立了集中统一的证券监管体系。1998年，国务院决定撤销国务院证券委员会，工作改由中国证券监督管理委员会承担，并决定中国证券监督管理委员会对地方证管部门实行垂直领导，从而形成了集中统一的监管体系。《证券法》于1999年7月开始实施，标志着中国股票市场开始走上有法可依、依法治市之路。同时中国证监会36个派出机构挂牌，全国集中统一的证券监管体系初步确立。另外，《证券法》公布实施以来，交易所和中国证券业协会等职能作用的发挥，加强了证券行业自律性管理，成为集中统一的证券监管的重要补充。2000年进一步改革股票发行制度，废除了审批制，开始实行主承销商推荐、发行审核委员会审核、证监会核准的管理制度。2005年11月，修订后的《证券法》颁布，标志着股票市场的法规体系建设进一步加强。2007年建立了集中统一指挥的稽查体制。

这一阶段国务院在第二阶段多部门监管的基础上撤销了国务院证券委员会，其职能并入中国证券监督管理委员会，决定中国证券监督管理委员会对地方证管部门实行垂直领导，以摆脱地方政府对地方证券监管的行政干预，形成直接受证监会领导，独立行使监管权力的管理体系，逐步收回了各个中央部委对证券中介机构的行政、业务管理权限，统一交由中国证券监督管理委员会管理。初步实现了中央—地方—基层三位一体的集中统一的监管组织系统。

2.4.2　中国股票市场监管中存在的问题

实践是检验真理的唯一标准，这种监管体制在实践中逐渐暴露了其缺陷。

(1)过于将监管权力集中到一个部门，使得无法对监管效果进行再监管。与美国证监会SEC相比，中国证监会还拥有证券规章制度制定的话语权。现行的证券规章基本上是出自证监会之手，而且这些规章已经把证监会权力延伸到整个证券市场。在没有权力约束机制的状况下，证监会管制的内容和范围不断扩张，包括行业准入许可、律师事务所证券业务准入审批、会计师事务所证券业务审批、资产评估机构审批以及对这些机构成员进入相关业务的资格审批、对基金管理公司从业审批等。

从股票市场角度看，一个成熟的市场需要有成熟的监管体制相配套。而能够成功运作的监管体制应将政策制定、政策执行和监督三者分开。试想，如果一个人既是运动员又是裁判员，还是规则的制定者，游戏根本无法进行，更谈不上有序运转。即便是裁判员，这个裁判员还有很多“话语权”，在裁判过程中任意发挥、更改规则等都会对游戏产生影响。要建立良好的证券市场秩序，就是要有一个稳定、制衡的现代证券监管体系和现代证券监管制度。政策不稳定、监管机构运转缺乏制衡、缺乏对监管的监管，难免会使政策忽左忽右、或严或松，引发市场信心不足，股票市场的稳定发展只能成为目标和理想，而不能成为现实。

(2)缺乏一个有效的监管体制，不仅容易产生外部的运营成本，也会诱发监管机关内部的道德风险。对中国股票市场而言，监管政策的得失成败，往往可以归因于一个机构。一般来说，对证券监管机构的“失”的考核较为明确，看证券领域是否出现问题；而对证券监管机构“得”的考察却显得模糊，因为没有第二家监管机构与其横向比较，没有另外一家监管机构比现在机构做得更好，也就是说，如果取得了成绩，不好肯定，但是出现了问题，却可以直接否定。因此它的积极行为的付出远远大于它采取保守姿态、偏严地执行监管政策所付出的代价。此时它甚至可能因为严监管而获得美名，这样对于监管者的理性选择是严格监管，而不计较社会成本。另外，监管者也有宽容监管的道德风险，放松对证券公司的要求和对风险能力的限制，隐瞒证券公司的不良状况。监管者这样做的一个动机是逃避监管不当的职责，总希望不良状况能够得到改善，这种状况可称之为“官僚赌博”。这样严监管与松监管往往同时存在，形成监管不公平，不利于市场公平竞争的形成。于是各证券公司往往围着监管机关转，进一步形成权力机关“寻租”的社会环境。

(3)中国股票市场特殊的发展阶段导致监管的两难境地。正如有专家所说的,中国股票市场的发展实质是资金推动的,更多地依赖二级市场的活跃。正因此,监管部门大部分时间里游走于发展和控制风险之间,将关注的目光集中在股价指数的变化上,作为评判风险的依据。对这种两难境地,正如经济学家许小年的描述"不打击股票炒作,投资者没有信心,妨碍市场的发展;打击股票炒作,却无意间打击了投资者的信心,同样会影响市场发展"。

监管部门在实施监管职能的同时,还肩负着促进股票市场快速发展的职能,尤其是肩负国有企业的改制改组,甚至是解困的任务。这就是说,一方面,监管部门不希望二级市场出现过度投机,或者说它要控制系统风险;另一方面,它又要解决诸多低质量国有企业上市筹资问题。若监管部门严格按照法律法规监督并处罚违法或违规者的话,则股票二级市场很快会因为上市公司股票本身不具备投资价值而跌下来,甚至有很多上市公司的股票会跌破发行价,结果股票市场必将出现长期的低迷,这种状况的出现会在相当长的时间内使股票参与者只有损失而无获利的机会,显然不利于壮大股票市场的参与者队伍,从而限制了股票市场的发展。当二级市场低迷时,与之相关的一级市场即发行市场必将受到影响,这种影响既会表现在发行价降低、企业的融资数量减少上,也会体现在发行不畅、降低企业上市速度上。这种状况的出现不仅与我们发展资本市场的初衷相悖,而且也不利于国有企业的改制或一部分国有企业摆脱困境。另外,二级市场的低迷必然在一定时期内使证券公司的自营业务受到重创,自营业务不仅不能为公司带来利润,相反,绝大多数证券公司的自营业务恐怕会遭受巨额损失。同时,又由于一级市场的不繁荣和二级市场交易量的大幅萎缩,使证券公司的中介业务不足以满足日常经营成本的支出,结果使证券公司的生存就受到极大的威胁。最后还有一点需要说明的是,二级市场低迷对税收的影响也是明显的,且尤为重要的是,它还会抑制中国金融创新工具的形成与使用,不利于金融体制的改革与深化,更不利于在中国早日建立起一个较为完善的金融体系。

当监管部门面对从严监管的上述种种后果时,显然,它实施从严监管并不是一个最优的行为。因此监管部门不会选择从严监管策略。但是,反过来看,监管部门又不能选择不管不顾的策略,这不仅因为监管是它本身的职责,而且是若它不实施监管的话,机构投资者和上市公司会因为利益的驱动导致二级市场的过度投机,有时甚至会出现疯狂炒作的现象。同时若这种过度投机的状况不及时遏制,有可能直接危及国家的金融安全。因此监管部门不得不强化监管的职能,处理一批严重违规违法的机构券商或上市公司以保证宏观金融的安全运行。

综合上面分析不难发现，证券监管部门面临这样一种两难境地，即“一管就死，一放就乱”。因此，监管部门只能在保护、发展与规范的矛盾中，寻求一种折中策略，这种折中策略就是“既管又不管”。

第三章

基于行为金融学的选择理论

传统主流金融学过于强调现实金融活动中行为人的计算能力与理性选择，忽略了行为人的个体差异与相关约束，尤其是忽略了行为人人文及心理上的差异以及由这种差异所导致的行为选择差异。然而，由于金融是人类发明之物，金融风险虽是行为人可能选择结果的不确定性，但对这种不确定性的研究显然既不能脱离对行为人选择动机的考察，也不能忽略信息处理能力的约束，而行为人选择动机往往会受到心理因素的支配。因此，立足于行为人信息处理能力的有限性，并将心理学的相关研究成果纳入投资选择理论的研究体系，既符合“人性化投资选择”的发展趋势，也是投资选择本身精细化的要求。本章依据行为金融学[①]的相关理论成果来介绍相应的投资选择理论。

3.1 不确定性、风险与选择

3.1.1 不确定性与风险

不确定性是现代经济理论产生的前提条件。不确定性是指经济行为人面临的直接或间接影响经济活动的外生和内生因素，无法准确地加以观察、分析和预见。20 世纪现代科学的发展，推翻了具有 Laplace 决定论思想的经典物理学范式，为不确定性经济理论的形成与发展奠定了坚实的基础。Knight 和

① 行为金融学是将心理学相关研究成果纳入金融资产选择研究的科学，相对主流金融学而言，它采用一种新的研究范式来探讨金融资产选择问题，并给予金融“异象”合理解释的学科。由于行为金融学到目前为止尚未形成一个统一的理论框架，我们这里只能依据有代表性的相关理论来介绍其中的风险管理问题。

Keynes 同时于 1921 年分别出版了《风险、不确定性和利润》和《概率论》，为真正意义上的不确定性经济学的建立提供了一个支点。在古典和新古典经济学中，风险被当成一种客观因素，从 Adam Smith 到 Marshall 一般都倾向于认为系统的不确定性在确定性情况下可作为风险的一种度量。

Knight(1921)正式提出了经济分析意义上的风险和不确定性概念，对风险和不确定性进行了区分。他认为，风险是可以通过概率进行描述的，而不确定性是无法通过概率进行描述的。按照这种逻辑，风险和不确定性是内涵相同、外延不同的两个概念。从后凯恩斯主义者对 Knight 的评价来看，风险是指有概型不确定性。如 G. L. S. Shackle 和 Paul Davidson 认为，Knight 所说的不确定性与经济学的随机性相关——特别是不确定性与时间和信息相关时。与此相似，Knight 所说的风险只针对可选择方案清楚且可以通过重复实验加以检验的情况，即有概型不确定性。许多经济学家认为 Knight 所说的风险和不确定性是同一件事情。西方经济学从个体效用的角度对风险和不确定性进行研究，强调效用的结果而非行为的过程，所以，西方经济学提及的风险和不确定性实质上是一个概念。William L. Megginson 将风险定义为“发生损失的可能性”，或更正式地将风险定义为“一项资产收益的波动性，与不确定性这一术语互换使用”。Jame. S. Trieschmann 认为“风险和不确定性这两个术语一直是被替代使用的。但是，存在许多形式的不确定性”。他还将风险划分为纯粹风险和投机风险、静态风险和动态风险、主观风险和客观风险，这些不同形式的风险源于不同形式的不确定性。

“不确定性选择理论”主要源于 Arrow 和 Debreu(1954)。之后，经济学家将注意力主要集中到凸性假设与其数学性质的讨论上，而对不确定性引入经济学后可能给经济学带来的学科体系变化关心甚少。仔细分析 Arrow 和 Debreu 的不确定性选择理论后，李腊生等(2006)认为经济学中的不确定性问题只涉及了不确定性状态的一个较小部分，即已知概率分布条件下的随机现象。而一般情形下的不确定性往往表现为：(1)行为人对状态空间的不完全认知；(2)行为人对行动空间的不完全认知；(3)样本空间的不确定；(4)上述三种情况的各种组合。由此可以看出，不确定性包括的范围比较广，情况较复杂。

3.1.2　选择与选择路径

所谓选择，就是决策，即人们从多种备选方案中作出选择，从经济意义上来说，这种选择应当是最优的。选择问题涉及人类生活的各个方面，包括有关政治、经济、军事、文教卫生等方面，也涉及个人及家庭衣、食、住、行等方面。

一般来说，任何选择问题都由下面几个基本要素组成：选择主体；可供选择的方案；自然状态；自然状态概率；结局，即各个方案在各种可能的自然状态下产生的结果。选择的本质在于计算不同方案的损益并进行权衡。按照选择的自然状态可将选择分为三类：确定性选择、风险选择和不确定性选择。本书主要考虑不确定性选择。对于不确定情形下的选择研究是经济学和金融学不可或缺的重要组成部分，是人类经济生活的起点。

人们在进行选择时，一般都会从理性出发，遵循一个固定的思维路径，即路径依赖。典型的选择路径通常包括递进的四个阶段，即识别问题与确定目标—收集资料与明确信息—构建决策模型与确定决策准则—作出判断与采取行动。选择的第一步识别选择问题，确定选择决策的目标，目标是整个选择行动的统帅，一切选择行动均为目标服务。对于一些简单的选择问题，问题的识别和要达到的目标都是非常清楚的；在复杂的情况下，问题的目标可能不止一个，例如多目标定量分析，这时如何将多个目标统一起来进行决策分析就是一个值得研究的问题。微观经济分析中通常假设企业以利润最大化为目标，消费者以效用最大化为目标，投资者以收益最大化风险最小化为目标，宏观经济分析中假定在接受微观经济行为主体目标的前提下，政府的目标为实现经济增长、充分就业、抑制通胀与国际收支平衡。第二步就是围绕选择目标收集资料，通常通过查询历史数据、实验数据和问卷调查等方法来获得资料，有时候需要多种方法并用。随后还要对收集到的资料进行简单编辑，去繁就简，明确选择信息，当然信息质量在一定程度上直接影响方案的选择。第三步就是构建决策模型与确定决策准则，构建决策模型即根据选择目标寻找主要影响因素确定目标函数以及刻画相应约束条件。传统主流金融学假设投资个体的决策模型是一定约束下效用函数最大化，即是$U(x)=\sum u(x)\cdot p_i$，行为金融学假设投资个体的决策模型是一定参考点上的价值评价函数最大化，即$V(x)=\sum v(x)\cdot \pi(p_i)$。同时也要确定决策准则，决策准则与决策目标追求理想结果不同，是选择个体面对不确定性状态，由决策目标引致的实现目标的判断标准。如厂商以追求利润最大化为目标，但是他是否追加投资取决于市场未来的状态，而未来市场状态具有不确定性，也即市场可能会出现对厂商不利的状态，厂商不能达到利润最大化甚至可能破产。在这种情况下，厂商分析是否选择追加投资时，必须充分考虑市场未来状态，并制定一个实际可操作的行动标准，即决策准则。例如以期望值为决策准则，期望值只是一个各种可能状态综合后的理论值，所以按照期望值准则得到的结果往往与实际结果不一致，与利润最大化目标不一致。

第四步就是在前面分析基础上作出判断,得到最优选择,并付诸实施。

从上面选择路径可以看出,选择决策过程从目标确定到最后作出判断每一步骤都涉及行为人的主观价值判断,传统主流金融理论规范行为人的行动,假设行为人理性与同质,简化选择过程,确定了行为人最优行为选择。但是作为处于非完全理性与不同外部环境的独立个体,简单忽略投资者的情绪等主观心理因素对于选择过程的影响自然会拉大这种行为选择分析框架与现实之间的距离,导致传统主流金融理论解释现实的失败。

3.2 行为金融理论对传统主流金融理论的挑战

期望效用理论(expected utility theory)是由 Von Neumann 和 Morgenstern(1947)以及 Savage et al. (1954)继承数学家 Bernoulli 对于圣·彼得堡悖论(St. Petersburg paradox)①的解答并进行了严格的公理化阐述而形成的。期望效用理论是现代微观经济理论的重要支柱之一,因为它简单地给出了不确定性条件下选择行为的精确描述,是不确定条件下行为人在选择过程中具有理性预期、风险厌恶以及效用最大化行为特点的模型化描述。Arrow 和 Debreu(1954)将其吸收进瓦尔拉斯均衡的框架中,成为处理不确定性选择问题的分析范式,基于此传统主流金融学以行为人理性为理论基础,逐渐形成了以市场有效假说(EMH)、现代资产组合理论(MPT)、资本资产定价模型(CAPM)与套利理论(APT)以及期权定价理论(OPT)为核心的理论体系,构筑了现代金融学的学术之巅。

传统主流金融理论认为行为人信息处理能力无限,按照 Bayes 法则更新自己对事件的看法或者信念,将选择过程视作黑箱,简单地将其看成是效用或财富的最大化,忽视了行为人选择过程中的心理因素对选择的影响。于是实务领域中传统主流金融理论无法解释的“异象(anomalies)”,如“阿莱悖论(Allias paradox)”、“股权风险溢价之谜(the equity premium puzzle, Mehra and Pre-

① 圣·彼得堡悖论是关于一场掷硬币的博弈:假设让一个人反复地掷硬币,1 次掷出正面付给他 1 美元,2 次掷出正面付给他 2 美元,3 次给 4 美元,4 次给 8 美元,以此类推,当指出反面时终止。在这种博弈中,为取得一次博弈的机会,你愿意放弃的收入最多是多少?由于在这种博弈中,赢 1 美元的概率为 1/2,赢 2 美元的概率为 1/4,以此类推,其数学期望为 $(1/2)\cdot 1+(1/4)\cdot 2+(1/8)\cdot 4+\cdots=\infty$ 因此,应该选择愿意付出任何有限的收入。但是,大多数人为取得这样一次博弈所愿意的放弃的收入都是极少的。Bernoulli 在解释该悖论时提出了精神价值(moral expected value),即通常所说的期望效用理论。Bernoulli 建议运用对数函数形式来衡量期望效用值,同时用概率反映不确定性。

scott,1985)”、“长期反转效应(long-term reversal effeet,De Bonat and Thaler,1985)”、“封闭式基金折价(Lee、Shleifer and Thaler,1991)”与“元月效应(Rozeff and Kinney,1976;Keim,1983)”等大量涌现,给予这些金融异象合理的理论解释因此就成为现代金融学家所面临的重要课题。对此,行为金融学家依据人类行为本身的特质,结合心理学的相关研究成果,提出了一系列新理论与新方法,较圆满地完成了这一任务,从而形成了对传统主流金融理论研究范式的重大突破,并对主流金融理论提出了严峻的挑战。

3.2.1 行为金融理论对理性假设的质疑

传统主流金融理论中的理性包括两层含义:首先是经济个体处理信息的能力是无限的,并当获得新的信息时,他们会按照 Bayes 法则更新自己对事件的看法或者信念;然后是给定经济个体的信念,他们会自利地选择最大化自己的主观期望效用(Barberis 和 Thaler,2003;谭松涛,2007)。也就是说,传统主流金融理论认为,行为人的心理与行为具有理性预期、风险回避和效用最大化的特点。但是基于心理学视角的行为金融学研究结果则不认同这一理性假设,认为行为人并非完全理性人,往往具有过度自信、损失厌恶与羊群行为等特征。因此行为金融理论从几个方面对理性假设提出了质疑:

(1)行为人的信息处理能力是有限的。现实世界中的大多数选择问题都比较复杂,特别是人类社会中的选择问题不仅需要考虑经济效益,还要考虑社会效益和生态效益;不仅需要考虑许多可能定量化的因素,还要考虑许多不能定量化的因素;甚至还需要运用权力和谋略的力量,要把这一切都计算得丝毫不差是不可能的。另外,我们如果不能保证对自然界和人类社会的观察、感觉、归纳和预测是完美无缺的,对各种选择问题毫无遗漏地给出备择方案就是不切实际的幻想。尽管现代科学借助各种仪器、设备来扩展人的感觉器官,帮助人采集信息、处理信息、分析信息,减少在选择过程中的不确定性,但受制于人自身能力的局限性和自然界复杂系统的不确定性,人在选择时还是持有限理性的。Simon 从心理学角度出发,论证了人类行为的理性是给定环境限度内的理性。行为经济学领袖人物之一 Taylor,曾以“三重有限性(the three limits)”描述人类行为——有限的理性、有限的意志力和有限的自私程度。行为金融理论认为,个体的行为不可能达到全知全能的理性,个体的信息加工能力具有局限性,个体的判断和决策因此都会产生偏差(Tversky 和 Kahneman,1974)。

(2)行为人难以根据 Bayes 法则形成或更新自己的信念。根据 S. T. Fiske 和 S. E. Taylor(1991)的研究,人类是“认知吝啬鬼(cognitive misers)”,即人们总是竭力节省认知能量。也就是说,行为人在一些不确定环境下进行较为复杂的决策时,往往走一些思维上的"捷径",根据直观推断(heuristics)或经验法则(rule of thumb),而不是像理性假定那样严格根据 Bayes 法则形成或更新自己对某件事情的看法(Tversky 和 Kahneman,1974)。这种直观推断本质上是使用一些简化的方法代替复杂的信念形成过程,从而降低信念形成的复杂性。Allport(1968)曾给出了这种简化的四种情况:①当人们没有时间认真思考某个问题时。②当人们负载信息过多时,以至于无法成分地对其加工时。③当手中的问题并不十分重要,以至于人们不必太过思索时。④当人们缺乏作出决策所需的可靠信息或知识时。这四种情况下人们更容易使用直观推断法作出判断。但是,直观判断的过程往往使行为人的行为产生系统性的偏差。

(3)行为人并非一致地追求物质性自利。传统主流金融理论将自利置于理论考察中心,但事实表明,利他主义、社会公正等客观上也是存在,否则就无法解释人类社会生活中大量存在的非物质性动机。但是,现实存在的无法用亲缘理论和互惠理论解释的纯粹利他行为却直接反证了自利性假设的缺陷,其中最重要的是被桑塔菲学派经济学家称为"强互惠"(strong reciprocity)的行为。"强互惠"行为被发现存在于经典公共品博弈实验中,其特征是:在团体中与别人合作,并不惜花费个人成本去惩罚那些破坏合作规范的人(哪怕这些破坏不是针对自己),甚至在预期成本得不到补偿的情况下也这样做(Gintis,Bowles,Boyd 和 Fehr,2003)。"强互惠"能抑制团体中的背叛、逃避责任和搭便车行为,从而有效提高团体成员的福利水平。但是实施该行为需要个人承担成本,并且不能从团体收益中得到额外补偿。可以说,"强互惠"是一种存在于经济现实中的明显具有正外部性的纯粹利他行为,却与经济学研究的自利性假设南辕北辙。行为金融理论认为,人的行为不只是自私的,还会受到社会价值的制约,从而作出不会导致个体利益最大化的行为选择。传统主流金融理论认为,由于人们会理性地自利,因而社会经济运行也具有其自身的理性。但是行为金融理论研究表明,由于人本身就不是理性的,因而社会经济活动也不是理性的。如证券市场的股票价格通常并不是对公司业绩作出反应,而是对投资人的市场情绪作出反应,因而,投资人的表象思维、心理定式、环境影响等心理与行为因素往往会导致非理性的选择。

(4)现实中最大化期望效用难以实现。由 Arrow 和 Debreu 的"不确定性选择理论"可知,在状态空间不完全认知的情况下,选择主体依据非样本信息给出的先验分布本身就是错误的,即使其利用样本信息进行修正,在样本空间不确定和对不确定性一无所知情形下计算出的后验分布也必然与实际分布存在偏差，这种偏差是不可忽视的，它使建立在后验分布基础上各行动的期望效用或期望损失计算错误。这就表明，即使行为人主观上是理性的，不确定性的存在也将在客观上导致行动选择与理性假定的非一致性。在行动空间不完全认知的情况下，最大化变得无法识别，行为人仅能在已知各行动的可能结果中加以选择，这种有限范围的选择最多只能满足极值条件，而非最大化条件。在样本空间不确定的情况下，理性假定显然也得不到满足，因为理性假定指的是计算能力无限的基础上选择结果的最大化，当选择结果变得无法识别时，根本就不可能谈论最大化问题，而且行为金融学认为行为人的行为在绝大多数情况下也不符合经济人理性最大化的假设，首先个人对风险的评价并不一定遵循Von-Neumann-Morgenstern理性概念假设；其次，个人在对不确定性后果进行预期时，常常会违反贝叶斯规则和其他概率最大化理论，例如行为人有损失规避、减少后悔、推卸责任的心理以及心理账户偏差，因此其选择行为并不总能以实现期望效用最大化为准则。Kahneman和Tversky(1979)提出前景理论(prospect theory)，认为经济个体在面对不确定性时的选择行为往往与期望效用理论的基本框架相违背。总之，在不确定条件下，期望效用的不可计算性、行动结果比较的局限性以及行为人选择的非理性使理性假定的选择理论脱离现实。

(5)行为人并不能永远保持自己有条理的、一致的偏好体系。不同的境况和不同的阶段，人会有不同的追求。当一个人在没有工作时，可能会追求一份稳定的工作；但当具备一份稳定的工作时，可能就比较偏好有自己的一番事业。另外，人们在现实中对未来会持有不同的愿望和理想，看重长远发展则不会在意眼前一得一失，抱有远大理想之人必有非同寻常之价值偏好。行为金融理论观察到的金融市场上大量存在的“羊群行为(herd behaviour)”就是很好的例证。行为人在信息不确定的情况下，行为受到其他行为人的影响，或者过度依赖于舆论，而不考虑私有信息，简单模仿他人选择。股票市场上，尤其中国股票市场投资者的投资理念还不够成熟，一些投资者刚开始投资时可能还会考虑自己偏好，但投资者随市场变化变得疯狂与颓丧时，就不可能再理会自己的偏好。还有，Kahneman和Tversky通过实验发现，在决策参考点进行心理算计的时候，行为人在大多数情况下对预期损失的估值会比预期收益大约高出两倍。在不确定的条件下，行为人的偏好是由财富的增量而不是总量决定的，人们对于损失的敏感度要高于收益，因而在已经亏损的情况下，行为人会成为一个风险追求者而不是一个风险厌恶者。另外，Kahneman和Tversky研究人类在不确定条件下的选择时注意到，人们面对选择时，不仅考虑行为的期望效用，也会受到问题表述的框架方式的影响，也就是说，问题以何种方式呈现在行为人面前，会在一定程度上影响人们对于风险认知的态度。面对同样期望效用的确定性收益与风险性收益，如果行为方案是获利的，行为人会选择确定性收益，即呈现出一种风险规避；然而，面对同样期望效用的确定性损失和风险损失，如果方案是代表损失的，行为人又会选择风险损失，即呈现一种风险爱好。这表明市场中行为人不是一致地厌恶风险，同时同一行为人风险偏好也是时变的。

行为金融理论有力地抨击传统主流金融理论的理性假设基础，揭示了理性假设与现实之间的距离，使建立于理性假设基础的传统主流金融理论大厦岌岌可危，从而以传统主流金融理论指导投资实践的结果就可想而知了。

3.2.2 行为金融理论对市场有效假说的质疑

Fama(1965)提出的有效市场假说具有与众不同的地位，被称为传统主流金融理论的核心命题。Fama对有效市场的定义是：称一个资本市场是有效的，如果在这个市场上证券的价格总是能够“完全反映(full reflect)”所有可获得的信息。Campbell等在《The Econometrics of Financial Markets》一书中更准确地指出，信息应该及时(instantly)、完全(fully)地反映在证券价格中。综合上面定义，侯成淇(2006)总结认为，有效市场较完整的定义应该是：称一个资本市场是有效的，如果在这个市场上证券的价格总是能够及时、准确、完全地反映所有可获得的信息。因此，在有效市场中证券价格总是能够正确反映证券的真实价值，即不存在被错误定价的证券。同时有效市场假说也说明：只有有关证券真实价值的新的信息的出现才会引起该证券的价格变化。因为新的信息是无法预测的，所以证券的价格也无法预测。因此在有效市场中，任何试图寻找被错误定价的证券和预测价格未来走势的努力都是徒劳无功的，任何投资者都不可能期望一直战胜市场。

有效市场假说建立在三个逐渐放松的假设之上(Andrei和Shlerfer，2000)：一是投资者被认为是理性的，因此他们能够对证券的价格做出合理的价值评估。二是即使有些投资者在某种程度上是非理性的，但由于他们的交易是随机进行的，而且交易策略相互独立，因此他们的交易很可能会相互抵消彼此对价格的错误影响，使得价格保持在真实价值附近。也就是说，在投资者的交易行为中不存在系统性偏差。三是在某些情况下，非理性的投资者会有相同的非理性行为，但是市场可以利用套利的力量使价格回复到真实价值。

行为金融理论的矛头直指传统主流金融理论的核心命题——有效市场假说。行为金融理论认为，经济理论并不一定要引导我们去寻找一种市场的有效状态，对有效状态系统性、显著偏离的现象将在金融市场长期存在。行为金融理论以前景理论为基础，加其他心理学和行为学对投资者行为模式的发现，对有效市场假说的三个假设分别提出了质疑。

首先，Shiller 反对 Fama 的观点，认为不能简单地把过度反应与反应不足当成是偶然结果，而忽略其背后的心理学依据。Olsen(2001)认为，行为金融学提供了股价波动性的令人信服的理论解释。Thaler(1993)也具体指出标准金融学在五个方面与实际情况不符。Thaler(1999)还指出，行为金融学的观点与方法将逐渐深入金融学研究的各个层面，以致"行为金融学"这一名词消失。伴随时间的流逝，纯理性的模型将被纳入到一个更为广泛的心理学模型中去，其中完全理性将作为一个重要的特例。

其次，有效市场假说的支持者认为，即使有一些非理性投资者存在，但由于这些非理性投资者的交易是随机进行的，而且投资者是独立地进行投资选择，彼此的交易策略不相互关联，所以自然而然地可以抵消彼此对价格的错误影响。但是，Kahneman 和 Tversky 在前景理论中指出：非理性投资者的选择并不是完全随机的，常常会朝着同一个方向，所以不一定能够互相抵消。而且当这些非理性投资者的行为社会化时，或大家都相信相同的谣言时，这个现象会更加明显，投资者的情绪因素并非随机产生的错误，而是一个很常见的判断错误(Shiller，1984)。

Kahneman 和 Riepe(1998)指出，人们的行为偏差其实是系统性的。许多投资者倾向于在相同的时间买卖相同的证券，当噪声交易者通过"流言"或者跟从他人的选择而选择时，这种状况将更加严重。投资者情绪实际上反映许多投资者的共同判断误差，个人投资者不是唯一的非理性投资者，在西方发达的金融市场中，大量资金是由代表个人投资者和公司的共同基金、养老基金的专业管理人员所控制，他们既会产生个人投资者可能产生的误差，还因为他们是管理他人资金的代理，所以存在代理矛盾，致使其在选择中出现更大的偏差。

最后，有效市场假说指出，即使在某些情况下非理性的投资者会有相同的非理性行为，市场仍然可以利用套利的力量使价格回复到真实价值。但是行为金融学研究表明，在现实的金融市场中，套利行为的作用不可能充分发挥，现实中套利受到许多条件的限制而且充满风险，使其不能发挥预期中的作用。Shiller 等人的研究表明，在某些情况下非理性投资者实际上可以获得比理性投资者更高的收益。Shleifer 和 Vishney 提出了套利限制的理论。套利机制能否发挥作用，关键在于能否找到价格受非理性投资者影响的证券的替代品。为了规避风险，套利者在对被错误定价的证券进行交易的同时，必须对其替代品进行相反的交易以对冲风险，如果套利者所面临的市场环境中存在发达的衍生品市场，如期货、期权市场等，则相应的替代品可能还是比较容易找到，但在大多数情况下，尤其是在像中国这样金融衍生工具不发达的金融市场环境下，绝大多数证券并没有明显合适的替代品。只要套利者找不到完全的替代品，套利行为本身就存在风险，通常将这种套利称为“风险套利(risk arbitrage)”。当理性套利者认识到套利属于风险套利时，用控制交易量来管理风险就成为套利者管理套利风险的基本手段，而套利者交易量的控制就有可能使理性套利行为不能完全消除噪声交易者的非理性行为对价格的影响，结果非理性行为仍会对价格产生程度不同的影响。更有甚者，套利者可能只能找到不完全的替代品，结果在未来的日子里，不完全的替代品可能变成完全没有替代作用的工具，套利者认为被高估的证券，其价格继续上涨，而他原以为有替代作用的相应的证券价格可能继续下跌，或由小涨转变成下跌，结果使套利者面临更大的风险。即使是套利者能找到完全的替代品，他也有可能面临更大的风险，这种风险来自未来他再次出让时价格的不可预知性，或者说，价格偏差在消失前可能会继续错下去，即高估证券的价格继续走高，而相对低价的证券可能继续走低。虽然两者的价格最终会走向一致，但这种短期风险也是不可忽视的，投资者的破产通常并非是由长期风险引起的，多数情况下，它是短期风险突然释放的结果。银行挤兑这种现象就是短期风险导致破产的典型事例；期货交易中，只要期货价格与套利者预期相反的方向变动持续到套利者不再有可追加的保证金时，套利者因此也会破产。总之，套利行为对于实现市场的“一价原则”的确发挥着重要的作用，但同时我们也必须看到套利的作用是有限的，理性套利并不能保证市场总是处于均衡状态。在有些情况下，套利行为并不能完全消除非理性投资者行为对价格的影响。

行为金融理论不仅对传统主流金融理论的理性基础提出了质疑，同时深刻剖析了传统金融理论的核心命题存在的问题，表明基于理性假设的传统主流金融理论描述的规范行为人的最优决策行为与现实存在较大差距，因此基于非完全理性与套利限制的行为金融理论在实践中逐渐显露出优势。

3.3　基于行为金融学的选择理论

不可否认传统主流金融理论有着逻辑严密、富有解释力的概念与模型，而且对于大多数金融现象能够给予合理规范的理论解释，从而在理性人假设的基础上构建与形成了系统完善的学科体系。但是行为金融理论还是对传统主流金融理论进行了相当严厉的批判，对传统主流金融理论的基础支柱——理性人假设进行了否定，认为市场参与者是有限理性的，理性人仅是一种特例，认为理性要与理性之外的非理性部分充分结合起来，才能构成人类行为的完整统一体。

3.3.1 行为金融理论的发展

Thaler(1993)认为行为金融学就是“思路开放式金融研究(open-minded finance)”，只要是对现实世界关注，考虑经济系统中的人有可能不是完全理性的，就可以认为是研究行为金融。Lintner(1998)把行为金融学研究定义为“研究人类如何解释以及根据信息做出选择”。Olsen(1998)声称“行为金融学并不是试图去定义‘理性’的行为或者把选择打上偏差或错误的标记；行为金融学是寻求理解并预测进行市场心理选择过程的系统含义”。Statman(1999)则认为金融学从来就未离开过心理学，一切行为均是基于心理考虑的结果，行为金融学与传统主流金融学的不同在于对心理、行为的观点有所不同。Shefrin(2000)认为，行为金融学是将行为科学、心理学和认知科学上的成果运用到金融市场中产生的学科，其主要研究方法是基于心理学实验结果提出投资者选择时的心理特征假设来研究投资者的实际投资选择行为。Russell(2000)对行为金融学是这样定义的：(1)行为金融理论是传统经济学、传统金融理论、心理学研究以及选择科学的综合体。(2)行为金融理论试图解释实证研究发现的与传统金融理论不一致的异常之处。(3)行为金融理论研究投资者在作出判断时是怎样出错的，或者说是研究投资者是如何在判断中发生系统性错误的。

从行为金融学的视角对投资者行为研究的历史简要地概括为以下几个阶段：

(1)萌芽阶段(从19世纪至20世纪50年代)。19世纪Gustave Lebon的《群体》(The Crowd)和Charles Mackey的《非凡的公众错觉和群体疯狂》(Extraordinary Popular Delusion and Madnesss of Crowds)被尊为研究投资市场群体行为的经典之作，许多研究者认为这两本书是目前已知的最早阐述行为金融学思想的经典著作。Keynes(1936)是最早强调心理预期在人们投资选择中起重要作用的经济学家，提出了“选美竞赛”理论和“空中楼阁”理论。他认为决定投资者行为的主要因素是心理因素，投资者是非理性的，其投资行为是建立在所谓“空中楼阁”之上，证券的价格决定于投资大众的预期心理所形成的合力，投资者的交易行为充满了“动物精神”。Burrell(1951)在论文“以实验方法进行投资研究的可能性”中率先提出了用实验方法来验证理论的必要性，文章提出了构造实验检验理论的思路，由此开拓了一个将量化的投资模型与人的行为特征相结合的金融新领域。Bauman(1967)发表“人类判断行为的心理学研究”一文，呼吁关注投资者非理性的心理，指出金融学与行为学的融合应是今后金融学发展的方向。

(2)形成阶段(从20世纪60年代至20世纪80年代中期)。Kahneman和Tversky(1979)年在《计量经济学》上发表“前景理论:风险条件下的决策分析”(Prospect Theory:an Analysis of Decision Under Risk)，为行为金融学的兴起奠定了坚实的理论基础。Kahneman，Tversky和Slovic(1982)出版著作《不确定状态下的判断:启发式和偏差》，研究了风险态度、心理账户与过度自信、人类行为与经典经济模型假设相冲突的方面，初步形成了行为金融理论的最有影响力的代表学说“前景理论”的理论框架。Werner de Bondt和R. H. T. Thaler(1985)发表的“股票市场过度反应了吗?”一文，他们认为投资者对好的和坏的消息都过度反应，因而导致过去亏损股票被低估而过去盈利股票被高估。Shefrin和Statman(1985)的文章讨论证券投资者的“处置效应”(disposition effect)，即投资者预先倾向于持有损失股票的时间太长，抛售盈利股票太早。这两篇文章标志着行为金融学的真正兴起，此后大量的学者投入到行为金融学的研究领域。

(3)发展阶段(从20世纪80年代末期至20世纪末)。市场不断发生的异常现象引起金融学界的注意，大量的证据表明许多金融理论还不完善，再加上前景理论得到广泛认可和经验求证，所以这个时期的研究取得了突破性的进展。这个时期行为金融理论的研究以芝加哥大学的Thaler和耶鲁大学的Shiller为代表。Thaler(1983,1999)研究了股票回报率的时间序列、投资者心理账户等问题。Shiller(1981,1990a,1990b)主要研究了股票价格的异常波动、股市中的“羊群行为”、投机价格和流行心态的关系等。此外，Orden(1998)对于处置效应的研究，Ritter(1999)对于IPO的异常现象的研究，Kahneman等(1998)对反应过度和反应不足转换机制的研究都对行为金融学的进一步发展起到了很重要的推动作用。这个时期行为金融学更注重投资者心理对投资选择的影响，Shefrin和Statman(1994,2000)提出了行为资产定价模型(behavioal assets pricing model,BAPM)和行为资产组合理论(behavioral portfolio theory,BPT)。Shleifer,Andrei和Vishny(1997)提出BSV模型、Daniel,Hirsheifer和Subramanyam(1998)的DHS模型以及Hong和Stein(1999)的DHS模型。1999年《金融分析家》杂志在该年度的最后一期出版了行为金融理论专刊。

(4)相对成熟阶段开始(21 世纪初至今)。2001 年,由 Shefrin 任主编的三卷本《行为金融学》论文集出版。2002 年度诺贝尔经济学奖授予美国普林斯顿大学的 Daniel Kahneman 和美国乔治·梅森大学的 Vernon Smith,他们一个被称为行为经济学的奠基者,一个被称为实验经济学的先驱者。这一结果出人意料,是因为 2001 年的诺贝尔奖刚刚授予了与行为经济学有很大关系的三位信息经济学家,而且素有"小诺贝尔奖"之称的美国经济协会克拉克奖(Clark medal)2001 年也刚刚无独有偶地授予了行为经济学家 Matthew Rabin。这两个奖项带给世界巨大的震撼,引起了学术界对行为金融学的瞩目,可以看作行为金融学发展过程中的一个里程碑。

在 2002 年诺贝尔经济学奖颁给行为经济学家后,在金融学研究领域掀起了一股行为金融学研究热潮。行为金融学研究逐渐扩展到行为公司金融(behavioral corporate finance)与宏观行为金融(behavioral marcofinance)领域。行为公司金融作为行为金融学的一个重要分支日益受到学者的重视。行为公司金融认为公司管理层的非理性与股票市场的非理性,对公司投融资行为产生重要影响。Shefrin(2001)是这一领域发展的主要推动者。Hackbarth(2002),Baker 和 Wrugler(2002),Malmendier 和 Tate(2002a),Shleifer 和 Vishny(2003),Landier 和 Thesmar(2004),Grahamd 等(2004),Lamont 和 Stein(2005),Koellinger(2007),Deshmukh、Goel 和 Howe(2008)分别从融资决策、投资决策与并购决策以及股利分配决策等角度对行为公司金融研究作出了贡献。2008 年世界金融海啸爆发后,行为金融学在"后危机"时代,肩负起解释宏观金融现象及引导政策的重任。Shefrin(2009),保罗·克鲁格曼(2009),Fratianni(2008)在行为金融理论解释宏观金融危机方面作出了开创性研究。与此同时,基于行为的金融监管理论,也逐渐引起学者和政府的重视。Hirshleifer(2008)的"心理导向的金融监管理论"、Hirshleifer 和 Hong(2009)基于行为偏差的不同政策制定桑斯坦"助推"政策,设计引领者行为监管理论的方向。奥巴马把美国当今顶尖的被称为"行为主义经济学"的精英学者聚集起来,组成了一个《时代》杂志称为"行为科学梦幻智囊团",其中具有代表性的是 Sunstein 和 Thaler,他们称这种政策制定方式为"自由意志家长式"(饶育蕾等,2010)。国内陈浩(2001)在《股市博弈论》和《筹码分布》中深入分析了庄家如何利用羊群行为规律以及会造成怎样的行情特征,怎样用技术分析工具观察和捕捉庄家操作迹象,从而把行为金融学推进到了实用水平。以指南针公司为代表的证券分析软件提供商主导了行为金融学的应用研究,其首席科学家杨新宇(2003)把行为金融学的投资理念精练地概括为揭示市场事实,发现市场规律,建立操作方法。

在美国一些顶尖大学的经济学系中，教授们为研究生专门开设行为经济学的课程，博士生在行为经济学领域中寻找毕业论文的选题。近年来，中国国内一些著名大学也为经济学专业研究生先后开设了行为经济学或行为金融学，许多博士生、硕士生选择并完成了行为金融学方面的毕业论文。同时2002年后一批颇具特色与具有一定创新性的行为金融学教材与读物如雨后春笋出现在中国文化市场，丰富着中国人的文化生活。

由此可以看到，行为金融学从经济行为人的心理入手，研究的领域早已突破个人投资决策的心理偏差，而逐步扩散到公司层面和宏观经济上；行为金融学不再只局限于解释金融现象的学者研究，逐步被应用于政府对金融监管与政策制定；行为金融学逐渐成熟，作为一门经济学课程进入大学课堂，进一步加快了对其研究与更广范围的应用。

3.3.2 前景理论中的选择理论

心理学实验表明，个体行为的选择并不遵循Baysian选择过程，也与Arrow的不确定性选择理论不一致，当人们面对不确定性选择时，他们并不会进行复杂的计算，而是普遍表现出避繁就简的思维特点，依据直观判断或经验判断作出选择。然而，依据直观判断或经验判断的选择模式不免会产生系统性偏误，这些偏误主要来源于特征代表性偏差、获得便利性偏差、调整和锚定效应、认知分歧和群体影响。在心理学实验研究与分析的基础上，Kahneman和Tversky于1979年在“风险条件下的决策分析”一文中提出了具有重要影响力的行为金融学价值选择理论模型，即前景理论。该理论是不同于传统期望效用理论的价值选择理论，它用两个函数来描述个人的选择行为，一个是价值函数(value function)，另一个是决策权重函数(decision weighting function)。其中价值函数相当于期望效用选择理论中的效用函数，决策权重函数是对期望效用理论中概率的替代。通过对期望效用理论的改造，前景理论就能给予各类金融“异象”一个很好的解释理由。

(1)风险选择过程

Kahneman和Tversky定义“前景”为一个不确定事件，表示为$(x,p;y,q)$，这个事件最多只有两个非零的结局。个人得到x的概率为p，得到y的概率为q，另外$1-p-q$的概率得不到任何东西。Kahneman和Tversky将个人的选择和决策过程分成两个阶段：事件发生以及人们对事件结果及相关信息的收集、整理为第一阶段，称之为编辑阶段(editing phase)；第二阶段，即进行评估和选择，也就是评估阶段(evaluation phase)。在编辑阶段，投资者往往会依据个人偏好而面对各种备选方案进行编码；在选择评价阶段，相对于参考点，投资者对收益和风险的预期决定了最终方案的制定(见图 3.1)。

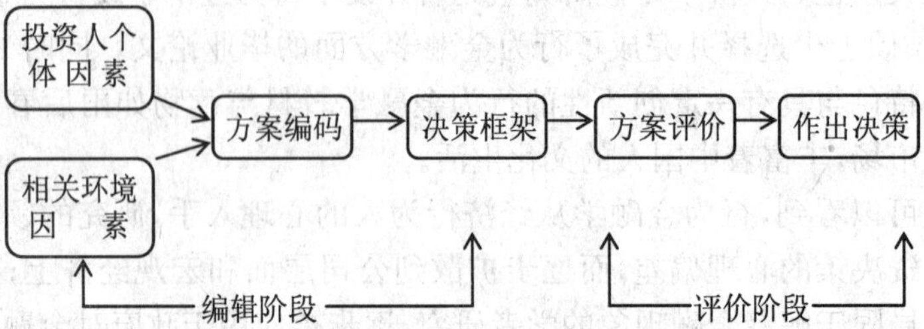

图 3.1　前景理论下投资者的决策框架

编辑阶段的作用是对意见进行组织和再表述，以简化后面的评估和选择。主要包括以下几方面的内容：①数据编码(coding)。Kahneman 和 Tversky 指出人们通常关注的是收益和损失，而不是财富或福利的最终状态。收益和损失是相对于某一参照点而言的，而参照点的选择通常又与现有资产状况有关，在这种情况下，收益和损失实际上就是得到或付出的金额。编码就是根据参考点，把前景行为组合编译成为投资者自己的收益或损失。然而，参考点的定位以及损益的确认，在一定程度上可能受到所给前景的模式或投资者预期的影响。②整合(combination)。整合出现相同结果的概率，即将结果相同的状态进行合并，这样可以简化问题。③分解(segregation)。分解是将“前景”分解成无风险因子和有风险因子。如前景(200，0.7；100，0.3)可以分解为确定性收益 100 与有风险的前景(100，0.7)两部分。④约减(cancellation)或删除。约减分两种情况：一种情况是人们在选择中抛开不同“前景”中共有的部分(分离效应)，也即在一个分有两阶段的前景中，会忽略第一阶段而只考虑第二阶段的部分；另一种情况是人们常常抛弃共有的组成部分。

在编辑阶段之后，投资者将对前景进行估值，并选择出价值最大的前景。被编辑的总价值 V，将用两个尺度进行衡量，即价值函数 $V(x)$ 和决策权重函数 $\pi(p)$。其中 $V(x)$ 反映结果的主观价值，其衡量该结果偏离参考点的程度，也就是它衡量的是收益或损失的价值。$\pi(p)$ 表示与每一个概率 p 相对应的决策权重，它与客观概率有着本质的区别，反映了概率 p 对前景的全部价值的影响程度。

前景理论的基本方程描述了决策权重函数和价值函数结合起来去确定前景的总价值。如果($x,p;y,q$)是一般性或正常的前景(即要么 $p+q<1$，要

么 $x>0>y$，要么 $x<0<y$），那么

$$V(x,p;y,q)=\pi(p)\cdot V(x)+\pi(q)\cdot V(y) \quad (3-1)$$

其中，$\pi(\cdot)$ 表示权重函数，$V(x)$ 和 $V(y)$ 分别表示前景不同结果的价值。

对于前景的结果是严格为正或严格为负，前景理论认为，这时投资者的评价原则与正常前景的评价是不同的，在编辑阶段，对于这种绝对为正或绝对为负的前景，投资者往往先将其分解为两个部分，其中一个部分是无风险部分，如确定获得的最小利得或确定支付的最小损失；另一部分是有风险部分，如可能发生的利得或损失。这种情况的评价方式可表示为

$$V(x,p;y,q)=V(y)+\pi(p)\cdot[V(x)-V(y)] \quad (3-2)$$

也就是说，严格为正和严格为负的前景的价值等于无风险部分的价值 $V(y)$ 加上不同结果之间的价值差 $[V(x)-V(y)]$ 乘上比较极端（概率极端）的结果的相关权重 $\pi(p)$。进一步而言，(3-2)式可以转化为

$$V(x,p;y,q)=\pi(p)\cdot V(x)+[1-\pi(p)]\cdot V(y) \quad (3-3)$$

若 $\pi(p)+\pi(1-p)=1$，则(3-3)式就可以转化为(3-1)式，即严格为正（负）的前景的价值与正常前景的价值是一致的。但是，$\pi(p)+\pi(1-p)=1$ 这一条件并不是始终成立的。

(2)参考点

参考点决定人们对风险的态度：这里的参考点的选择是为了衡量现实情况与期望结果的差距，因为在实际投资中，虽然投资者心中有一确定目标，但在任意时点上作出决策时，投资者往往不以最后目标来进行衡量，而以现实与预期目标的差距来衡量。所以这一参考点的选择至关重要，即使是较小的差异也会作出截然相反的决策，而此参考点的具体选择则取决于个人的主观因素，由于这一条件使得人们对他人参考点的判断具有不确定性和不稳定性，由此带来的行为不可能与传统主流金融理论相符。

根据 Mazumdar、Raj 和 Sinha(2005)的总结，参考点的形成主要是基于以下三类因素：一是可预测的期望(price expectation)，该期望是由投资者以前的经验和当前的环境决定的(Briesch et al.，1997；Kalyanaram and Winer，1995；Monroe，1973)。二是规范的(normative)标准，包括人们通常认为的“公平”或“公正”的水平(Bolton 和 Lemon，1999；Bolton、Warlop 和 Alba，2003；Campbell，1999)。投资者认为某价格是否高可能主要是与某个他们认为的公平价格进行比较，如果高于该公平价格，则投资者会认为该价格偏高，反之投资者可能会认为该价格偏低。三是渴望的(aspirational)的标准或水平(Klein 和 Oglethorpe，1987)。这时投资者认为股价高或者低，可能是与身边的投资者进

行同样的买入或卖出而支付的代价进行比较，他们把身边的投资者进行同样买入或卖出的代价作为自己的参考点。

(3)价值函数

价值函数是前景理论中用来代替效用的概念，它与传统期望效用函数的区别在于它不再是财富的函数，而是收益或损失的函数，从而将价值载体落实在财富的变化量而非最终状态上。该价值函数有两个显著的属性：①价值函数是相对于参考点的单调递增反 S 形的函数，即价值函数凹向于收益(风险规避，risk averse)而凸向于损失(风险追求，risk seeking)，即如果 $x>0$，则 $V''(x)<0$；如果 $x<0$，则 $V''(x)>0$。②在参照点附近，其边际损失要比边际收益敏感。也即价值函数在损失部分上的斜率比收益部分上的斜率要大，用图形表示就是损失部分的曲线要陡于收益部分的曲线(如图 3.2)。心理学证据表明，人们愿意在损失情况下参与赌博，而对于损失的反应比对同等大小收益的反应更为激烈，损失一笔钱所带来的痛苦通常比赢得同样大小的一笔钱所带来的快感更大，Thaler 将这种情况称为“禀赋效应(endowment effect)”。

价值函数帮助我们理解了人们为什么不愿意参加一个(10，0.5；−10，0.5)的赌博。因为根据 Rabin(2000)以及 Rabin 和 Thaler(2001)的研究，如果一个期望效用最大化的个体在任何财富水平上都拒绝一个(10，0.5；−10，0.5)的赌博的话，那么他也会拒绝一个(20000000，0.5；−1000，0.5)的赌博。这就意味着，在金额较小的赌博中被认为是合理的风险规避程度意味着在金额较大的赌博中极度不合理的高风险规避。之所以出现这种结果，原因在于对一个定义在财富绝对水平的、平滑、递增、凹的效用函数来说，如果它在较大财富范围内的任何一个局部都足够的凹[例如，拒绝参加一个(11，0.5；−10，0.5)的赌博]，那么从全局看这个效用函数就会是一个异常凹的函数，这意味着经济个体在较大金额的赌博中就要体现出极度不合理的风险规避。然而这种不合理性在前景理论中就不再存在。由于经济个体损失规避的心理，一定量财富的增加带来的价值增加要低于财富的等量减少带来的价值降低，因此整体看来一个(10，0.5；−10，0.5)的赌博带给他们价值的变化是负的，经济个体自然会拒绝参与这种赌博(谭松涛，2007)。

图 3.2 表明，投资者基于参考点的价值评价不仅是非对称的，而且其行为特征表现为：盈利时是风险规避的，亏损时又是风险追求的。这就意味着，在投资者所持金融资产处于盈利状态时，其继续持有资产的心态会越来越不稳定。换句话说，就是资产供给意愿不断增强，而在其资产处于亏损状态的情况下，如果不存在资金约束，投资者将“变本加利”地提升高风险资产的需求。这种价值

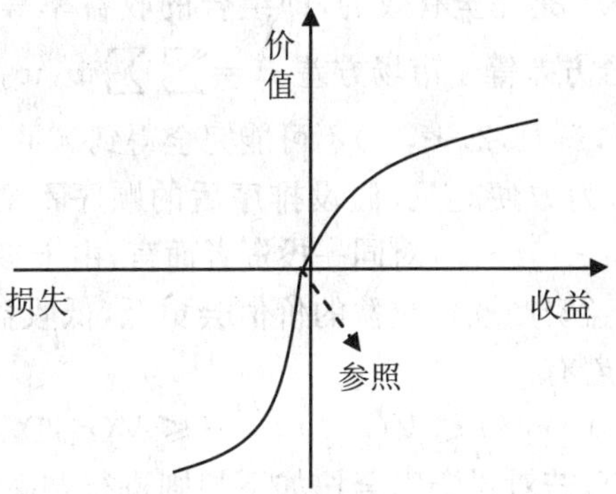

图 3.2 价值函数

评价函数的特点表明:①依技术分析手段来管理金融风险是有效的;②资产组合向相对最差状态资产集中也是有效的。

由于图 3.2 描述的是投资者个体的价值函数,而市场中不同个体投资者的参考点是不同的,相对于参考点来说,投资者的资产状况处于什么状态是由市场价格决定的,而市场价格又是所有市场参与人行为选择的结果,从市场行为的角度看,市场所有的参与人可以被分为两类,一类是做多者,另一类是做空者,资产价格的变化完全取决于两类投资者市场势力的比较。虽然单个投资者的盈亏状况并不能预示资产价格的变动方向,但图 3.2 的特征说明市场投资者群体的盈亏状况却具有资产价格变动方向的预测能力,即当大多数投资者处于盈利状态时,资产价格离下跌就不远了,相反,当大多数投资者处于亏损状态时,资产价格则离上涨不远了。这就是说,资产价格变动的方向与该资产参与人整体的盈亏状况有关,如果我们能找到某一资产或市场投资者的平均参考点,那么,依该参考点与资产的实际价格就可大致判断投资者总体的盈亏状况,由此便可预测资产价格的变动方向。显然,资产价格技术分析的均线系统可以起到某一资产或市场投资者平均参考点的作用,利用它与市场实际价格的相互关系来操作,便可以达到降低风险的目标。就像 Warren Buffett 所言:"在别人恐惧时我贪婪,在别人贪婪时我恐惧。"

"不要将所有的鸡蛋放在一个篮子里"的意大利谚语告诉人们,组合投资可以用于风险管理,然而 Markowitz 的证券投资理论只告诉我们,有效的投资组合只能规避非系统性风险,它对系统性风险却无能为力。而依据前景理论所描述的价值函数内含的行为特征,使资产组合向相对最差状态资产集中则可能能够部分规避系统性风险。设投资者持有的资产组合 W_{p0}

$=(w_{01},w_{02},\cdots,w_{0n})^T$ 是完全有效的,即组合的收益率等于市场收益率 $r_p=\sum w_{0i}r_{0i}=r_M$,组合方差等于市场方差 $\sigma_p^2=\sum\sum w_{0i}w_{0j}\sigma_{ij}=\sigma_M^2$ 的收益率中 $r_{0i}=r_{0j}$(对任意的 $i,j=1,2,\cdots,n$)不可能完全得到满足。这里不妨按从大到小的顺序进行排序,为方便起见,假设排序后的顺序不变,即有 $r_{01}\geqslant r_{02}\geqslant\cdots r_{0k}\geqslant r_M\geqslant r_{0k+1}\geqslant\cdots\geqslant r_{0n}$,对同一投资者而言,由于参考点未变,价值函数则表明,已实现高收益资产预期收益的价值会更低,低收益资产预期收益的价值会更高,这就意味着有

$$V({r_{11}}^e)\leqslant V({r_{12}}^e)\leqslant\cdots\leqslant V({r_{1n}}^e)\qquad(3-4)$$

成立。在这种情形下,若对投资组合按如下规则进行调整,即减持已实现收益率高于市场收益率的资产,同时增持已实现收益率低于市场收益率的资产,且对已实现收益率愈高的资产,其减持的幅度越大;对已实现收益率越低的资产,其增持的幅度则越大。假设调整后的资产组合为 $W_{p1}=(w_{11},w_{12},\cdots,w_{1n})^T$,其中,$w_{1i}\leqslant w_{0i}$,$i=1,2,\cdots,k$,$w_{1j}\geqslant w_{0j}$,$j=k+1,k+2,\cdots,n$ 。为了简化分析,不妨假设价值函数满足一次齐次性,组合的价值等于各资产的价值之和,即 $V(wr^e)=wV(r^e)$,$V(W_p)=\sum V(w_ir_i)$ 。由前述的相互关系可得

调整后的组合价值:$V(W_{p1})=\sum V(w_{1i}{r_{1i}}^e)=\sum w_{1i}V(r_{1i}^e)\qquad(3-5)$

不调整的组合价值:$V(W_{p0})=\sum V(w_{0i}{r_{1i}}^e)=\sum w_{0i}V(r_{1i}^e)\qquad(3-6)$

用(3—5)式与(3—6)式相减,得

$$V(W_{p1})-V(W_{p0})=\sum(w_{1i}-w_{0i})V(r_{1i}^e)=\sum_{i=1}^{k}(w_{1i}-w_{0i})V(r_{1i}^e)+\sum_{i=k+1}^{n}(w_{1i}-w_{0i})V(r_{1i}^e)\qquad(3-7)$$

因为

$$\sum_{i=1}^{k}(w_{1i}-w_{0i})+\sum_{i=k+1}^{n}(w_{1i}-w_{0i})=0$$

$$\sum_{i=1}^{k}(w_{0i}-w_{1i})V(r_{1i}^e)\leqslant\sum_{i=1}^{k}(w_{0i}-w_{1i})V(r_{1k}^e)$$

$$\sum_{i=k+1}^{n}(w_{1i}-w_{0i})V(r_{1i}^e)\geqslant\sum_{i=k+1}^{n}(w_{1i}-w_{0i})V(r_{1k+1}^e)$$

所以有

$$V(W_{p1})-V(W_{p0})\geqslant\sum_{i=1}^{k}(w_{1i}-w_{0i})V(r_{1k}^e)+\sum_{i=k+1}^{n}(w_{1i}-w_{0i})V(r_{1k+1}^e)$$

$$= \sum_{i=k+1}^{n} (w_{1i} - w_{0i})[V(r_{1k+1}^{e}) - V(r_{1k}^{e})] \geqslant 0 \qquad (3-8)$$

这充分表明,调整后的组合价值至少不会低于不调整的组合价值。因此,资产组合向相对表现较差状态资产集中在金融风险管理上是有效的。

(3)决策权重函数

决策权重函数由前景的选择中推断得到,虽然它是客观概率的非线性函数,但它不是概率,不满足概率公理。决策权重函数具有三方面的特点:①小概率事件的高估,即对小概率事件的评价较高($\pi(p) > p$),对大概率的评价较低($\pi(p) < p$)。这意味着人们常常会在 0.001 的概率获得 5000 元收入和 1 的概率获得 5 元收入之间选择前者;而在 0.001 的概率损失 5000 元和 1 的概率损失 5 元之间又往往会选择后者。决策权重函数的这一特征解释了为什么生活中有些人会在购买彩票的同时进行保险。②次可加性(subadditives),即对任意的 $0 < r < 1$,有 $\pi(rp) > r\pi(p)$ 。③次确定性(subcertainty),即各互补概率事件决策权重之和小于确定性事件的决策权重,对于 $0 < p < 1$,有 $\pi(p) + \pi(1-p) < 1$。④逼近确定性事件的边界,属于概率评价中的突变范围,决策权重常常被忽视或放大,如图 3.3 所示。

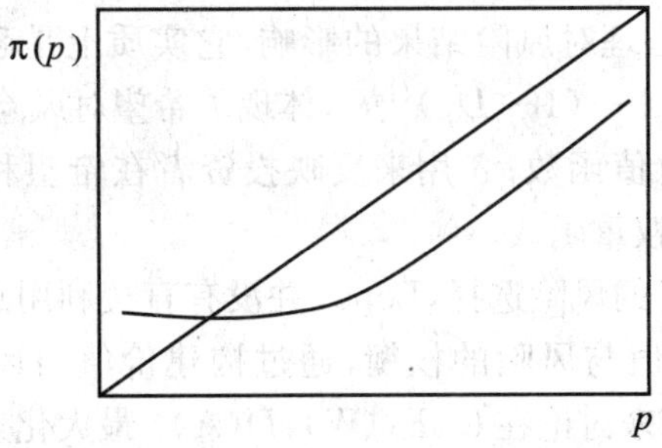

图 3.3　决策权重函数

前景理论提出了一个与传统期望效用理论不同的不确定性选择理论,它认为人们在选择中关注的是价值的改变而不是最终形态,人们的行为并不总是传统主流金融学所定义的理性和风险厌恶,而是有限理性和损失规避。这一理论有助于解释现实经济生活中诸如弗里德曼—萨维奇之谜(Friedman-Savage puzzle)、期权微笑(option smile)、阿莱悖论、人们不愿意对等概率事件打赌等这样的现象,而这些现象往往被传统期望效用理论称作“异象”。因此前景理论所刻画的行为选择过程以及价值评价的心理因素对于行为选择具有重要的意义。基于前景理论为我们勾勒出一幅粗略而大有前景的选择决策图画的基础上，大量学者进行深入研究。SP/A 理论可以说就是受其影响而发展起来的一种行为选择理论。

(4)SP/A 理论

SP/A 理论(Lopes，1987)是行为资产组合理论的基础。用 S 表示安全(security)，即避免较低的财富水平；P 表示潜力(potential)，即达到较高财富水平的欲望；A 表示渴望水平(aspiration level)，或表示一种目标。SP/A 理论将情绪因素纳入到风险选择模型中，情绪通过影响人们对各种情境下的概率估计，来影响财富的期望值。在 Lopes 的理论框架中，恐惧与希望两种情感因素操纵着投资者的风险态度。

Lopes 假定有一个离散状态的两时期投资结构，这两个时期分别标识为 0 期和 1 期，且时期 1 有 n 种状态，其中 $p_i = P\text{rob}(W_i)$，$i=1,2,\cdots,n$，假设财富水平排列为 $W_1 \leqslant W_2 \leqslant \cdots \leqslant W_n$。用 D_i 表示累积概率 $\text{Prob}(W \geqslant W_i)$，投资者的期望财富为 $E(W) = \sum p_i W_i = \sum (W_{i+1} - W_i)\text{Prob}(W \geqslant W_i) = \sum \Delta W_i D_i$，其中 $W_0 = 0$。

Lopes 认为，逆累积分布函数 $h(D) = \delta h_s(D) + (1-\delta) h_p(D)$ 综合地反映了投资者的希望和恐惧心理以及在二者之间的权衡。其中 $h_s(D) = D_s^{1+q_s}$，$q_s \geqslant 0$，它体现了恐惧心理对风险结果的影响，它实质上是恐惧情绪下投资者的价值函数；$h_p(D) = 1 - (1 - D_p)^{1+q_p}$，体现了希望对风险结果的影响，它是希望情绪下投资者的价值函数；δ 用来反映投资者在希望和恐惧心理之间的权衡，可以视为对应的权重函数。

为了考察投资者的风险选择，Lopes 并没有直接利用总价值最大化这一目标，而是综合考虑价值与风险的权衡，通过构建价值与风险的预期效用函数 $U(E_h(W), D(A))$，来讨论在 $U(E_h(W), D(A))$ 最大化条件下投资者的风险选择。这里，$E_h(W)$ 表示期望财富 $\sum r_i W_i$，即价值函数，用 $r_i = h(D_{i+1}) - h(D_i)$ 代替概率 p_i，它反映了投资者希望和恐惧心理的主观概率，或概率评价函数，即前景理论中的概率权重函数。而 $D(A)$ 选择用 $P\text{rob}(W \geqslant A)$ 表示财富达到并超过渴望水平的累积概率，是另一种风险的度量方式。

3.3.3 行为人的认知偏差

认知偏差概念作为行为金融学的核心范畴，起源于认知心理学。按照认知心理学的实验解析，个体的信息加工能力具有局限性，个体的判断和决策因此都会产生偏差(Tversky 和 Kahneman，1974)。这种认识与进化心理学的观点相吻合，即自然选择的结果逐步将人们退化成一种依赖有限理性的决策方式来替代理性决策过程的思维主体，并据此来节约思维成本(Simon，1955)。认知心理学认为，人的认知过程可以看成是人脑的信息处理过程，无论从客观不确定性的限制，还是从大脑信息处理能力，亦或是从节约思维成本上看，人的认知过程不可能达到传统主流金融学所设定的完全状态，因此，认知偏差是不可避免的。一个完整的认知过程通常包含四个环节，即信息识别—信息编辑—信息输出—信息反馈，前景理论行为金融学家从个人选择的角度将这四个环节归结为两个阶段，即编辑、评价与选择。然而，从认知偏差产生的原因上看，信息识别是重要的，识别偏差可能构成认知偏差的主要错误源，而信息输出与信息反馈则可统一为信息评价阶段。这样一来，人的认知偏差便可以依次归结为：识别、编辑和评价三个阶段的偏差。行为金融学家依认知过程的三个阶段对认知偏差进行了分类：(1)信息识别阶段偏差：易得性偏误，代表性偏差，文化和社会认知，小数字定理，认知失调，从众心理，过度反应，搜寻成本。(2)信息编辑阶段偏差：框架依赖，保守性偏差，模糊趋避，无关效果，神奇式思考，准神奇式思考，锚定和调整。(3)信息评价阶段偏差：过度自信，后见之明，禀赋效果，确定效果，反射效果，后悔厌恶，归因偏差，人性好赌，损失厌恶，宿钱效应，处置效应。

认知偏差的分类以及相关的实证研究对于揭示投资者行为的心理因素无疑是有意义的，尤其是在解释一些金融"异象"上更有其独特的优势。然而，由于投资者所面临的风险可能包括所有类型心理因素诱发的风险，且投资者经常会表现出相互矛盾的心理特征，这就决定了选择过程中认知偏差导致的风险必须是对各类心理因素的综合与抽象。实际上，在现实经济活动中，投资者可能并不知道自己会在认知过程的哪个环节犯错，但他们却能肯定其认知结果会存在偏差，这就是说，投资者实际上知道由认知偏差所带来的行为选择风险。心理账户理论与由心理账户而发展起来的行为资产组合理论，正是针对认知偏差风险而发展起来的投资选择理论。

心理账户思想最早由 Thaler 在 1980 年提出，Kahneman 和 Tversky (1984)正式使用了心理账户(mental acocunting)这一概念，后来，Thaler (1999)对心理账户进行了详细的研究。按 Kahneman 和 Tversky 的定义，心理账户是指人们根据资金的来源、资金的所在和资金的用途等因素对资金进行归类，并对每一类资产从心理上设立独立的账户。这就是说，投资者对自己的不同资产有不同的"期望"，在资本市场上就会设立不同的账户进行运作，人们对待不同的心理账户的风险态度也不相同。通常情况下，投资者对于放入保值心理账户的资金具有较强的风险厌恶特点，而对放入升值心理账户的资金具有较弱的风险厌恶特点，有时候甚至主动寻求风险。显然，心理账户的这一性质能够很好地解释现实中人们相互矛盾的风险偏好行为。如一些人在购买彩票的同时，却持有相当数量的无风险资产——国债；投资者在购买彩票的同时，也会购买保险；等等。

从风险管理的角度看，心理账户理论实质上是一个投资者自发调控风险的理论，它利用投资者对其所拥有资产的心理分类，并通过独立设置账户来切断不同资产的风险传染，以此从整体上保证金融风险在承受能力范围内。就像 Shefrin 和 Statman(1994)所描述的那样，个人投资者自然地认为，在他们的投资组合中有一个受最低风险保护的安全部分和一个设计投资致富的风险部分，最低风险保护的安全部分能保证即便是出现最坏结果，投资者正常的生活也不会受到严重冲击，而投资致富风险部分的作用则在于投资者期望最大限度地满足其财富欲望。虽然不同心理账户运作将导致资金的整体效用不能实行最优，但它却有利于投资者提高自控能力，因为通过制定心理账户这样的行为规范有利于约束投资者的投资行为。

(1)单心理账户条件下的行为选择

Shefrin 和 Statman(2000)借鉴 Markowitz 投资组合理论(MPT)的有益部分，在前景理论与 SP/A 理论的基础上创立了行为资产组合理论(BPT)，这是行为金融理论中的三个重要理论模型之一，简称为 BPT-SA(behavioral portfolio theory-single account)。BPT-SA 认为，投资者将通过综合考虑期望财富、对投资安全性与增长潜力的欲望、期望水平以及达到期望值的概率五个因素来选择符合个人意愿的最优组合。行为资产组合理论类似于一个金字塔，塔身有几个层次——几个不同的心理账户组成，位于塔尖的是风险资产，位于塔底的是无风险资产。风险资产满足投资者追求财富的需求，无风险资产保障投资者的最低生活水平。各种心理账户之间的计算方式(记账方式)不相同，因此，不同账户之间不能进行通约。

假设在时期 0 的市场上，投资者具有初始财富 W_0，其试图通过购买一组时期 1 时的或有求索权(contingent claims)，使 $w_1, w_2, \cdots, w_n$ 达到时期 1 预期财富 $E_h(W)$ 的最大化，即

$$\max E_h(W) = \sum_i r_i W_i \tag{3-9}$$

$$s.t. \begin{cases} P\text{rob}(W \leqslant A) \leqslant \alpha \\ \sum_i v_i W_i \leqslant W_0 \end{cases}$$

该模型假定投资者只有一个心理账户，有 n 种基于某状态的或有债权，状态 i 或有债权的期初投入为 v_i，期末收入为 1(状态 i 出现)的概率为 p_i，期末收入为 0(状态 i 不出现)的概率为 $1-p_i$；进一步假定投资者在状态 i 或有债权上的投入为 v_iW_i，则当状态 i 在投资期末出现时，投资者可获得 W_i，也即 $p_i = P\text{rob}(W_i)$，$i=1,2,\cdots,n$，假定财富水平排列为 $W_1 \leqslant W_2 \leqslant \cdots \leqslant W_n$。

模型的第一个约束条件中的 α，A 是由投资者选择确定的参数，其意义是期末财富不低于 A 的概率不小于 α，第二个约束表示投资资金约束。假定状态是按顺序排列，以使 v_i/p_i 相应随着 i 的增加而递减。在此假定下可得其最优解形式为

$$\begin{cases} W_i = 0, & i \notin T \\ W_i = A, & i \in T\backslash\{s_n\} \\ W_n = (W_0 - \sum\limits_{i=1}^{n-1} v_i W)/v_n, & i = s_n \end{cases} \tag{3—10}$$

当 $W_0 > v_nA$，该式大于 A，T 是状态子集，包括第 n 种状态 s_n，且 Prob$(T) \geqslant \alpha$，但是 T 中不存在真子集 T' 使 Pr$ob(T') \geqslant \alpha$。

由此，可以确定单一心理账户行为组合模型的有效边界就是在以 $P\text{rob}(W \leqslant A) \leqslant \alpha$ 为约束条件下，由 $P\text{rob}(W \leqslant A)$ 值和对应最大值 $E_h(W)$ 所构成的有序数对在 $(E_h(W), P\text{rob}(W \leqslant A))$ 平面上绘出的曲线。Shefrin 和 Statman 发现，最优解(3—10)式的分布类似于由收益为 A 或 0 的无风险债券和收益为 W_n 的彩票所构成的收益分布，解的结果与 Friedman 和 Savage 观察到的人们会同时购买保险和彩票的现象一致。

Shefrin 和 Statman(2000)在其论述还提到，均值一方差框架下投资者的偏好可以用函数 $\mu - \sigma^2/\mathrm{d}$ 表示，其中 d 代表投资者的风险容忍程度，故均值一方差投资理论中，投资者的风险态度由唯一参数 d 衡量。而 SP/A 理论中，风险可用五个参数来描述：A 表示期望财富水平，q_s 表示对投资安全性的需要，q_p 表示对增长潜力的欲望，δ 可以决定恐惧与希望的力量对比，γ 决定达到与恐惧和希望相关的期望水平的欲望程度。

(2)多心理账户条件下的行为选择

多心理账户行为资产组合理论(behavioral portfolio theory-multiple account，BPT-MA)是相对于 BPT-SA 而言的，它假设投资者具有多个心理账户，不同账户对财富的期望水平是不同的。心理账户理论金融学家认为，投资者的资产结构是金字塔式的分层结构，每一层对应投资者的一个目标，投资者对其资产分层进行管理，在金字塔式的分层结构中，底层是投资者为避免贫穷而设

立的，高层是为使其富有而设立的，底层与高层之间不存在相关联系。

以投资者具有两个心理账户为例，Shefrin 和 Statman 将两个心理账户分别对应高、低两个期望值，代表投资者既想避免贫困，又希望将来变得富有的愿望。投资者的目标是将现有财富在两个账户间分配以使整体效用达到最大。

假设低期望账户的效用函数为 Cobb-Douglas 函数

$$U_s = P_s^{1-\gamma} E_h(W_s)^{\gamma} \tag{3-11}$$

其中，P_s 代表达不到低期望水平 A_s 的概率，W_s 代表财富，γ 是一个非负权重参数。

高期望账户的效用函数为

$$U_r = P_r^{1-\beta} E_h(W_r)^{\beta} \tag{3-12}$$

假定投资者的整体效用是低期望账户的效用函数与高期望账户的效用函数的联合体，即

$$U = [1 + k_{dr} P_r^{1-\beta} E_h(W_r)^{\beta}] \cdot k_{ds} [P_s^{1-\gamma} E_h(W_s)^{\gamma}] \tag{3-13}$$

投资者的目标是(3—13)式的效用达到最大，利用最大化的一阶条件可以得到(3—13)式的最优解。

BPT-MA 中的投资者根据不同的目标设立不同的心理账户，这样投资者整体效用将会使低期望账户中的组合比高期望账户中的组合看起来像无风险债券，与之相反，高期望账户中的组合看起来会像彩票。同时这就可以解释投资者对本国证券的偏好。投资者通常只关注本国股票，而很少将与本国股票相关性极低的外国股票纳入投资组合中，正是因为他们将本国股票和外国股票放入了不同的心理账户，从而忽略了这两种股票之间的协方差将有利于降低该投资组合的整体风险。另外，对于现实中为什么投资者不按照 Markowitz 资产组合理论来持有风险资产的市场组合来分散风险，而是在市场有超过 300 种风险资产的时候仅持有 3～5 种风险资产的金融谜题，BPT-MA 给出了一定的解释：投资者的行为并不是基于分散风险的，而是基于 BPT-MA 式的保证一定收益后进行赌博的心理(Statman，2004)。

3.3.4 基于行为金融学的选择理论研究综述

行为金融理论不但关注风险、收益和风险的态度，同时重视投资心理与行为选择。行为金融理论的主要理论依据除了预期财富和财富低于特定水平的概率的基本方法外，还有 SP/A 理论、前景理论和其他一些心理学。这些理论大多注重投资者在投资时的实际心理选择，认为投资选择是投资者的一种心理上计量风险与收益并进行选择的过程，因此受投资者的心理特征影响。该理论

提供了一个用更现实的行为假设来代替期望效用理论选择模型。通过借用心理学的这些理论使金融理论的人文学科特色得到恢复,也使理论更接近投资者的投资选择是一个心理过程的实际。

基于行为金融学的选择理论研究是近年来理论界与实务界备受关注的研究领域。目前采用行为金融学方法对行为选择进行的研究,大体可归为三类:

(1)行为资产定价模型。金融学家通过引入投资者财富偏好、习惯形成、追赶时髦与嫉妒等行为因素以及投资者偏好异质、类型异质与预期异质等行为特征来重新构造资本资产定价模型,从而形成繁荣的行为资产定价模型家族。这些模型把对参与者的限制从单纯的预算约束扩展到效用函数本身所包含的行为约束,即投资者在选择时不仅要权衡收益与风险,而且本身要受到消费习惯、财富禀赋、对损益的态度、预期形成方式与投资者类型等的影响,参与者的理性受到了限制。DeLong、Shleifer、Summers 和 Waldmann(1990)开创性地建立理性套利者和噪声交易者的噪声交易模型(DSSW),系统分析了噪声交易者对于资产价格的影响,同时指出噪声交易者对资产市场风险具有系统性影响。Bakshi 和 Chen(1996)首次研究基于财富偏好的资产定价理论,在 Merton(1967,1971)基础之上求解了基于财富偏好的资产定价模型,尝试解释股票溢价之谜,但是实证发现对股票溢价之谜的解释能力有限。Barberis、Shleifer 和 Vishny(1998)提出了将代表性偏差和保守性偏差纳入投资者行为中的 BSV 模型,同时解释了股价的动量效应和长期反转之谜。Daniel、Hirshleifer 和 Subramanyam(1998)提出了基于投资者分类(有信息的和无信息的)的 DHS 模型,分别在投资者的自信指数保持不变的情况下和投资者某一时期的自信受前一段时间的结果影响的情况下阐述了证券市场价格波动。Hong 和 Stein(1999)提出了 HS 模型,把金融市场中的投资者分为信息挖掘者和惯性交易者,分析了两类交易者相互作用,如何推动价格从反应不足走向反应过度。Gali(1994)、Gollier(2003)研究了基于嫉妒的资产定价模型,Gali 基于嫉妒的资本资产定价模型研究了嫉妒等消费外在性的因素对于消费一投资的影响。Barberis、Huang 和 Santos(2001)在 Lucas(1978)研究基础上,将投资者损失厌恶的情绪变化引入刻画投资者偏好的模型中。Barberis 等人的"损失厌恶"模型可以很好地解释在实际的金融市场中股票价格高均值高方差现象,以及为什么股票价格具有一定的可预测性。Haug(2001)、Li(2001)研究了习惯形成对资产价格的影响。Shefrin(2008)提出了具有异质性信念的模型。李腊生等(2009)提出了基于混合预期的噪声交易模型,讨论了非一致有限理性预期下的证券市场价格的决定。

(2)基于特定行为模式的行为投资策略及组合选择。在行为金融理论对投资选择的指导方面,研究者在各种金融"异象"基础上提出了形形色色的行为投资策略。逆向投资策略(contrarian investment strategy)是利用市场上存在反转效应和赢者输者效应,买进过去表现差的股票而卖出过去表现好的股票来进行套利的投资方法。De Bondt 和 Thaler(1985)的研究表明这种投资策略每年可获得大约 8%的超额收益。与逆向投资策略相反的是惯性投资策略(momentum investment strategy),也称动量交易策略,或相对强度交易策略。Jegadeesh and Titman (1993)首次注意到美国市场的动量效应。Luis Muga · Rafael Santamaría(2009)实证研究了伴随西班牙股票市场上升和下降出现的动量效应。王永宏、赵学军(2001)实证分析了中国股票市场的"动量策略"和"反转策略"。陈卓思等(2008)研究中国机构投资者的交易行为特征,结果表明机构投资者整体上是采用正反馈即惯性交易策略的,而个体投资者的行为则较为随机。Banz 在 20 世纪 80 年代通过实证研究发现小公司存在比大公司高回报的现象,验证了小公司股票收益率在长期中优于市场平均水平。小盘股投资策略(small company investment strategy)就是利用规模效应,对小盘股进行投资的一种策略。成本平均策略(dollar cost averaging strategy),是针对投资者的损失厌恶心理,建议投资者在将现金投资于股票时,按照预定的计划以不同的价格分批买进,以备不测时摊低成本,从而规避一次性投入可能造成较大风险的策略。时间分散化策略(time diversification strategy)是针对投资者的后悔厌恶心理,以及人们对股票投资的风险承受能力可能会随着年龄的增长而降低的特点,建议投资者在年轻时让股票占其资产组合较大比例,而随着年龄的增长增加债券投资比例,同时逐步减少股票投资比例的投资策略。Statman (1995)、Fisher 和 Statman(1999)运用前景理论、损失厌恶、后悔厌恶和不完善的自我控制概念,分别对成本平均策略和时间分散化策略进行了系统解释,并提出了实施中加强自我控制的改进建议。

(3)行为资产组合理论。Shefrin 和 Statman(2000)构建的行为资产组合理论是建立在 SP/A 理论与前景理论基础上的一个框架体系,它认为现实中投资者的投资目标多层次多心理账户,投资者对其资产选择分层进行管理。Berkelaar 和 Kouwenberg(2000)尝试在一般的鞅定价理论基础上研究损失厌恶投资者的行为,他们认为投资者希望最大化满足"愿望"水平的概率,同时希望保有一个财富增长的可能,与 Shefrin 和 Statman 相似。Siebenmorgen 和 Weber (2000)认为投资顾问一般会根据投资者对风险的态度并不会严格地遵循 Markowitz 均值一方差资产组合理论来确定"行为资产组合",并使用短期债券、长期债券、蓝筹股、中小盘股和外国股票五类资产在1988—1999年间的相关数据对比了他们的行为资产组合和Markowitz均值—方差资产组合之间的不同。Gomes(2003)基于对资产溢价之谜的基本解释建立了一个损失厌恶资产组合理论,认为损失厌恶的投资者的行为强烈地取决于两点:①当前财富与基准财富的差值;②当股票价格变化时基准财富水平的变化。De Giorgi,Hens和Mayer(2006)从资产组合的基本问题—回报与风险的权衡入手,讨论符合前景理论的效用函数对最优资产组合的影响。Brown和Weisbenner(2007)对投资组合中的行为因素进行了分析总结:①当投资者按照资产类别构建投资组合时,可供选择的各类资产在整个市场上的份额将会对资产组合的结构产生显著的影响。②在投资组合的全面风险(或收益)预测方面,投资限制的影响比标准的投资组合模型更为显著,这与投资者把这种限制当作一种投资建议是一致的。③投资者对历史的收益状况有很大反应,过去5年回报较高的股票,其持有量会相对高一些。④投资者行为惯性变现突出,对于一种新的基金,投资者要花几年时间才能够完全调整过来。Jin和Zhou(2008)则研究了基于前景理论的连续时间行为投资组合模型。国内马永开和唐小我(2003)认为,BPT模型是从理论分析的角度提出了行为资产组合模型,但该模型没有考虑实用性,故对单心理账户行为资产组合模型进行了改进,并给出了求解步骤。彭飞(2005)应用下偏矩作为风险测度改造了单心理账户行为资产组合模型,并且得到了有效前沿。虽然改善了实践中单心理账户行为资产组合模型,但该模型较传统组合选择并无明显优势。而且彭飞参照Shefrin和Stataman的做法,讨论两个心理账户的资产组合的情形,构造了具有低期望账户与高期望账户的投资者的整体效用函数。学者徐绪松等(2007)将投资者的效用函数表示为期末财富和财富变化的函数,建立了基于损失规避的最优投资组合模型。胡支军等(2010)借鉴Kahneman和Tversky提出的前景理论,通过将投资者的效用函数表示为期末财富变化的函数,建立了基于损失厌恶的最优投资组合模型,并利用中国证券市场的实际数据验证了随机搜索算法解决该模型的合理性和有效性。除了建立具体的资产组合选择模型外,行为资产组合理论的另一个研究方向是分析哪些因素应该被引入资产组合的决定模型之中。如Frijns、Koellen和Lehnert(2006)使用多元logit回归模型实证研究了行为因素资产组合之间的定量关系。

综上所述可以看到,基于行为金融的选择理论研究中,第二类“基于特定行为模式的行为投资策略及组合选择”研究,在各种金融“异象”基础上提出了形形色色的行为投资策略,缺乏较统一的理论分析框架,其合理性尚待进一步研究。此外,资产定价和投资组合两部分不论是在传统主流金融学还是行为金融学中都是核心内容。行为金融学对这两部分的研究,总结起来,主要沿两个方向展开:(1)在效用函数中引入投资者的行为因素或加入投资者的行为特征,行为资产定价模型基本都是这样得到的。(2)寻找与构建满足损失厌恶特征的新价值函数,如 Kahneman 和 Tversky 构建了典型的前景理论价值函数。De Giorgi、Hens 和 Mayer(2006)尝试从前景理论的视角重新考察资产组合理论的的核心问题——回报和风险之间的矛盾。

第四章

中国股票市场投资者行为选择

中国股票市场伴随着中国改革开放而产生和发展起来，同中国市场经济的发展同步，由于它研究的前沿性和利益冲突的集中性，一直是中国市场经济的试验先锋。中国股票市场形成时间不长，各种市场制度、交易机制和法律法规等还不够完善，信息披露还不够规范和透明，市场资源配置机制没有很好地发挥作用，与国外成熟市场相比较，还不能成为一个成熟稳定型市场。投资者是股票市场的微观主体，是股票市场的参与者和股票产品的消费者，中国股票市场特有的制度环境与运行特征为投资者提供了特有的选择环境或约束，投资者个体的行为选择取决于对股票市场价格的预期，投资者群体的行为选择在同一方向累积、叠加形成合力决定股票市场供求，从而影响股票市场价格，同时股票市场通过价格机制引导投资者参与股票交易来实现社会资源的合理配置。行为金融理论起源与发展均在欧美，在中国的研究也才起步不久，因此应用行为金融理论来研究中国股票市场投资者的行为选择具有重要的理论与实践意义。

4.1 中国股票市场投资及博弈关系

股票市场的主体主要包括上市公司、投资者、中介机构（证券交易所、证券公司、咨询公司等）、监管部门等部分。上市公司提供股票作为市场交易对象，证券交易所为市场交易提供平台，证券公司为市场交易提供交易环境，证券公司和咨询公司为投资者提供服务，监管部门（政府）监督管理市场参与各方的行为。股票市场是一个密切联系的复杂系统，股票市场参与各方的行为选择不仅影响自身，而且同时影响着其他各方。这种相互影响与制约使得股票市场参与各方在作出选择时，通常需要考虑其他各方的选择与他方对我方某一选择的反应。股票市场参与各方在作出选择之前如何考虑他方的选择以及他方对我方选择行为的反应事实上就构成了股票市场中的博弈(games)。

4.1.1 局中人及其特点

参与股票市场的各方构成了股票投资博弈活动的局中人,中国股票市场局中人具有如下鲜明的特点:

(1)投资主体的多元性。在中国虽然国有经济成分占主导地位,但所有制结构却是各种经济成分、各种经济形式并存。多种经济成分的所有者与经营者都有能力和权力作为经济主体从事投资活动,这就形成了国家、部门、地方、企业、个人等作为经济主体的多元化特征。经济主体的多元化决定了投资来源的多渠道,由此形成了国家投资、地方和部门自筹投资、企业自行积累投资、社会集资投资以及个人、专门投资机构在股票市场上的间接投资等多种形式。

(2)影响因素的复杂性。投资的选择取决于投资者对未来股价的预期。对股价的预期首先取决投资者所获取的基本面信息,如上市公司的运营机制,具体包括公司的利润和股利政策、公司的风险等股票内在价值因素和公司的经营管理水平及信誉、公司经营者人选、品牌的价值、类似公司的情况等因素;其次取决于像股票市场供求关系、市场投机行为、股票市场在产生、发展、调整、成熟的不同行情阶段股价的不同表现、管理层的行为以及政治因素、经济周期、通货膨胀、利率走向等宏观因素;最后还取决于投资者信念品质、风险偏好等因素。

(3)非理性选择的经常性。不论中国股票市场还是国外成熟股票市场都是风险市场,投资者进入股票市场的目的就是获取收益,因此投资者必须在风险与收益之间作出权衡。又由于中国股票市场投资者掌握的专业知识与经验均不多以及投资理念不成熟,投资选择时常面临种种心理压力和情绪波动,因此导致了投资者认知偏差的经常性,非理性选择的经常性。也就是说,在股票市场上,人的本性与缺点无所遁形,战胜自然困难也许比较容易,战胜自己与生俱来而不易改变的本性,树立良好理智的心态绝非易事,需要一个痛苦的时间过程。

(4)投资行为的差异性。中国股票市场机构投资者与个人投资者两类的投资行为明显不同,且同类投资者的投资表现也各不相同。机构投资者中的大户利用其信息、资金的优势,惊人的交易量,随心所欲地采取砸盘、震仓、抬高、抬升等手段操纵股价,机构投资者中的主力一般依据自己的资金实力,精心挑选目标股,控制并掌握目标个股的多数筹码,通过坐庄参与股市,追涨杀跌。而个人投资者由于资金量小,只能是价格被动接受者,则为机构投资者"抬轿"筑基,与庄共舞。同时市场经验丰富的股民与股市新手也不同。老股民对市场上的各类现象较为熟识，对市场也较为敏感，容易把握获利机会，尤其在盘整的市况中易于产生对策。新手则轻松交易，牛市中易于获大利，在熊市中易成为套牢族。

(5)行为的相互博弈性。中国股票市场上参与各方出于对利益的追求，存在着机构投资者与上市公司、机构投资者与个人投资者、机构投资者之间、机构投资者与监管部门等多方的博弈。机构投资者与个人投资者相比，资金、信息等占绝对优势，因此在与个人投资者的市场博弈中有操纵一家或数家上市公司而获取操纵价差的欲望。而机构投资者之间的博弈体现在他们之间共同坐庄，参与操纵股价。上市公司有推高股价实现高价配股或增发而获得更多低成本的股权融资资金量的诱惑，故上市公司有与机构投资者合谋进行违规操作的可能。机构投资者与上市公司合谋进行弄虚作假，编造并发布虚假信息或延迟真实信息的发布等违规操作时，面临被监管部门作为典型查处的可能。中国的监管部门一方面有查处机构投资者和上市公司违法行为的职责，同时也肩负着证券市场快速发展的职能，尤其是2005年之前还担负着国有企业改制改组，甚至解困的任务。

4.1.2 中国股票市场的博弈关系

鉴于中国股票市场各局中人在股票投资博弈中的表现，可以将中国股票市场局中人之间的博弈分为上市公司与投资者博弈、投资者与监管部门博弈、上市公司与监管部门博弈、投资者之间的博弈等。

(1)上市公司与机构投资者的博弈关系

中国股票市场中，当监管部门采取“既管又不管”的策略时，机构投资者的相应最优策略自然是选择“投机但不作典型”。因为在目前上市公司的基本情况没有实质性变化的情况下，机构投资者若想在二级市场获得高收益率，唯一的办法就是操纵股价，否则，他们投资的收益极可能为负值。而机构投资者即使能够利用资金实力操纵股价，但是能否从二级市场获得资本收益需要依赖于能否与上市公司的合谋成功。机构投资者可以利用资金优势垄断或几乎完全垄断某一上市公司流通股权，实现流通股权的供给垄断，但是垄断利润的实现还取决于市场的需求。因为股票不同于实体商品，不是消费者的生活必需品，投资者如果意识到了股票的垄断价格，他可以选择不参与投资，远离股票市场。图4.1中，DD 是垄断机构之外投资者依据上市公司的基本情况决定的需求曲线 $f(Q)$，AC 代表机构投资者拥有上市公司流通股数量 Q 所对应的平均成本线。假设机构投资者为该上市公司流通股数量的完全垄断者(即持有了上市公

司的全部流通股,用 Q^*),交易费用已均摊到平均成本中。机构投资者要想获得收益并退出市场必须满足

$$\int_0^{Q^*} f(Q)dQ > \bar{P}Q^* \tag{4-1}$$

其中,$\bar{P}$ 是机构投资者在拥有流通股数量 Q^* 的平均成本。

(4—1)式表明 $D_0OQ^*D^*$ 所围成的面积大于矩形 $\bar{P}OQ^*B$ 的面积。显然,(4—1)式能否成立取决于需求曲线 DD 的位置与形状或弹性。当需求曲线 DD 越向右上方移动,远离纵轴,且弹性较大时,垄断机构投资者越多地获得超额垄断利润;反之,垄断机构可能不仅不能获得超额垄断利润,还有可能因为无法出货而亏损。这说明即使机构投资者能够操纵股价,如果需求曲线 DD 不向右上方移动,它也可能不能从中获得利润。然而,需求曲线 DD 是否移动或向哪个方向移动完全取决于上市公司提供给市场的有关信息。信息的非对称性决定了上市公司总是处于优势地位,一般股民难以识别上市公司信息的真伪,即使是虚假信息,也会导致需求曲线 DD 的实质性移动。这种状况决定了二级市场机构投资者有利用上市公司为其公布虚假信息的需求。

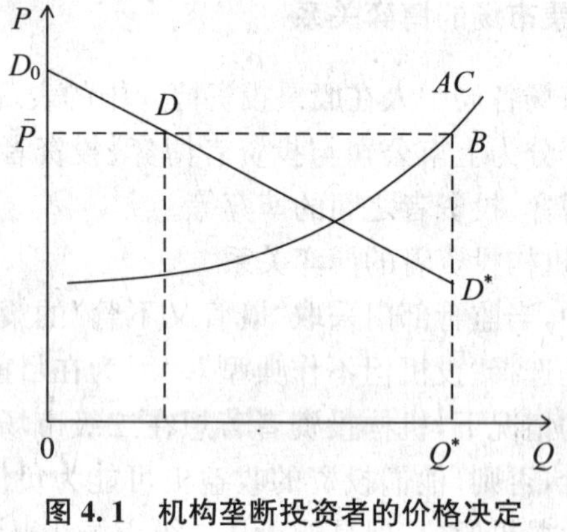

图 4.1 机构垄断投资者的价格决定

而对于上市公司来说,获得上市资格的目的就是通过股权融资获得低成本的资金。只有在二级市场高股价的前提下,上市公司才能实现高价配股或增发,获得更多的股权融资资金量,因为配股或增发的价格往往与二级市场股价正相关。在这种利益诱惑下,才使上市公司进行弄虚作假,编造并发布虚假信息或延迟真实信息的发布等违规操作成为可能。因此在机构投资者与上市公司各自的利益诱惑下,才使双方合谋成为可能。

由于机构投资者与上市公司选择合谋,也只是口头协议,那么机构投资者

面临着上市公司合作中的违约风险。设机构投资者与上市公司合谋过程中,上市公司违约的概率为q,不违约的概率为$1-q$,上市公司不违约的情况下,机构投资者能实现的收益率为r_m,上市公司违约时机构投资者能实现的收益率为$\bar{r}_m$,则机构投资者合谋的期望收益率为$q\cdot\bar{r}_m+(1-q)r_m$。事实上,对机构投资者来说,它与上市公司合谋但上市公司违约的结果就等同于他根本不与上市公司合谋之结果,即机构投资者选择不合谋的期望收益率也是$\bar{r}_m$,因为$r_m>\bar{r}_m$,所以无论上市公司采取何种态度,机构投资者最优行为都是与上市公司合谋。

(2)机构投资者与监管部门之间的博弈关系

股票市场上机构投资者与监管部门的博弈表现为:监管部门制定股票市场的游戏规则,如果机构投资者违反了这些规则,监管部门就会对其查处,以维持股票市场的秩序。例如,《股票发行与交易管理暂行条例》第四十七条规定:“任何法人直接或者间接持有一个上市公司发行在外的普通股达到5%时,应当自该事实发生之日起3个工作日内,向公司、证券交易所和证监会做出书面报告并公告”。在中国股票市场的现实中,监管部门具有查处机构投资者和上市公司违法行为与促进证券市场快速发展两难选择,因为如果机构投资者选择大于5%的策略,政府惩罚,则股市低迷,发展股票市场为企业筹资的目标就无法实现;反之,如果监管部门听任机构投资者选择大于5%的策略,那么必然导致股票市场出现泡沫,严重时会引起经济危机或金融危机。因此,由于监管部门的行动不明确,机构投资者也无法做出行动选择,于是这一博弈的纳什均衡不存在。但是在现实中机构投资者和监管部门的博弈是一个完全信息动态重复博弈。首先,监管部门在两难选择中,只能采取实用主义和灵活态度,即在股票市场低迷时监管部门对庄家选择大于5%的行动采取默许态度,当股票市场泡沫化显著时,监管部门罚不可能责众,只能采取“杀一鸡给百猴看”的方式,抑制投机,挤出市场气泡。机构投资者在与监管部门的多次博弈中,了解了其战略。因此在股票市场低迷时,少部分机构投资者进入市场,亦会纷纷由潜在进入者成为实际进入者;当股市升温时机构投资者预见到泡沫化将产生,但他们也并不会因此退出,因为:第一,股票市场泡沫化,尽管实际上存在,但到底在什么具体水平上发生是一个模糊值。第二,当政府认为股票市场已经泡沫化,要采取措施时,机构投资者中到底谁将成为“鸡”被“杀”也是不确定的,尽管必定会有一机构投资者将被当作“鸡”,但对每个机构投资者来说,被查出的概率是一个小概率,而小概率事件是可以当作不会发生的。这一博弈的结果是,机构投资者会在其资金约束下不断地炒作下去,直至泡沫化,监管部门采取惩罚少数典型机构投资者时，才开始收敛。

一旦机构投资者的违规违法行为暴露，它不仅不能获得非法操作带来的资本收益，还必须受到监管部门的处罚。设机构投资者违规被查处的概率为 p，不被查处的概率为 $1-p$，被查处时的收益率为 $-k$，则可得机构投资者参与市场交易的期望收益率为

$$E(r)=(1-p)[q\cdot \bar{r}_m+(-q)r_m]-p\cdot k \qquad (4-2)$$

由于在中国股票市场中有 $r_0<r_c$（即红利收益小于资金成本），表明机构投资者选择不参与市场交易，就只能选择投机获取股票价差，使得

$$E(r)>r_c \qquad (4-3)$$

即
$$r_m>\frac{r_c}{(1-p)(1-q)}+\frac{pk}{(1-p)(1-q)}-\frac{q\bar{r}_m}{1-q} \qquad (4-4)$$

实际上，(4－2)式能否成立，除取决于图 4.1 中需求曲线移动的幅度外，还取决于证券监管部门的监管水平 p 和处罚力度 k。从(4－2)式可以看出，$E(r)$是 p 与 r_m 的减函数，说明当监管部门加强监管力度时，机构投资者的期望收益率随之下降；当加大对违规行为的处罚力度时，机构投资者的期望收益率也会下降。

结合(4－4)式可以看出，除非处罚力度为 0，否则，通过增大 p 总可以使(4－4)不成立。如在极端情况 $p=1$（$p=1$ 意味着只要机构投资者违规，监管当局定能发现并实施相应的处罚），有

$$E(r)=-k \qquad (4-5)$$

由于(4－5)式与 r_m 无关，即表明无论 r_m 为何值，$p=1$ 都使(4－4)式不成立。一旦(4－4)式不能被满足，机构投资者就不再选择违规的投机策略。这就解释了为什么中国股票市场在当局强化监管时，市场运行很快步入低迷状态。因为此时，不仅 $E(r)$ 下降，而且机构投资人加大了对(4－4)式不成立的预期，在这种状态下，机构投资者宁可选择退出市场，也不愿选择继续违规交易。

(3)机构投资者之间的博弈关系

由于不同机构投资者对不同企业、市场和宏观经济形势等相关信息的了解程度不相同，以及对信息的加工处理方法和技巧不同，表现在对投资项目的有关信息存在不对称，因此机构投资者之间是不完全信息的动态博弈。

监管部门为规范机构投资者在市场上的行为，规定机构投资者（资产管理

部门)不得持有一家上市公司总股本的10%[①],而券商自营持有一家上市公司流通股超过5%就要公告,因此,具有资金、规模与信息优势的机构投资者不能忍受组合投资的低收益,必然寻求与其他机构投资者之间达到利益共同体,通过"合谋"共同持有一家上市公司的股票,以规避政策风险,从而达到操纵股价来获取高额利润的目的。假设市场中只有一只股票可供选择,机构投资者之间的博弈类似于市场进入博弈。机构A作为在位者已经在价格P_1开始买入,为了实现预期利润要将价格拉升至P_2出货;另外一家机构B作为潜在进入者也考虑加入坐庄。在只有一家机构坐庄的情况下,可实现利润R;在两家机构同时坐庄的情况下,假定为了不影响市场格局,两机构吸纳的筹码不能成比例增加,机构A实现利润R_A,机构B实现利润R_B,且$R_A < R, R_B < R$。两机构投资者的博弈矩阵见表4.1。

表4.1 机构投资者之间的支付矩阵

		机构B	
		参与	不参与
机构A	坐庄	R_A, R_B	R_A, 0
	不坐庄	0, R_B	0,0

这个博弈的纳什均衡是"继续坐庄—参与坐庄"。也就是说,如果机构投资者都认可同一只股票的价值,则最佳的选择是一起做庄,但联合坐庄后双方的利润都比一方单独坐庄有所下降(未考虑一方单独坐庄成本的增加)。这个时候,如果双方的博弈发展成为合作均衡,且不担心政府对违规的惩罚,则机构投资者有可能联手将价格操纵至一个更高的水平以达到单独坐庄时的利润水平,而这时价格对价值的偏离将更加严重。如果双方的博弈无法发展成合作博弈,或由于对违规的担心,机构投资者可能不选择联手操纵价格,但又不甘心利润的下降,所以会尽可能寻找另一只股票坐庄。这也就造成了中国市场几乎"无股不庄"的现象。

(4)机构投资者与个人投资者之间的博弈关系

从中国股票市场运行特征可以看到,由于其特有的上市公司审批制度和很长时间内缺乏退出机制,所以上市公司良莠不齐,大量劣质的上市公司存在,同

---

① 来自于《证券公司资产委托管理暂行办法》。

时特殊的分红政策(重融资,轻分红)。因此中国股票市场投资者的主要收益来自股票价格波动而非上市公司的经营回报。作为中国股票市场交易主体的机构投资者与个人投资者形成了博弈双方。如果个人投资者与机构投资者之间是完全信息静态博弈,即个人投资者完全知道机构投资者的策略,而且与机构投资者同时行动,这时可借用“智猪博弈”来分析,并且博弈的纳什均衡是“大猪按一小猪等待”。就是说,股票市场上个人投资者在充分了解机构投资者基础上的最佳策略是跟庄。为了理论分析的便利,假设投机股票的总收益为10,投机成本为1;股票二级市场存在机构和个人两类投资者;在两类投资者共同投机的情况下,机构投资者所得大于个人投资者所得,比如机构投资者得收益6(净收益为6－1＝5),个人投资者得收益4(净收益为4－1＝3)。在上述假设条件下,构造中国股票市场中机构投资者与个人投资者博弈的支付矩阵见表4.2。

表4.2 机构与个人投资者博弈的支付矩阵

		个　人	
		投资	投机
机构	投资	－1,－1	－1,9
	投机	9,－1	5,3

在上述博弈过程中,无论个人投资者选择何种战略,机构投资者的占优战略(dominant strategy)是投机,比如,个人投资者选择投机,机构投资者若选择投资得净收益－1(投资收益0减去投资成本1),而选择投机,则可得净收益为5;如果个人投资者选择投资,机构投资者选择投机得净收益9,而选择投资则收益为－1。因此投机是机构投资者的最优选择。同理,无论机构投资者选择何种战略,个人投资者的占优战略也是投机。因此,该博弈模型中投机为纳什均衡(Nash equilibrium),个人投资者与机构投资者双方各得净收益为3和5。

上述博弈说明中国股票市场中机构投资者和个人投资者均放弃了长期投资获取红利收益,采取了短期投机方式获取差价收益,而投资者放弃投资的根本原因在于中国股票市场特有的制度性缺陷。也就是说,中国股票市场特有的制度性缺陷和股权结构导致了股市投资者的最优行为选择就是一致性投机。现实中股票市场的博弈远没有达到完全信息的程度,而且是一种不完全信息的动态博弈。首先,机构投资者与中小投资者之间的信息是严重不对称的,后者不知道前者的确切策略、收益函数和成本函数及偏好,而前者却可以准确地推算出后者的份额；同时机构投资者利用个人投资者想要跟庄的心理，可以人为推迟信息发布甚至发布虚假的信息，使个人投资者成为积极反馈交易者，沦为机构投资者盈利的工具。

在中国股票市场所提供的选择环境或约束下，市场参与各方之间形成了交叉复杂的博弈关系，正是这样的复杂博弈关系网决定了股票市场微观主体投资者的行为选择。

4.2　机构投资者的行为选择

不长的发展历程导致了中国股票市场存在特殊的制度性缺陷，而其特有的制度性缺陷又决定着中国股票市场非有效的的运行特征。这样的运行特征为中国股票市场投资者提供了市场选择环境或约束，所以中国股票市场更常见的是没有经过市场经济长时间熏陶的非理性投资者，表现为强烈的异质信念。他们或是盲目入市，缺乏基本的股票市场投资及企业财务知识，仅凭一时冲动或他人一面之词出资购股，或是无法忍受哪怕一点点市值的缩水，追涨杀跌，过于频繁买进卖出，这些行为非但不能给他们带来应有的收益，反而会增加损失的风险。而这些投资者，很大程度上可以说就是造成中国股票市场暴涨暴跌，大起大落，成为一个非理性繁荣市场的最大的幕后推手。

由于信息不对称和个体理性与集体非理性的冲突，使机构投资者具有有限理性的特征，在其投资行为上主要表现为：一是“有意识”的投机行为、市场操纵。机构投资者作为一个以盈利为目标的投资者，存在着利用自身强大的资金和信息优势去影响股票价格，通过对影响市场价格的势力来满足自身超常收益的内在冲动。在此意义上，机构投资者与市场操纵和投机有着天然的联系。二是羊群行为。由于机构投资者同样作为有限理性经济行为人，不可能对所有状况做全面详尽的考虑与分析，常常以经验法则或直觉作为决策的依据，导致认知偏差，表现过度反应或反应不足，产生羊群行为。

4.2.1　机构投资者“有意识”股价操纵与投机的行为选择

相对于个人投资者，机构投资者显然有其自身的特殊优势，能有效地开发利用股票市场中的各种资源，从而通过做庄获取超额垄断利润。其中资金是股票市场庄家最重要的资源，其资金来源除自己的资本金或营运资金维持日常经营成本需要外，往往还通过高息拆借、转存、委托经营、非法集资、挪用客户保证金、融资融券、甚至借贷银行资金、借用上市公司资金等形形色色的手法和渠道，这样可能使大量的资金违规进入股票市场。同时，作为一种特殊的商品，信息的使用具有不可分割性，信息的成本仅仅取决于项目而不是它的使用，不管投资者交易量的大小，股票价格的信息都是一样的，这决定了大规模的使用者比小规模的使用者平均信息成本要低，有利于其获得更多的信息及抵御风险能力的增强，进而使得信息使用者有产生规模经济的倾向。机构投资者由于拥有雄厚的资金实力，能够承担对上市公司详细调研的费用，同时由于有以往改善其他股票基本面信息的经验，所以可以准确估计出自己改善某只股票基本面信息所需要的成本。股票市场中的不确定性使预期成为投资者行为选择的前提和基础，而投资者预期的形成取决于信息，同时信息的高度流动性又因投资主体的不同及其市场整合进一步增强了股票市场的不确定性。机构投资者在信息的获取、信息的分析处理和制造信息等方面的优势，特别是考虑到机构预期是长期预期与短期预期的结合，使机构投资者之间出于合作中影响市场并增进彼此预期收益的目的，可能互相作用并形成博弈关系，进而产生合作甚或恶意勾结行为（申海波，2000）。这样，股票市场结构本身所固有的信息不对称性，机构投资者制造信息所产生的信息噪声对市场信息不对称性的叠加和增强，使机构投资者能够利用自己在信息获取和分析处理能力上的优势在股票市场中牟利。另外，个人投资者投资的后悔厌恶、过度自信等不良心理很容易为机构投资者所引导控制。因此，在中国股票市场特殊的市场选择环境中，机构投资者在股票市场上凭借资金、规模与信息等方面的优势，必然的选择就是投机，以自身行为在一定时期内影响或控制股票价格的变动，进而获取超额垄断利润。

为了方便分析机构投资者如何通过坐庄操纵股价诱使个人投资者跟庄购买，这里分 4 个时期来讨论。第 1 期，机构投资者选定对象操纵股价，在市场中买入 Q_1 股票，这使得市场价格发生初始的变动，$P_1-P_0-\varepsilon$ 很小。这时市场没太多新信息，个人投资者中的理性交易者参与交易，因为他们认为股票价格不会发生变化，通过套利行为试图将价格推回到基本价值，但是理性投资者在中国股票市场这样非有效市场中的数量非常有限，因此理性投资者推动股价回归的力量就非常有限。在利益推动下机构投资者会在第 2 期继续买入 Q_2 股票或与上市公司合谋违规发布虚假利好信息等手段，继续推高股票价格，使股票价格偏离基本价值更远。这时市场上个人投资者中的部分动量交易者发现前一期价格变化，由于动量交易者根据历史价格外推股票未来走势，相信股价下一期不会回复，在“追涨杀跌”的心理驱使下参与交易，助推价格进一步上涨，使股价偏差进一步拉大，致使 $P_2>P_1$。通常多数投资者在价格变化的初期认为其变化只是暂时的，故等待观望。这也就意味着动量交易者在市场中不可能过多，在时期 2 的数量不会超过与庄家进行反向操作的理性套利者的总数量。第 3 期，另一部分动量交易者发现前一期价格变化是暂时的，出于选择性偏差或保守性偏差而反应不足，上一期并没有马上参与交易；但在观察到这一期价格具有与前一期相同的变动方向后，认为股价具有惯性趋势，这一期参与交易，这时市场中对于股票看涨的情绪达到高潮，股价处于远远偏离基本价值而形成泡沫，即 $P_3 \gg P_2$。在这里由于机构庄家具有完全信息并且知道自己的成本，因此选择前两期完全相反的操作清仓卖出 $Q_1 + Q_2$ 股票，获利离开市场。第 4 期，信息为市场上所有的交易者知道，价格回归到基本价值，市场中大多数个人投资者亏损。

在机构庄家操作股价的过程中，其他机构投资者由于掌握的信息较多，知道股票的基本价值，可以看作知情交易者，他们可能"搭便车"获利，这会使股票价格进一步偏离基本价值。同时在每一期都存在的理性套利者，发挥着稳定股票价格的作用，但是由于其数量非常有限，故所起的作用也是有限的。股票价格的偏离和机构庄家的超额垄断收益主要取决于机构庄家所拥有的资金或购买股票数量以及与上市公司的合作程度，同时也与市场上动量交易者的规模正相关，因为第 2 期动量交易者的规模越大，股价越高，在第 3 期会吸引更多动量交易者参与交易而形成羊群效应。

从上面的分析，可以看出机构投资者通过坐庄操纵股价获取超额垄断利润的基本框架：首先具有资金、规模和信息优势的机构投资者在较低价位买入股票。然后利用个人投资者的行为特征，通过与上市公司或其他机构投资者合作，制造虚假价格信息，使得个人投资者看多买入，推高股价，随着"追涨"个人投资者的逐渐增多，股价吹出了大泡沫。最后机构投资者在股价高位清仓卖出股票，完成了从吹大泡沫到把泡沫和希望留给个人投资者，把财富留给自己的全过程。

4.2.2　机构投资者的羊群行为选择

机构投资者作为投资专业化、组织化和社会化的产物，更多的被人们认为使用各种复杂和精密的经济模型来进行投资决策的机构。但现实中却显示机构投资者和个人投资者一样体现为有限理性。究其原因主要包括：一是机构投资者同样要面对因信息披露问题导致的信息不对称，并因此可能会发生有限理性行为。机构投资者理解信息的能力再高，但如果上市公司披露的信息极不完善，机构投资者在没有渠道获取更多有用信息的条件下，同样可能会忽略所能获得信息，根据主观判断进行投机或产生盲目从众行为。二是机构投资者的行为也同样会有认知偏差和行为偏差。机构投资者的投资行为最终要落实到一个个具体的"操盘手"即个人投资者身上，因此，作为人类共有的天然认知偏差如过度自信、从众行为、后悔厌恶、损失厌恶和启发式偏差等不可避免地存在于机构投资者之中。三是委托一代理问题也会使机构投资者产生有限理性的行为。如基金经理人，作为基金投资者的代理人与委托人之间存在信息不对称，因此基金经理人面临个体理性和集体理性的抉择。若基金经理人选择个体理性，考虑个人效益最大化，会重视自己的声誉，就会放弃自己基于信息的理性判断，采取从众行为，避免自己因犯了错误遭受较大的损失，这解释了中国证券基金投资风格不明显，喜欢"抱团取暖"的现象。

机构投资者虽然相对于个人投资者来说，具有资金、规模和信息等方面的优势，但是机构投资者的信息依然是不充分、不完全的，故在参与选择时，忽略私有信息，对他人行为明显模仿与跟从，体现为羊群行为，同时这种行为也影响他人选择过程，使得市场表现出部分人选择相关，且最终反映在股票价格中的现象。羊群效应是典型的群体心理偏差非理性行为现象，其突出表现是投资者在一段时间内具有相同方向的交易行为，这个现象被行为金融学列为市场异象，如投机泡沫、超常交易与过度波动的最佳证据。投资者具有共同的交易倾向完全来自社会属性与心理机制且多数是非理性的，但这类行为又暗示着投资者可以驱动资产的价格偏离其基本价值(Christie and Huang,1995)。

4.3 个人投资者的行为选择

在中国股票市场特有的市场选择环境中，股票市场所提供的信息往往不够充分、准确和快捷，而投资者的不成熟性，也使得他们对市场走向的判断能力比较差，投资选择具有很大的随意性和盲目性，特别是个人投资者，他们转嫁风险操纵、危害市场的基本条件是不存在的，往往是价格的被动接受者和风险的主要承受者。

中国股票市场中，个人投资者由于资金、规模与信息等相对于机构投资者来说都处于劣势，在机构投资者与上市公司合谋、共同操纵股价时，个人投资者的最优策略为跟庄操作，也就是效仿机构投资者的选股思路和操作手法，根据上市公司的股东名册，结合对上市公司的基本面分析、技术分析，个人投资者在机构投资者已经大举介入某只股票的同时，也买进该只股票。因为对于个人投资者来说，在跟庄操作的过程中只要自己不是接住最后一棒的"傻子"，那么个人投资者就可以获取股票价差。

机构投资者选定操纵对象股票，针对这一股票刚进入建仓期或还没有完成建仓。这时市场股票价格水平相对机构投资者的买入价还没有上涨或上涨不多，因此说这时机构投资者具有较高成本。等到机构投资者完成建仓期或目前价格已经脱离建仓成本，但机构投资者不愿意获利了结，想获得更高收益，此时的成本对于机构投资者来说相对较低。为了讨论的便利，假设机构投资者选择股票 A 作为操纵对象，下面分别在机构投资者高成本与低成本两种情况下，说明个人投资者的行为选择。

机构投资者建仓初期，如果个人投资者选择买入，机构投资者这时属于高成本，其最优策略是默许，并且机构投资者一定会增仓或与上市公司合谋采取发布虚假利好信号等手段，进一步推高市场股票价格，让前期买入的个人投资者获得价差收益，在正反馈机制的挣钱示范效应作用，吸引更多的非理性个人投资者跟庄买入，此时个人投资者为了避免后悔错过快速获取财富的心理，会放弃自己的信息与判断，随大流，从众跟风，这样就进一步推高了股票价格。机构投资者知道自己是高成本还是低成本，这时机构投资者会选择清仓卖出。而个人投资者仅知道机构投资者或者是高成本还是低成本的概率。例如，设个人投资者知道机构投资者高成本的概率为 x ，相应买入股票的收益为 R_1，那么低成本的概率一定为 $1-x$ ，相应的收益为 R_2，故个人投资者选择买入股票 A 的期望收益为 $R_1x+(1-x)R_2$，选择不买入的期望为 0，所以当 $R_1x+(1-x)R_2=0$（即 $x=R_2/(R_2-R_1)$）时，个人投资者买入与不买入股票 A 没有差别。因此当 $x>R_2/(R_2-R_1)$ 时，个人投资者选择跟庄买进。

中国股票市场个人投资者数量众多，但是资金量少且分散，同时由于掌握的信息不同，加之非理性特征，投资者在交易过程中存在学习与模仿现象，在相同时间表现出相同买卖行为，显示出群体的系统性行为特征。投资者群体的认知偏差及由此产生的非理性行为，通过证券市场的反馈环（feedback loop）原理引发的放大机制对股票价格推波助澜。在股票市场的运行中，最初机构庄家建仓买入股票，引起价格上涨，通过媒体等有意识或无意识的渲染，个人投资者在潜移默化中会受到过度自信等认知偏差的驱使，促使个人投资者的需求增加，推动价格的进一步上扬，第二轮的价格上涨又反馈到第三轮，然后又反馈到第四轮，依此类推，催化因素的最初作用被放大，产生了远大于其本身的价格水平即投机性泡沫。

坐庄机构投资者在股价被推至制高点已悄然出货，这时股票市场只剩下了中小投资者。由于投资者对股票的需求不可能永远放大，当需求停止时，价格的增长也将停止，投机性泡沫的破灭即将来临。投资者认为股票价格不会继续上涨，因此也无理由继续持股，导致负反馈或负泡沫的发生，由于保守性偏差和处置效应的作用，最初的价格下跌使个人投资者麻痹，此后，由于投资者的过度恐惧等偏差引发价格的持续下跌。对于这一轮股票市场震荡中，被迫割肉离场或套牢遭受损失就只有个人投资者了。在跟庄操作过程的挣钱示范效应下，个人投资者由于信息不确定性，行为受到其他投资者的影响，模仿他人选择，形成羊群效应，也正是广大个人投资者的羊群行为，使得机构投资者的股价操纵得到实现。

4.4 投资者行为选择与股价泡沫

个体不确定性选择行为的决定依赖于投资者对股票未来价格的预期，也即有赖于对股票价格变动的判断，因此决策过程不可避免地受到决策主体的主观因素，如心理，情绪等因素的影响。而投资者的群体选择行为决定市场对股票的供求，影响股票的市场价格。因此投资者行为选择是影响股票市场均衡状态的直接因素，而股票市场的均衡与否则是股票市场的风险分散功能和资源配置功能能否充分发挥的前提性条件。正因为如此，对投资者行为选择及股票市场的均衡状态的研究，一直是金融经济学关注的焦点问题之一。

4.4.1 均衡定价下的投资者行为选择

建立于投资者理性假设基础上的资本市场有效性假说(EMH)、资产组合理论(CPT)以及资本资产定价模型(CAPM)是传统主流金融理论的核心。EMH在投资者理性无偏的基础上，从信息角度研究了资本市场的有效性问题，并隐含地认为在一个强有效的市场中，股票市场将达到均衡。CPT具体给出了理性投资者的行为特征，并在此基础上最终导出了投资者最佳投资组合的确定。CAPM是在EMH和CPT基础之上建立起来的，用来描述一般均衡框架中的理性预期为基础的投资者行为模型。CAPM得出了理性预期和风险厌恶的投资者会沿资本市场线进行最优投资决策以及资本市场线即为股票市场均衡路径的结论。

为分析投资者的行为选择如何影响股票市场均衡，设代表性的投资者追求的目标是在一个较长时期内的资本增值，其目标函数为

$$\max_{1\leqslant i\leqslant\infty} V_{t+i}=E_t\left[\sum_{i=1}^{\infty}\rho^i U(v_{t+i})\right] \tag{4-6}$$

其中，V_t 为 t 时期资本增值，E_t 为期望值，ρ 为贴现因子，$U(\cdot)$ 为效用函

数，t 为基期。这里 V_t 满足

$$V_{t+i}=P_{t+i}K_{t+i}-P_{t+i-1}K_{t+i-1}+D_{t+i}K_{t+i-1} \tag{4-7}$$

其中，P_t 为股票价格，K_t 为 t 时期的股票持有量，D_t 为红利，它主要取决于上市公司分红政策与上市公司利润，当 D_{t+i}/P_{t+i} 超过 $t+i$ 期无风险利率，即 $D_{t+i}/P_{t+i}\geqslant r_{t+i}$ 时，会吸引代表性投资者增持股票，即 $K_{t+i}\geqslant K_{t+i-1}$；而在股票供给不变时，投资者的增持行为必将导致股票价格的上升，即 $P_{t+i}\geqslant P_{t+i-1}$，由此得到代表性投资者的资产增值方程

$$V_{t+i}=\Delta P_{t+i}(K_{t+i-1}+\Delta K_{t+i})+D_{t+i}K_{t+i-1} \tag{4-8}$$

(4−8)式说明，当 $D_{t+i}/P_{t+i}\geqslant r_{t+i}$ 时，会吸引更多的投资者加入股市或增持股票，这直接导致代表性投资者的股票持有量和股市价格都处于循环上升的状态，股票市场没有达到均衡状态。

根据(4−8)式，每单位股票在 t 期的边际收益 MR_t 由两部分组成：一部分为资本利得的边际收益 MV_t，即 t 期股票价格和股票持有量变化所带来的资产增值变化，即

$$MV_t=U'(v_t)K_tP_t \tag{4-9}$$

另一部分为红利边际收益 MD_t，即 t 期分红所得变化所带来的资产增值变化，则

$$MD_t=U'(v_t)D_t \tag{4-10}$$

结合(4−9)式与(4−10)式，以 Euler 方程表述目标函数的求解结果得

$$E(MR_{t+i})=\rho E(MV_{t+i+1}+MD_{t+i+1}) \tag{4-11}$$

(4−11)式的解可表达为两部分，即

$$MR_t=S_t+B_t=\sum_{i=1}^{\infty}\rho^iE(MD_{t+i})+B_t \tag{4-12}$$

其中，$S_t=\sum_{i=1}^{\infty}\rho^iE(MD_{t+i})$ 代表与市场因素有关的资产价格，它取决于对分红预期的折现值；第二部分 B_t 是 Euler 方程解的同质部分（homogenous part），满足 $E_t(B_{t+i})=\rho^iB_t$，这里 $B_t, B_{t+1}, \cdots$ 即为股票的泡沫要素。

假设观察 t 和 $t+n$ 两个时期，n 期边际收益的 Euler 方程可以记为

$$MR_t=\rho^nE(MV_{t+n})+\sum_{i=1}^{n}\rho^iE(MD_{t+i}) \tag{4-13}$$

当 n 趋于无穷大时，有

$$MR_t=\lim_{n\to\infty}[\rho^nE(MV_{t+n})]+\lim_{n\to\infty}\left[\sum_{i=1}^{n}\rho^iE(MD_{t+i})\right] \tag{4-14}$$

(4－14)式右边的第一项表示未来出售股票所得资本利得的预期边际收益的折现值;第二项表示如果持有股票,把红利累加到资产上而得到的预期增值。根据 CAPM 模型,此时 MR_t 也就是其他代表性投资者未来 t 期购买股票的边际成本 MC_t 。

由(4－14)式可见,只有当方程右边第一项为 0,也即(4－12)式的随机项(泡沫因素)不存在,或者说目标函数的解来自于 Euler 方程的稳定解时,有

$$MC_t = \lim_{n\to\infty}\Big[\sum_{i=1}^{n}\rho^i E(MD_{t+i})\Big] \tag{4-15}$$

此时,代表性投资者购买股票的边际成本(即其持有股票的边际收益)与预期的边际收益(边际红利)相等,代表性投资者达到最优购买。也就是说,保证股票市场实现均衡的充要条件是资本利得的边际收益 $MV_t=0$,即代表性投资者在任何情况下都不增减股票持有量,从而股票价格保持不变。换言之,当所有投资者都遵从“购买－持有”策略时,股票市场即达到均衡。这一条件对现实而言是较为严格的,至少股票市场中任何时候都有投资者在“买入－卖出”,而非“买入－持有”。这也就是说,现实中使投资者达到方程(4－15)的均衡购买的充要条件 $MV_t=0$ 并不存在。

然而,从上述股市均衡条件的推导过程中可以看到,股票市场的均衡与否取决于投资者的行为选择。因为在这一求解过程中,要使股票市场达到均衡只能是方程式(4－14)右侧的第一项因素,资本利得的边际收益 $MV_t=0$,即股票泡沫因素不存在,这说明只有当投资者的行为基于红利预期时,股票市场才能达到均衡。反过来说,如果投资者的行为选择主要基于资本利得预期时,股票市场的运行将处于累积性非均衡状态。因此股票市场的均衡与否是由投资者的行为选择所决定的。

4.4.2 一致性投机与股价泡沫

投资者购买股票是为了获取收益,市场有效性要求资产的预期收益率等于投资者要求获得的回报率,即

$$E_t(R_{t+1}) = r \tag{4-16}$$

资产收益由资本利得和股息组成,由此可以得到 $R_{t+1}=(P_{t+1}-P_t+D_{t+1})/P_t$,其中 P_t 是时刻 t 的资产价格, D_{t+1} 是时刻 t＋1 的股息, R_{t+1} 是投资者要求获得的投资回报率, r 为市场均衡条件下恒定的预期资产收益率,同时也是股票未来现金流的折现率,则 P_t 可以写成

$$P_t = \frac{E_t(P_{t+1}+D_{t+1})}{(1+r)} \tag{4-17}$$

(4－17)式即是股票价格的随机差分方程。该方程实际上即是资产定价理论的核心：股票价格由资本利得和红利两部分决定。对(4－17)式进行 n 次迭代，得到

$$P_t=\sum_{i=1}^{\infty}\frac{E_t(D_{t+i})}{(1+r)^i}+\frac{E_t(D_{t+n})}{(1+r)^n} \tag{4-18}$$

其中 $P_t^*=\sum_{i=1}^{\infty}\frac{E_t(D_{t+i})}{(1+r)^i}$ 是(4－17)式的特解，同时也是股票的内在价值或基本价值。因此(4－17)式的通解为

$$P_t=P_t^*+B_t \tag{4-19}$$

其中 B_t 反映了股票价格对于其基本价值的偏离程度，说明股票价格由基本价值 P_t^*（未来预期红利部分）和股价泡沫 B_t 两部分构成。上述求解结果进一步证明了股市泡沫在任何股票市场中都是一种常态存在。但当某一股票市场中所有投资者都以投机为目的，而不再考虑分红收益之时，即可假设方程(4－17)中的 $E(D_{t+1})=0$，从而得到

$$P_t=\sum_{i=1}^{\infty}B_t \tag{4-20}$$

由(4－20)式可见，当一个股票市场中投机盛行或者是投资者都以追求资本利得(投机)为其最优选择之时，股市泡沫即成为一种累积性的常态存在，从而股票市场的均衡条件也就无法得到满足。

从上面分析可以看出，股票市场是否达到均衡取决于投资者的行为选择，因为股票市场均衡时，应有 $P_t=P_t^*$，即 $B_t=0$，也即说明股票市场所有投资者均选择投资而不是投机就可达到市场均衡。

投资者对来源于其他投资者的不确定性信息会形成自己独特的投资信念，投资者多样化的投资信念会催生投机行为，引起股票价格的非平稳波动。Keynes(1936)曾将股票价格的决定比喻成一场"选美比赛"，认为投资者"并不关心一笔投资价值大小，而主要关注的是，在众多心理预期下对个体投资者的三个月或一年以后市场会给这笔投资作出怎样的价值评估"。现有文献表明，即使投资者拥有理性信念，但这种理性信念也具有内生的不确定性，即投资者的认知、信息等具有异质性。如 Keynes 所提出的"选美比赛"的例子一样，投资者信念的不确定性会促发金融市场上的投机行为，造成股票价格偏差。因此投资者的行为选择由投资者异质信念所决定。

在股票市场这样典型的风险市场中投资者之所以选择投资目的就是从自身利益出发追求自身价值(效用)函数最大化。目前在中国上市公司还存在利

润操纵、经营业绩欠佳的基本前提下，上市公司与投资者之间信息又存在严重不对称性，投资者是以弱势群体的态势出现，投资者得到上市公司分红派息的投资收益很少，甚至远远低于国债或银行存款收益，这必然引致投资者的市场投机动机，寻求股票市场的价格差异。

将投资者在股票市场的价值函数 V 描述为

$$V = f(v, \Delta P^e, r) \tag{4-21}$$

其中，v 为股票平均收益率，$\Delta P^e = P_t - E_{t-1}(P_t)$ 为投资者的预期价差（预期收益），r 为无风险利率，通常用银行同期存款利率代替。

投资者之所以进行投资必须满足条件：$\partial V/\partial v > 0, \partial V/\partial P > 0, \partial V/\partial r < 0$，即股票平均收益率和价格的上升给投资者带来正的价值（效用），而利率的提高会加大投资者的现金持有成本，降低投资者的价值，故进一步可将（4－21）式表示为

$$V = f(v, \Delta P^e) - f(r) = f(v) + f(\Delta P^e) - f(r) \tag{4-22}$$

在中国股票市场，由于 $v \leqslant r$，$f(v) - f(r)$ 趋向于零，即股票平均收益率低于同期银行存款收益率，所以（4－21）式可以近似地表示为

$$V \approx f(\Delta P^e) \tag{4-23}$$

从（4－23）式可以看出，中国股票市场中投资者选择投资的价值是价格的函数，准确地说它是预期价差 ΔP^e 的函数。而价差 ΔP^e 的决定依赖于投资者，P_t 为当前价格，是已知量，所以 ΔP^e 的选择就完全取决于 $E_{t-1}(P_t)$，即它取决于投资者对未来价格的预期。

股票市场是由众多投资者参与交易的市场，投资者不同的认知能力决定了不同的投资者无论在信息收集还是在信息处理与加工上都存在明显的差异，信息条件又是投资者投资信念形成的基础，异质信念投资者主观心理上形成的价差是不同的，即预期形成方式不同。理性投资者主观上认为的价差与实际的价差是一致的，但其他交易者却并不一定一致。正是由于对价格的不同的判断，形成了不同投资者对市场的不同反应。

（1）若投资者的预期是理性预期，即 $E_{t-1}(P_t) = P_t$，则

$$P_t - E_{t-1}(P_t) = P_t - P_t = 0 \tag{4-24}$$

（2）若投资者的预期是静态预期，即 $E_{t-1}(P_t) = P_{t-1}$，则

$$P_t - E_{t-1}(P_t) = P_t - P_{t-1} = \Delta P_{t-1} \tag{4-25}$$

（3）若投资者的预期是外推预期，即

$$E_{t-1}(P_t) = P_{t-1} + \varepsilon(P_{t-1} - P_{t-2}) \tag{4-26}$$

其中 ε 为趋势系数，则

$$P_t - E_{t-1}(P_t) = P_t - P_{t-1} - \varepsilon(P_{t-1} - P_{t-2}) = \Delta P_t - \varepsilon\Delta P_{t-1} \quad (4-27)$$

(4)若投资者的预期是适应性预期，即

$$E_{t-1}(P_t) = E_{t-2}(P_{t-1}) + \eta[P_{t-1} - E_{t-2}(P_{t-1})] \quad (4-28)$$

其中 η 为适应系数，且 $0 \leqslant \eta \leqslant 1$，则

$$\begin{aligned} P_t - E_{t-1}(P_t) &= P_t - E_{t-2}(P_{t-1}) - \eta[P_{t-1} - E_{t-2}(P_{t-1})] \\ &= P_t - \eta P_{t-1} - (1-\eta)E_{t-2}(P_{t-1}) \\ &= P_t - P_{t-1} + (1-\eta)[P_{t-1} - E_{t-2}(P_{t-1})] \\ &= \Delta P_t + (1-\eta)[P_{t-1} - E_{t-2}(P_{t-1})] \quad (4-29) \end{aligned}$$

如果投资者的预期方式符合理性预期，则投资者的预期收益为0，那么投资者的价值函数 $V \approx f(0) = 0$，表明投资者是否投资股票是没有差别的。行为金融学家认为这在现实中很难成立，在股票这样的风险市场中投资者选择投资，目的就是在承担风险的同时能够获取收益，这从另一角度说明客观世界中未来的不确定性和投资者认知程度的不同决定了投资者的预期不可能完全是理性预期。如果投资者预期符合静态预期，投资者选择投资股票的价值 V 只与当前市场价差 ΔP_{t-1} 有关，说明投资者没有长期记忆性，给短期收益赋予极大决策权重。而外推预期适用于带有明显趋势性特征的经济现象，当投资者预期符合外推预期时，可以看到投资者投资股票的价值 V 不仅受当前市场价差 ΔP_t 与前一期市场价差 ΔP_{t-1} 的影响，还要受到反映股票价格变动趋势的系数 ε 影响，通常认为个人投资者中的动量交易者主要依据技术手段，根据历史价格外推股票未来走势，是市场情绪的表现。目前适应性预期被认为是真正适合现实状况的预期形成方式，适应性预期表明：投资者在形成预期的过程中，不仅充分利用了股票价格变化的历史信息，而且还包括了投资者在实践过程中的学习过程，即投资者利用过去所犯的错误来修正预期。当投资者通过适应性方式预期股价时，投资的价值不仅与股票历史各期市场价差 ΔP_{t-i} 有关，还与投资者纠正预期错误的速度 η 有关。

在适应性预期下，若投资者始终保持适应系数 η 的一致性，则由(4—29)式递推可得

$$\begin{aligned} P_t - E_{t-1}(P_t) &= \Delta P_t + (1-\eta)[P_{t-1} - E_{t-2}(P_{t-1})] \\ &= \Delta P_t + (1-\eta)[\Delta P_{t-1} + (1-\eta)(P_{t-2} - E_{t-3}(P_{t-2}))] \\ &= \Delta P_t + (1-\eta)\Delta P_{t-1} + (1-\eta)^2[P_{t-2} - E_{t-3}(P_{t-2})] = \cdots \\ &= \Delta P_t + (1-\eta)\Delta P_{t-1} + (1-\eta)^2\Delta P_{t-2} + \cdots + (1-\eta)^n\Delta P_{t-n} + \cdots \\ &= \sum_{i=0}^{\infty}(1-\eta)^i\Delta P_{t-i} \quad (4-30) \end{aligned}$$

若 $\Delta P_{t-i}=\Delta P_{t-j}=\Delta P, i,j=1,2,\cdots$，则有

$$P_t - E_{t-1}(P_t) = \Delta P/\eta \tag{4—31}$$

(4—31)式实质上是外推预期的结果，因为在 $\Delta P_{t-i}=\Delta P_{t-j}=\Delta P$ 的情况下，投资者自然会选择外推预期，这也从另一个角度说明外推预期只是适应性预期的一个特例。(4—30)式说明投资者的价值函数不仅受到当期预期收益(价差)的影响，还要受到前面各期价差的影响并且随着时间的向前延伸错误价差对预期修正的速度越来越小。

在由不同预期形式投资者组成的混合预期市场中股票市场价格由静态预期、外推预期和适应性预期三类非一致性预期形式的投资者和理性投资者的不同预期共同决定，则有

$$\begin{aligned} P_t - E_{t-1}(P_t) &= n_1\Delta P_t + n_2(\Delta P_t - \varepsilon\Delta P_{t-1}) \\ &\quad + n_3\{\Delta P_t + (1-\eta)[P_{t-1} - E_{t-2}(P_{t-1})]\} \\ &\quad + (1-n_1-n_2-n_3) \\ &= (n_1+n_2+n_3)\Delta P_t + n_2\varepsilon\Delta P_{t-1} \\ &\quad + n_3(1-\eta)[P_{t-1} - E_{t-2}(P_{t-1})] \end{aligned} \tag{4—32}$$

其中 n_1, n_2, n_3 分别为静态预期、外推预期、适应性预期投资者占投资者人数的比重。

这表明投资者价值函数不仅受历史各期市场价差的影响，受股价外推速度和投资者纠错速度的影响，还要受到各类异质信念投资者人数的影响。

股票市场上不同预期方式的投资者会有不同的价值函数，但不管采取什么预期方式，投资者的价值函数都取决于预期价差，因此在政府隐性担保的中国股票市场制度性缺陷中，投资者试图能够从政策渠道深入了解管理层对股票市场发展的政策意图，并根据股票市场上各利益相关主体力量寻求投资行为决策，以股票价格差异作为投资者追求利润的基本手段。这从一个角度解释了中国股票市场机构投资者选择操纵股价和个人投资者选择跟庄买进卖出的一致性投机行为选择。对中国股票市场广大投资者而言投机成为一种理性的选择，而市场集体理性行动逻辑演绎的结果只能导致集体行为的非理性，即市场过度地一致采取投机行为。

中国股票市场的制度性缺陷造成投资者最优选择为一致性投机，体现为股票指数的暴涨暴跌、非理性的市盈率、夸张的换手率(见表 2.5，表 2.6)。同时也表现在暴涨的流通市值、成交金额等各项指标，这样的特征在 2005—2007 年尤为明显。2005 年中国股票市场流通市值为 10663 亿元，成交额 31665 亿元，到 2006 年其值变成了 42292 亿元和 90469 亿元，增长率分别达到了 303.19%

和285.71%，而2007年10月6000点超级牛市的到来也把中国股市流通市值与成交额推上了历史的最高点，其中总市值增长105.83%，而成交额更是史无前例地暴涨407.97%。这些惊人的增长，尤其是成交额的恶性膨胀，无不说明中国股票市场存在过度性投机。据统计，2007年深沪两市投资者开户总数达13886万户，几乎是2006年开户总数7854万户的2倍。这些数据无不体现了中国股票市场的非理性繁荣。随后2008年的一年时间里股票市场一落千丈，给中国股票市场的众多机构及个人投资者带来了巨大损失。

一般来说，由于市场的随机扰动总是存在的，因此价格偏离基本价值是不可避免的。如果资产价格对基本价值的偏离遵循“纯粹”的随机游走过程，这种偏离是正常的，可以用均值为零的平稳随机过程来刻画。只有偏离是非平稳性的，才是实质性偏移（Hamilton，1994），也将这种偏移称为投机泡沫。股票市场中过度的投机行为，常常会造成股票价格高涨，产生严重的股市泡沫。投机泡沫（speculative bubbles）或泡沫（bubbles）是股票市场崩盘和经济衰退的重要原因（Galbraith，1954；Garber，1989），备受学术界和监管机构的关注。在《新帕尔格雷夫经济学大辞典》中，Kindelberger（1987）定义泡沫为“泡沫状态可以定义为一种或一系列资产在一个连续过程中的突然上升。最初价格的上升使人们预期未来价格进一步上升，从而吸引新的买主。一般来说，投资者感兴趣的是买卖价差收益，而忽视资产本身的盈利能力。这种价格上升伴随着预期的逆转而结束，接着并引起价格的迅速下降，最终会导致金融危机”。诺贝尔经济学奖获得者Stiglitz（1990）在论文“关于泡沫的讨论”指出，如果投资者的预期按照这样一种方式变化，相信未来某种资产能以高于他们预期的价格出售时，这种资产的实际价格就会上升。Christian Gilles 和 Stephen F. Leroy（1992）定义，所谓股市泡沫是股票价值中不基于未来红利预期的部分。Garber（2000）认为泡沫是“股票价格变动中有一部分无法用基本面解释”。Battalio 和 Schultz（2006）将资产定价泡沫定义为市场价格和基础价格的偏差。

4.4.3 投资者行为选择对股价泡沫的影响

股票价格的运行表现出一种不同于一般商品价格运行的特点。一般商品的价格，会随着供求的变动而环绕着商品价值上下波动，商品的一时过度需求会使得价格高于其价值，而过高的价格又会抑制需求下降，从而价格会自行下降。然而，股票价格固然取决于预期股息（红利）和利息率的水平，但也取决于供求，而且供求力量对价格水平的影响要比商品市场来得大。由于人们爱看涨的心理预期，往往盲目跟着涨风进市，股票价格的上涨不仅不会抑制反而会扩大对该股票的需求,使股票价格进一步上涨,甚至远远超过股票所应有的实值,形成“泡沫”。这表现出股份资本的“虚拟性”。

股票投资者是股票市场构成要素中最核心的因素。在中国股票市场这一特殊的市场环境或约束下,投资者是在几番大幅涨跌的洗礼下成长起来的。从投资者个体角度考察,对信息的认知加工会受到自身多种心理因素的制约和激励,而这些心理因素又会引起投资者出现各种认知偏差,进而诱发投资者出现判断和决策偏差。而投资行为更是投资者投资意愿、性格、投资理念等的外在表现,因此投资者的行为也必然存在偏差。从投资者集体角度分析,个体投资者之间的心理偏差并不具有相互独立性,个体投资者之间会基于心理传染或羊群行为而导致投资者群体出现集体性认知偏差,进而导致集体投资者群体预期出现系统性偏差以致集体无意识行为,这样股票价格就会出现错误定价。事实上,正是因为投资者会产生系统的认知偏差或不完全理性,才导致证券价格出现各种异常,导致市场并非总是理性和有效。

投资者的行为选择依赖于对股票市场价格的预期。而投资者群体行为选择在同一方向形成合力决定股票的供求,进而影响股票价格。由于掌握的信息不同,加之非理性特征,投资者在交易过程中存在学习与模仿现象,在相同时间表现出相同买卖行为,显示出群体的系统性行为特征,导致股票市场价格升降,同时由于反馈效应,加大了这种价格升降的幅度。在大多数投资者对股票市场前景抱乐观态度时,会有意无意地夸大市场有利因素的影响,过去的价格增长增加了投资者对于未来收益的期望与信心,并忽视一些潜在的不利因素,从而脱离上市公司的实际业绩而纷纷买进股票,而且投资者在反馈机制的作用下开始进一步哄抬股价,从而吸引更多的投资者进入市场,促使这种循环不断进行,因而将最初的催化因素进一步放大,这样股价泡沫就产生了。而反馈机制的产生来源于投资者对未来的高度信心,2005－2007 年中国股票市场暴涨下众多投资者的心理正符合这样一种情形。2007 年 10 月,当中国股价攀上 6124 的制高点时,在百度贴吧有一个关于投资者预计在未来 6 个月内上证指数继续上涨的可能性的调查,共 1960 人参与投票,调查结果显示:其中选“非常大”者共 798 人,占总投票数的 40.72%;选“比较大”者共 536 人,占 27.35%;选“可能”者共 247 人,占 12.60%;选“比较小”者共 105 人,占 5.36%;选“非常小”者共 82 人,占 4.18%;选“不确定”者共 192 人,占 9.79%。可以看出,超过 60%的投票者对股市继续上涨抱有不小的期望,而持较大怀疑态度的投票者仅占总数的不到 5%,可见大多数人对当时已走到顶点的中国股票市场仍有很大信心。上面的事实说明 2007 年高市值也没有降低投资者对未来收益的平均预期,更没有使投资者意识到实际价值与市值泡沫的偏差，于是反馈机制在价格的持续增长中被不断强化。而中国股票市场日益严重的投机性泡沫，往往就来源于这种反馈机制。

投资者群体选择的典型样式是羊群行为。Lux(1995)在《羊群行为、泡沫以及崩溃》一文中构建了一个交易者观点、行为传染的基本模型，对股票价格的过度波动性给出了行为金融学的解释。他认为模仿引发的群体行为导致了泡沫的运行周期，即泡沫的产生、膨胀和崩溃。当投资者不能从价格中提取完全的信息，而是从其他人的行为、决策中提取信息时，市场就会过度波动。当乐观情绪占优时，投资者行为呈现放大效应，泡沫逐渐形成并不断膨胀，最终远远偏离其基本价值；而当悲观情绪在市场中占优势时，泡沫会逐渐萎缩，形成的价格也可能会低于其基本价值。模仿、传染所导致的羊群行为是价格偏差形成，泡沫发生膨胀的重要原因。

第五章

基于行为选择的资产定价模型

行为金融学的选择理论使人们认识到投资者这一股票市场中的行动主体不能做到完全理性,在对股票市场信息的认知加工过程中会受到自身多种心理因素的制约和激励,而这些心理因素又会引起投资者出现各种认知偏差,诱发投资者出现判断和决策偏差,进而导致投资行为出现偏差。同时投资者之间的心理偏差并不具有相互独立性,投资者个体之间会基于心理传染或羊群行为而导致投资者群体出现集体性认知偏差,进而导致集体投资者群体预期出现系统性偏差以致集体无意识行为,这样股票价格就会出现错误定价。资产定价理论是经济行为人判断和行为选择的基础,是传统主流金融学与行为金融学的核心,有关资产定价理论的发展大致经历了三个阶段:第一阶段是 Williams(1938)以为代表的股利贴现模型,即价格是未来股利现金流的现值;第二阶段主要以 Markowitz(1952)均值一方差理论,Sharpe 等(1964)提出的资本资产定价模型,Ross(1976)提出了套利定价模型以及 Fama 和 French(1992)提出了资产定价三因素模型为代表;第三阶段是将市场主体经济行为人的情绪、心理等影响因素考虑加入资产定价模型,分析行为因素对于资产价格决定的影响,以 Shefrin 和 Statman(1994,2000)提出的行为资产定价模型与行为资产组合模型为代表。

5.1　噪声交易与噪声交易者

噪声交易(noise trading)是 20 世纪 80 年代以来西方经济学界出现的一种研究交易者行为和金融市场运行方式的理论。有效市场假说认为,在套利和市场竞争的作用下,理性套利者会很迅速地消除非理性交易者(噪声交易者)引起的价格偏离现象。长期来看价格是均衡的,噪声交易者会由于"市场选择"

(market selection)而消失，最终主导市场的是理性套利者。然而，De Long 等人(1990)研究却认为，由于噪声交易者的存在，当理性套利者进行套利时，不仅要面对基础性因素变动的风险，还要面对噪声交易者非理性预期变动的风险。作为风险厌恶者，他可能放弃套利机会，不与噪声交易者的错误判断相对抗，从而使噪声交易者获得高于理性套利者的收益。这种非理性波动的风险是相对于短期套利者而言的。也就是说，当噪声交易者的投资理念进一步偏离它的均值时，就存在这种风险，即在理性套利者进行套利变现时，价格并未发生如他所料的逆转。例如，当噪声交易者今天对某一资产持悲观态度时，会使价格下跌，套利者此时进行交易是因为他认为价格不久就会恢复。如果噪声交易者的看法并未扭转反而更加悲观时，对于短期套利者来说就可能遭受损失。由于这种风险的存在，理性套利者对噪声交易者的抵抗力量削弱，从而使价格明显偏离于基础价格，噪声交易者可以从他们自身创造的风险中获利，从而“创造了自己的生存空间”。由于噪声交易者收益高于理性套利者，在正反馈效应下，新进入市场的交易者会模仿噪声交易者，同时部分进行套利的交易者也会转变为噪声交易者。从一定时期看，噪声交易者暂时主导了整个市场，从而使市场效率消失。

噪声是众多因素共同作用的结果。其中最主要的因素乃是金融市场众多交易者存在着严重的信息不对称、虚假信息困扰和对风险偏好不同。

(1)信息不对称。在实际生活中，不同交易者之间存在着严重的信息不对称。事实上，每个交易者搜集信息的能力有很大的差异。一方面，由于内幕消息的存在，始终有一部分人拥有其他人所不能拥有的信息，也就是说信息披露的不完全性造成了信息分布的不对称性。不同交易者拥有不同的信息，在此基础上进行交易所形成的价格必然偏离其均衡价值，由此产生了噪声。另一方面，即使在信息完全公开的情况下，仍然会导致信息不对称的发生，其原因是现代社会的信息量太大，交易者收集信息有成本的制约和限制。即使是同一信息，也受时间和地理位置的限制，在一定时间内会导致交易者之间的信息分布不对称。交易者所能够收集到和筛选出的信息仍然存在着很大差别。交易者据此进行交易，导致金融资产的价格不可避免地发生波动，形成噪声。在中国股票市场，此类事件并不少见。例如有些股票在业绩公布之前，经常有莫名其妙的暴涨或暴跌，涨跌之后才有消息出来。这就是比较典型的因内幕消息导致的信息不对称而引起的噪声。另外一种情况是，股票市场上存在着很多股价被高估或被低估的股票，如果能收集和仔细地分析上市公司所提供的各种报表和数据，就能分析出股票的实际可能价位而决定是否进行交易。实际上，由于成本的限制，交易者不可能收集到齐全的信息，这就形成了另一种信息不对称，使金融资产价格波动产生噪声。

(2)虚假信息困扰交易者。除了信息来源上存在着严重不对称外，在已经公开的信息中还存在着大量的虚假信息，误导交易者，也是产生噪声的一个重要原因。现代社会中，信息不仅数量巨大，而且内容复杂多样。交易者不得不借助外界的帮助来分析和处理已知信息。在这个过程中，交易者自己使用和制造了一些虚伪信息。①错误地将某些不正确信息当作特殊信息去参与交易。比如各种媒体每天都发布众多的股评家、咨询人士的文章，他们所提供的信息并不一定正确。交易者据此入市，除了使市场产生噪声外，别无所获。②交易者自己从过去的历史资料中推导出股票未来价格走势，自认为正确，并据此入市。当推导出来的结果实际上是错误时，这就等于是交易者自己给自己制造虚假信息。③错误的理论指导，导致选择错误的证券投资组合。金融市场上各种理论层出不穷，不同理论之间对同一经济现象又有不同的解释，有时甚至是完全对立的解释。当交易者选择的是错误的理论作为指导时，其交易就成为噪声交易。

(3)对风险的不同偏好也是产生噪声的原因。依据前景理论，对于某一时刻的投资者通常可将其划分成两大类:风险喜好者和风险厌恶者。某一时刻风险厌恶的投资者认为自己处于损失状态，参与交易时不愿意承担更多的风险，因而他比较注意分析影响金融资产价格的基本因素，如年盈利率、每股净利润等指标。他的投资目的主要是为了获取比较稳定的利息收入。而某些认为自己处于盈利状态的投资者喜好风险，他看重的是金融资产的未来发展前景，投资目的是为了获取金融资产未来在价格上的上涨而带来的收益。未来价格的发展具有不确定性，建立在这种不确定性基础之上的交易结果很容易引起噪声。由于偏好不同，获取的信息也不同，投资者选择了错误信息进行交易就产生了噪声。

中国股票市场中的许多个人投资者的投资表现符合噪声交易者的行为特性。众所周知，中国有着世界上数量最多的股票投资者，2009 年底，中国 A、B 股市场开户数达到 17149.67 万户，其中个人投资者占 99.65%。个人投资者中绝大部分并不具备投资专业知识，行为表现相当不成熟，热衷于打探消息，但又没有渠道获得内幕消息，本身的预测和分析能力有限，他们的投资决定很大程度上受各种“消息”影响。个人投资者尽管希望能够及时掌握市场的相关信息，但由于实力弱小，一般只能从市场价格的变动中进行信息的判断，而由此得到的信息相当大一部分是噪声，其交易行为具有很大的盲目性。也就是说，在中国股票市场这样一个非完全竞争状态的市场，存在相当程度的噪声交易。由于噪声交易者的大量存在，引起信息资源的不合理配置与价格的明显偏离，从而使市场的有效性下降。进行短期投机的知情交易者利用噪声交易者的正反馈行为特性从中获利，助长了内幕交易，并使价格波动更加剧烈，在一定时期内出现泡沫。

5.2 资产定价模型的发展与演变

行为金融学从质疑理性假设入手，认为金融投资过程首先是一个心理过程，如认知和情绪等；这些心理过程决定了投资者的行为选择，如过度自信、损失厌恶及羊群效应等；投资者的行为特征则导致了投资决策的制定；而由心理和行为所导致的投资决策偏差进一步引致了资产定价偏差。总的说来，不同的资产定价模型反映了研究者从不同的维度或角度来解释的资产价格变化规律。虽然各种资产定价模型都难以避免价格偏差现象的出现，但可喜的是，我们发现随着资产定价模型的演进，原有定价模型认为是异常偏差的现象，在新的资产定价模型中便不再被认为是异常了。比如“规模效应”、“B/M 效应”对 CAPM 模型来讲是异常，但对三因素模型却能得到很好的解释。资产定价模型本身的发展将价格偏差现象“统一到一个不需要分裂来看的新世界里”（宋军等，2008）。

5.2.1 传统资本资产定价模型的发展与缺陷

资本资产定价模型（capital asset pricing model，CAPM）是传统主流金融理论核心之一，也是投资学中的主要定价工具。Sharpe 等认为单个证券所承担非系统风险与系统风险，前者可以通过分散化投资消除，所以承担非系统风险不应获得风险补偿收益，后者无法通过分散化投资策略消除，因此，CAPM 认为证券的风险溢价由 β 系数及市场组合的收益分布决定。CAPM 的理论基础是投资者理性，每个人都拥有完全相同的信息，能够按照效用（或者说收益）最大化原则对未来进行无偏的估计和预测。这种方法采用“代表性投资者”来平均化具有不同特征的市场参与者，认为每个投资者都独立地作出选择，不考虑他们之间的区别及其相互作用。

正是由于 CAPM 建立在对经济和投资者偏好的严格假设之上，这使得模型所描述的资产价格现象与现实不符。在此后的近 40 年中，大量学者尝试对资产定价模型进行了改进研究，使得资产定价理论获得了巨大的发展。这些改进研究主要可以归纳为两个方面：(1)保留 CAPM 所采用的静态分析框架，通过修正 CAPM 的无摩擦市场假设来研究资产定价问题。如 Black(1972)考虑了受限制的无风险借贷并建立了零 βCAPM，Mayers(1972)提出了存在不可市销(nonmarketable)资产的 CAPM。(2)采用 Merton(1973)、Lucas(1979)提出的动态分析框架和 Breeden(1978)提出的基于消费的资产定价(consumption based asset pricing)思想来研究资产定价问题。其中最引人注目的是通过修改投资者的效用函数来建立新的资产定价模型，如 Bakshi(1996)基于财富偏好(preference for wealth)的资产定价模型，Sundaresan(1989)、Constantinides(1990)和 Haug(2001)以及 Li(2001)研究了习惯形成的资产定价模型，徐绪松等(2004)基于财富偏好和习惯形成的资产定价模型，Weil(1989)、Duffie(1996)采用递归效用函数(recursive utility function)和随机微分效用(stochastic differential utility)的资产定价模型，Constantinides 和 Duffie(1996)考虑异类偏好(heterogeneous preference)的资产定价模型，Barberis、Huang 和 Santos(2001)考虑损失厌恶的资产定价模型等。

下面只简单梳理 CAPM 的动态分析框架与基于消费的资产定价模型(consumption based asset pricing model)。

CAPM 实质为无风险资产与无限卖空资产组合的定价理论，该理论既考虑了资本市场上单个投资者的投资选择，又考虑无数投资者求和对整个资本市场均衡价格的影响。为了推导 CAPM，首先界定了资本市场线(capital market line，CML)

$$E(R_p)=R_f+\frac{E(R_M-R_f)}{\sigma(R_M)}\sigma(R_p) \tag{5-1}$$

其中 $\frac{E(R_M-R_f)}{\sigma(R_M)}$ 是整个资本市场系统风险的价格。

方程式(5-1)衡量了资本市场在均衡时有效投资组合中预期收益率与系统性风险之间的内在关系。因为由单个证券组成的证券组合是非有效的，故单个风险证券总是在资本市场线以下。任何证券或者证券组合 i 和有效证券组合(市场达到均衡时，证券市场组合 M 为有效证券组合)之间满足如下关系

$$E(R_i)=R_f+\beta_i[E(R_M)-R_f] \tag{5-2}$$

其中，$\beta_i=\frac{Cov(R_i,R_M)}{\sigma^2(R_M)}$ 用于衡量证券资产 i 的收益率对证券市场组合 M 收益率变动的敏感性。这就是分别由 Sharpe(1964)、Lintner(1965)和 Mossin(1965)独立提出的经典资产定价模型。CAPM 认为理性预期和风险厌恶的投

资者会沿资本市场线进行最优行为选择，资本市场线即为股票市场的均衡路径。

CAPM 的构建引发了微观金融学的大发展，而且由于 CAPM 完美、严谨、合乎逻辑的推理及易于理解的表达形式，使得 CAPM 在金融、财务、投资等各个领域得到了广泛的应用。作为风险度量的因子 β_i 较好反映了市场的系统风险，而且数据容易收集为计量的实证检验提供了基础。尽管 CAPM 有着很好的特质，但是该模型的基本假设脱离了现实，从而限制了其应用范围：CAPM 没有考虑时间因素，是单期模型，属于静态模型，然而现实的投资者却面对一个动态的投资环境，在自己每个投资结束后，投资组合必须在风险与收益中重新权衡。这种权衡势必影响投资组合的未来预期收益与风险，从而影响市场均衡价格。

Merton(1973)假定时间不是离散的而是连续的，发展了跨期资本资产定价模型，即 ICAPM(intertemporal CAPM)。该模型一个很好特质就是把概率与最优思想包含了进来，从而被认为是微观金融学在投资组合资产定价及金融衍生定价的最重要突破。Merton 指出，在连续时间的动态环境中，风险资产组合应该包含了不利于投资机会集的不利冲击需求与静态投资资产组合定价最优化中的均值一方差因素。而不利于投资机会集的不利冲击需求随时间而变动，并且投资者会主动规避这一不利因素。若这种不利因素发生了，而证券收益又非常高，理性投资组合应该进行套期保值，该套期保值提高了证券的均衡价格，所以要推出 ICAPM 必须在定价模型中反映为规避不利因素而产生的套期保值需求。ICAPM 相比 CAPM 来说，理性投资者在投资组合整个时间跨度内最大化了其效用函数，并考虑了投资者的最优消费水平以及剩余投资在资产中最优比例，引入效用函数

$$J^k(W^k,t,X)=\max_{C^k(t)\{w_i^k(t)\}_{i=1}^{n+1}} E\left[\int_0^T U(C^k(\tau))e^{-\rho^k\tau}d\tau+U^k(W^k(T))e^{-\rho^k t}\,\middle|\,\Omega_0\right] \tag{5—3}$$

从方程(5—3)可以看出，要求解其最优的一阶条件，必须借助随机微分与高等数学的知识。从求解最优条件来看，显示了当期消费边际效用与推迟消费边际效用等值；投资者对每一资产投资需求由均值一方差最大化的有效投资需求和投资消费的不利变动向量对套期保值需求两部分构成。基于以上思想，Merton 构造了类似于 Tobin 分离定理的“$(m+2)$资产组合定理”，即风险资产、无风险资产与某一状态变量负相关最高的资产构成了 m 个资产最优组合。并且在资本市场中对无数投资者的投资需求进行求和，从而开发出 ICAPM，即

$$\mu_i - r = \beta_i^M(\mu_M - r) + \sum_{j=1}^{m}\beta_j(\mu_j - r) \tag{5—4}$$

方程(5—4)显示无论是状态变量非系统风险还是状态变量系统风险都得到了补偿，这样将 CAPM 延伸到一个动态时间序列中，从而产生了 ICAPM。但 ICAPM 与这种直觉“若一项资产对财富的边际贡献越大，其价值就越大”相矛盾，所以 Breeden 利用财富与消费的二分法克服了 ICAPM 的缺陷。Breeden 认为，在跨期环境下，资本市场上投资者偏好必须由消费效用函数来界定。通常，当某种状态增加投资带来的价值很高时，该状态的消费低，而当增加投资带来的价值很低时，最佳的选择是高消费。当投资机会不确定时，这对财富而言不是经常正确的。这也就说，投资组合是由投资组合对未来消费的边际贡献而不是财富的边际贡献来定价的，从而产生了 CCAPM(consumption based asset pricing model)，即

$$\mu_i - r = \beta_{iC}(\mu_M - r) \tag{5—5}$$

其中 $\beta_{iC} = \sigma_{iC}/\sigma_C^2$ 为消费 β 系数，用于衡量资产收益率变动相对于总消费变动的敏感度。方程(5—5)的优点在于将投资消费不确定性选择进行了引入，并且融入了 ICAPM 与 CAPM 的特征。

5.2.2 行为资产定价模型

传统 CAPM 及其各种改进形式都仅限于假设投资者的理性趋利特性，但事实证明，价值感受特性和理性趋利特性一样，应当成为决定预期收益的参数。Shefrin 和 Statman(1995)关于《财富》杂志每年都对职业经理人和投资分析家最钦佩的公司所做的调查中发现，回答者明显偏爱其钦佩的公司的股票，而且这种偏爱已经明显地超越了预期理性的解释能力。在股票市场上，人们对成长股的追捧同样超越了理性。Miller 就注意到投资者的过度自信、框架依赖、锚定心理、羊群效应等对资本市场上资产价格的影响，并指出在这种情况下资本市场上股票价格会被高估，这种反映投资者乐观情绪的模型可能把悲观者排斥出资本市场，从而反馈到资产的市场价格中。De Long 等(1990a)的论文“Noise trader risk in financial markets”奠定了噪声交易理论的基本模型框架，同时开创性地指出噪声交易也是证券市场的一种风险来源，由此开始形成了一种新的研究交易者行为和金融市场运行方式的理论方法——噪声交易法。

De Long 等(1990b)更进一步指出，当大量的噪声交易者采用正反馈投资策略时，掌握市场内部消息的机构投资者不会为稳定市场逆潮流而动，而会理性地选择顺势搭车，理性套利者只会使市场价格变得更不稳定。于是 Shefrin

和 Statman(1994)提出了行为资产定价模型(behavioral asset pricing model, BAPM)。将信息交易者和噪声交易者以及两者在市场上的交互作用同时纳入资产定价框架是 BAPM 的一大创举。信息交易者是 CAPM 下的理性投资者，从不犯认知偏差错误，利用贝叶斯法则对收益作出估计，他们通过套利使资产价格趋于理性价值。而噪声交易者会犯认知偏差错误，不遵守贝叶斯法则，而且个体之间具有显著的异方差性。市场上两类交易者互相影响，共同决定资产价格，当前者是代表信息交易者时，市场表现为有效率，当后者是代表噪声交易者时，市场表现为无效率。

Shefrin 和 Statman 称推动市场组合收益分布变动的最小必要信息量为传统主流金融理论有效市场的唯一驱动因素。噪声交易者的引入给市场带来第二个驱动因素，并导致价格偏离有效水平。噪声交易者对均值一方差有效前沿的扭曲，使各种证券产生出异常收益，导致市场 β 与异常收益之间的关系(Chopra, Lakonishik 和 Ritter, 1992)，噪声交易者的存在还加剧了市场组合风险溢价以及长期利率的易变性(Brown 和 Schaefer, 1994)，并产生了收益曲线斜率与市场组合风险溢价之间的联系(Ferson 和 Harvey, 1991)，还加剧了期权定价的主观波动性和其客观等价物之间的差距(Canina 和 Figlewski, 1993)。

(1)行为资产定价模型

假设金融市场上有 H 个交易者，交易时间不连续，每一时期依次记为 $t=0,1,2,\cdots,T$；在一期期初，新信息 s 被发布，s 被称为状态，属于有限集合 $S=\{S_i\}$ 。$S^t \in S$ 表示在第 t 期所发布信息的状态，则在第 t 期期初公共信息可由 $x_t=(S^0,S^1,\cdots,S^t)$ 连续表示；假设 S_i 出现在第 t 期，S_j 出现在第 t+1 期，则由 S_i 向 S_j 的转换遵循不可约的 Markov 链。转移矩阵为 $\Pi=\{\Pi_{ij}\}$ 。

在第 0 期，交易者 h 持有的初始资产组合 ω_h 。若交易者 h 持有 ω_h 至 t 期，则经过 t 个时期，他可获得红利 $\omega_h(x_t)$ 。$\omega=\sum_h \omega_h$ 表示整个市场的资产组合。第 $t+1$ 期的 Markov 状态 s 决定了红利增长率 $\omega_h(x_{t+1})/\omega_h(x_t)$ 。对于每一个状态 s，根据不同转移分布 $Prob(\omega_h(x_{t+1})/\omega_h(x_t)|S)$ ，将集合 S 分为 $S_\omega(S)$ 个子集 $\{S_\omega\}$ 。S_ω 叫作以 s 为条件的对于红利增长率的“充分统计量”。

向量 $Z=[Z(x_t)]$ 表示某种金融证券，$Z(x_t)$ 表示在 x_t 状态下 1 单位此种证券为其持有者所带来的回报。假设市场提供的多种证券足以形成完整的市场，因此存在决定证券价格的原始状态。令 $r(x_t)$ 表示 x_t 状态下证券可能的价格，并且 $r=[r(x_t)]$ 。取 x_0 作为计价标准，即 $r(x_0)=1$。在第 0 期市场上，证券 $Z=[Z(x_t)]$ 的价格 $q_z(x_0)$ 为 rg$Z$。在 x_t 状态的市场上，Z 的价格

$q_z(x_t)$ 等于从第 t 期开始的 Z 的报酬的 r 值除以 $r(x_t)$。

为了解噪声交易者对于某组特定证券的影响，假设这些证券在每一时期 t 都是可用于交易的。这组证券包括：a. 零息无风险债券，这些债券决定了利率的期限结构；b. 市场组合，由 ρ^* 表示；c. 对于市场组合的买入和卖出期权，具有执行价格 K，在 t+j 期到期。

在第 t 期期初，交易者的财富由其在 x_{t-1} 状态下的投资组合及在 x_t 状态下所获得的红利组成。交易者将这一财富分为在第 t 期消费和储蓄两部分。储蓄的部分投资于证券，组成投资者在 x_t 状态下的投资组合。令 $z_h(x_t)$ 表示交易者 h 对于 x_t 状态下商品的净交易，则消费向量 $c_h=c_h(x_t)$ 由 $c_h=w_h+z_h$ 给定。

交易者 h 的主观判断用过程 $\{x_t\}$ 中的概率分布 P_h 表示。因此，交易者 h 的跨期效用函数由下式表示

$$U_h(x_t)=\sum_{t=1}^{T}\gamma_h^{t-1}\ln[c_h(x_t)] \quad (5-6)$$

其中 $\gamma_h<1$ 是交易者 h 的时间折现因子。取对数是因为本模型假定所有交易者具有折现率为正的对数效用。定义 $a_h(t)=\gamma_h^{t-1}[1+\gamma_h+\gamma_h^2+\cdots+\gamma_h^{T-1}]^{-1}P_h(x_t)$。

在生命预算约束 $r\cdot z_h\leqslant 0$ 下，通过最大化 EU_h 可得需求函数 $c_h(x_t)=a_h(x_t)W_h/r(x_t)$。其中 W_h 是交易者 h 的市场财富 $r\cdot w_h$，而均衡状态下的初始 r 值由条件 $\sum_h z_h(r)=0$ 来决定。

BAPM 通过分析噪声交易者对代表性交易者的信念的影响来讨论噪声交易者在市场中的作用。所谓"代表性交易者"是由概率 $\{\Gamma(x_t)\}$ 和折现因子 $\{\gamma_h^t\}$ 决定的，令 w_h 表示交易者 h 的相对财富份额 $W_h/\sum_{j=1}^{H}W_j$，于是概率 $\Gamma(x_t)$ 就是交易者概率 $\sum_h\delta_h P_h(x_t)$ 的凸性组合，其中 $\delta_h=w_h\gamma_h^t/\sum_j w_j\gamma_j^t$。于是直接可以得到下式：$r(x_t)=\gamma_h^t\Gamma(x_t)w(x_0)/w(x_t)$，即价格可以看作是由代表性交易者的概率信念和折现因子确定的。

Shefrin 和 Statman(1994)进一步用 BAPM 对收益异常现象进行了分析。设 ρ^* 为有效价格条件下均值一方差有效前沿上的投资收益率，它是市场组合收益 ρ_w 的函数，并称 ρ^* 为市场因子。设 $\beta^*(Z)$ 为证券 Z 的 β 系数，它是相对于 ρ^* 来衡量的，则证券 Z 的期望收益为

$$E^*=E_{\Pi}\rho(Z)-1=i_1+\beta^*(Z)(E_{\Pi}\rho^*-1-i_1)+A(Z) \quad (5-7)$$

其中 $A(Z)$ 代表该种证券的异常收益，$E_{\Pi}\rho(Z)$ 代表按客观概率对证券 Z 的收益取期望值。如果价格是有效的，$A(Z)$ 等于零。但如果价格是无效的，信息交易者所持有的投资组合的收益不再仅取决于市场组合的收益率，而且还取决于噪声交易者主观概率与客观概率之间的转换率 Λ_{ij} 。在市场完全由信息交易者组成的情况下，Λ_{ij} 的值为 1。在市场上同时存在噪声交易者的情况下，设 ρ_{MV} 为市场投资组合均值一方差有效前沿的收益率，$\beta(Z)$ 为此种情况下证券 Z 的均值一方差 β，即

$$\beta(Z)=Cov(\rho(Z),\rho_{MV})/Var(\rho_{MV}) \tag{5-8}$$

它是证券市场上"真实"的 β，即行为 β。由图 5.1 可见，均值一方差有效的风险一收益线通过 ρ_{MV} 所在的风险一收益组合点，资本市场线通过 ρ^* 所在的风险一收益组合点。

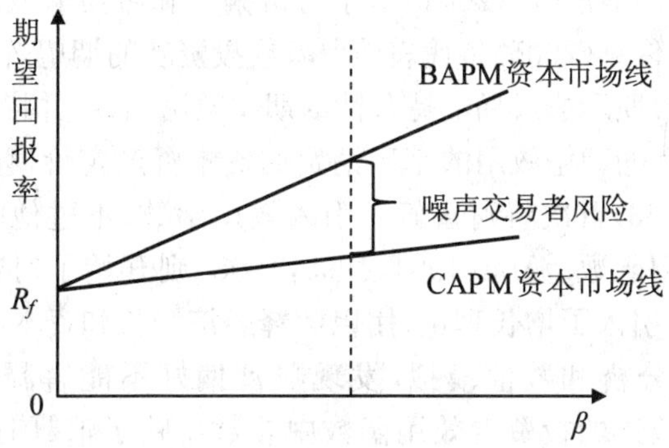

图 5.1 非有效市场的真实 BAPM 资本市场线

另设 $\beta(\rho^*)=Cov(\rho^*,\rho_{MV})/Var(\rho_{MV})$ 来度量 ρ^* 的有效程度，由于假设 ρ^* 与 ρ_{MV} 有相同的标准差，所以 $\beta(\rho^*)\leqslant 1$；当它等于 1 时，资本市场线与均值一方差有效前沿线重合；当它等于 0 时，与有效市场因素 ρ^* 相关的风险不会被定价。

从上述定义可以看到，$\beta^*(Z)$ 用以衡量所有与有效市场因素 ρ^* 相关的风险，但此类风险并非全部都会被定价。$\beta(Z)/\beta(\rho^*)$ 衡量与证券 Z 相对于 ρ^* 有关的所有风险溢价。由此 Shefrin 和 Statman 提出行为资产定价模型的公式为

$$A(Z)=\{[\beta(Z)/\beta(\rho^*)]-\beta^*(Z)\}\cdot[E_{\Pi}(\rho^*)-1-i_1] \tag{5-9}$$

在证券市场价格有效，或证券 Z 的收益与 ρ^* 完全相关这两种情况下，该种证券的超常收益为 $A(Z)$ 为 0。这个公式通过对 β 系数的修正，描述了市场 β 与超常收益之间的线性关系：证券期望超常收益与该证券均值一方差有效前沿的 β 系数成正比，与该证券的市场 β 系数成反比。由于 $\beta(\rho^*)\leqslant 1$，在

$\beta(Z)/\beta(Z^*)$ 相同的情况下，证券市场 β 与超常收益成正比。

可见，在 BAPM 的分析框架中，证券的期望收益由其行为 β 决定，由于噪声交易者的存在，投资者的均值一方差有效组合并不等于市场组合，行为 β 是相切于均值一方差有效前沿的斜率。

(2)行为资产定价模型的经验研究

对于行为资产定价模型的研究，主要从两个方向展开：首先，将财富偏好、习惯形成、追赶时髦、损失厌恶、嫉妒等行为因素引入资本资产定价模型，构造行为资产定价模型。这些模型把对参与者的限制从单纯的预算约束扩展到效用函数本身所包含的行为约束，即投资者在选择时不仅要权衡收益一风险，而且本身要受到消费习惯、财富禀赋、对损益的态度等的影响，也即这些模型中，参与者的理性受到了限制。Haug(2001)和 Li(2001)研究了习惯形成对资产价格的影响。徐绪松和陈彦斌(2004)基于财富偏好和习惯形成研究了资产定价模型。王庆石、肖俊喜(2005)将代表消费者或投资者的期望效用函数修正或扩展为具有内生的习惯形成或局部持久性的期望效用函数，并将具有内生的习惯形成或局部持久性的期望效用的基于消费的资本资产定价模型应用于中国股票市场。Kurz(1968)首次将财富偏好引入效用函数，不过他的具体做法是将资本存量引入效用函数。Zou(1994，1995，1998)则开始了对财富偏好的现代研究，将财富偏好引入了增长理论，用以解释经济增长和资本的积累。Kuznitz(2001)通过实证分析和数值模拟，发现财富偏好不能解释股票溢价之谜。Abel(1990)在其改进的投资者效用函数中参数反映了追赶时髦的程度，基于追赶时髦的资本资产定价模型的基本思想是：在基于追赶时髦的效应函数中包含投资者自己的当前的消费水平和滞后一期的经济中的平均总消费水平，由于此期和滞后一期的消费增长率都进入资产定价方程，所以代表性投资者的追赶时髦行为会影响经济中所有资产的均衡收益率。Gali(1994)和 Gollier(2003)研究了基于嫉妒的资产定价模型，Gali 基于嫉妒的资本资产定价模型研究了嫉妒等消费外在性的因素对于消费一投资的影响。Barberis、Huang 和 Santos(BHS，2001)在前人研究基础上，将前景理论引入股票的一般均衡定价模型中，重新定义了投资者的效用函数，将投资者损失厌恶的情绪变化引入刻画投资者偏好的模型中。马永开、唐小我(2005)通过对多因素行为资产定价模型研究，从而简化行为证券组合投资选择。此类模型对此该采用哪些行为因素尚无定论，在可操作性方面也还存在问题。李潇潇等(2008)沿用 DHS 模型研究框架建立了基于投资者情绪的资产定价模型，分析了投资者情绪对资产定价的影响，并利用该模型解释证券市场中的过度反应和过度波动等异常现象，论证了投资者情绪对长期市场收益具有反向影响并且情绪交易者的存在导致短期资产价格波动变大。张松(2011)扩展了行为资产组合选择问题,解决了具有损失约束的行为资产组合选择问题、一类风险约束下的 Choquet 最小化问题以及 Inada 条件不成立情况下的行为资产组合选择问题。其次,基于投资者异质性的行为资产定价模型。Gennotte 和 Leland(1990)探讨存在接受到关于资产变现值等内幕信号的价格信息交易者和接受到总供给信号的供给信息交易者两种不同的信息交易者对股票市场价格的影响。他们认为随机总供给分为所有人都知道的、只有供给信息型交易者知道的和无人知道的三个部分。如果供给发生变动所有人都知道的,价格变动将会很小;如果供给变动只被供给信息类交易者察觉,价格的变动也是温和的,因为价格信息类交易者可以从信号部分推测出供给变动是不是由价格变化引起的;而如果无人观察到的供给发生变化,如微小的增加就可能导致价格发生崩溃。De Long 等(1990b)讨论市场存在选择行为和市场的表现均不同的理性套利者和噪声交易者的资产定价模型。Daniel 等(1998)提出了基于投资者分类(有信息的投资者与无信息的投资者)的定价模型,称为 DHS 模型。Hong 和 Stein(1999)提出了市场由两种有限理性投资者(信息挖掘者和惯性交易者)的 HS 模型。Shefrin(2008)提出了具有异质性信念的定价模型,设定市场中有两个代表性投资者,且他们对未来事件判断具有不同的信念,体现出异质性。朱宝军等(2005)采用 De Long 等(1990)的 OLG 模型和异质投资者(Kupiec 和 Sharpe,1991) 的研究框架,从投资者的资金成本差异和信息不对称的角度出发,探讨了不确定状态下异质投资者(资金充裕者和资金短缺者)对资产价格的影响。李腊生等(2009)认为在由不同预期形式投资者组成的混合预期市场中,证券市场价格由静态预期、外推预期和适应性预期三类非一致性预期形式的投资者和理性投资者的理性预期共同决定,推导出了混合预期市场中股票市场价格决定模型。方勇(2010)基于噪声交易模型的框架构建了一个包含理性套利者、信息挖掘者和动量交易者这三类异质投资者在内的噪声交易理论分析模型,在模型中引入了一系列与投资者行为特征相对应的重要行为参数,然后推导出由这三类异质投资者共同决定的风险资产均衡价格,最后通过灵敏度分析来综合讨论这三类异质投资者的一些重要行为参数对均衡价格的影响。李铁群(2010)放松传统资本资产定价模型中基于严格同质预期的理论假设,投资者具有过度自信的异质信念,进而构建行为资本资产定价模型。

5.3 基于行为选择的资产定价模型

5.3.1 基于投资者异质的行为资产定价模型

传统主流金融理论始终无法合理地解释为何股票资产价格会非随机而稳定的偏离其基本价值(Blanchard,1979;Blanchard 和 Watson,1982)。行为金融学认为,所有投资者理性及市场信息完全的假设不符合实际情况。行为金融理论试图改变这一前提假定条件,用投资者行为的相对理性来为价格偏差等问题寻找答案。心理学的试验和研究表明,通常情况下人们在做投资决策时会受到系统性的认知偏差的影响,他们根本不可能像贝叶斯理性交易者那样准确地确定股票的预期价值,精确地使用信息去实现股票市场的博弈均衡。如果将贝叶斯理性交易者之外的交易者都称为噪声交易者的话,那么根据心理学的研究成果,噪声交易者就是数量庞大的、有着相似行为方式的普通投资者。当噪声交易者产生集体的相似行为时,它必然对证券的市场价格产生影响,噪声交易模型(DSSW)就是试图揭示其中的交易机理和相应的价格形成机制的理论。

Stigliz(1980)认为,如果将竞争均衡定义为价格达到能够消除所有套利机会的水平,那么竞争性的市场将不可能总是处于均衡状态。因为存在套利成本的套利者不可能获取套利收益,而只有拥有信息的投资者,基于拥有信息的投资选择,才能够获取套利的收益。所以,价格总是可以充分反映所有信息的观点是不能成立的。De Long 等提出的 DSSW 模型中,将噪声交易分为两个方面:噪声交易者之间的交易、理性交易者利用噪声交易者的错误认识进行的套利活动。DSSW 模型认为,均衡价格是由于受到噪声交易的影响而偏离基础价值,价格偏离又在“自我实现”的信念下得到进一步放大,在噪声交易者的推动下噪声交易会催生出噪声价格。

考虑一个两期的纯粹交换经济的迭代模型,该模型是指在每一时期,经济中都会产生新一代的交易者,而所有交易者都只存在两期。交易者被分为两类,一类是理性交易者 a ,其比例为 $1-\mu$,另一类则是噪声交易者 n ,其比例为 μ 。同类的交易者都是无差别的。假设经济中有两种支付相同收益的资产,一是无风险资产 s ,如无风险债券,每期支付固定的利息收益 r ,其价格有完全的弹性,价格设定为 1;另一是有风险资产 u ,如股票,它同 s 一样也支付固定的收益 r ,不同的是 u 的价格并非是完全弹性的,供给量标准化为 1。在时期 t ,股票 u 的价格为 P_t 。

如果两类交易者事前关于 u 在时期 $t+1$ 的价格分布的期望给定，则他们在时期 t 所做的就是根据各自的信息，按照预期效用最大化的原则选择证券组合。理性交易者按照其已知的 u 的收益分布优化他的预期效用函数；而噪声交易者对股票预期价格的错误估价是独立同分布的 $(i \cdot i \cdot d)$，且

$$\rho_t \sim N(\rho^*, \sigma_p^2) \tag{5-10}$$

(5－10)式中的 ρ^* 即预期价格的错误估价均值，它可以用于衡量噪声交易者的平均"看涨人气"或"看跌人气"，σ_p^2 即噪声交易者对每单位风险资产预期价格的错误估价的方差，可用于衡量噪声交易者额外的风险或非理性风险。

假定所有交易者的效用以其年老时的效用函数来表示，并且还假定交易者的消费偏好不变，他们在年轻时决定 u 和 s 的组合比例，年老时将其所持有的风险资产 u 以价格 P_{t+1} 卖给下一代，并消费掉所有的财富。假设效用函数为

$$U = -e^{-(2\gamma)w} \tag{5-11}$$

其中，U 为交易者的效用，γ 是交易者的绝对风险厌恶系数，w 为交易者年老时的财富水平。

再假定持有每单位风险资产的收益是正态分布，(5－11)式预期值最大化时对风险资产的需求与设想的预期收益成正比，与设想的预期收益的方差成反比。理性套利者拥有的风险资产 u 的数量为 $\lambda_a{}^t$，噪声交易者拥有的风险资产为 $\lambda_n{}^t$，在 t 期时，理性套利者预期 u 在 $t+1$ 期的价格为 ${}_tP_{t+1}$，则

$${}_t\sigma^2_{p_{t+1}} = E_t\{[P_{t+1} - E_t(P_{t+1})]^2\} \tag{5-12}$$

风险资产的购买数量 $\lambda_n{}^t$ 和 $\lambda_a{}^t$ 是它当前价格 P_t、预期价格及方差和噪声交易者的错误估价 ρ_t 的函数。具体的需求量为

$$\lambda_a{}^t = \frac{r + {}_tP_{t+1} - (1+r)P_t}{2\gamma_{t\,t}\sigma^2_{p_{t+1}}} \tag{5-13}$$

$$\lambda_n{}^t = \frac{r + {}_tP_{t+1} - (1+r)P_t}{2\gamma_{t\,t}\sigma^2_{p_{t+1}}} + \frac{\rho_t}{2\gamma_{t\,t}\sigma^2_{p_{t+1}}} \tag{5-14}$$

从(5－13)式和(5－14)式可以看出，交易者对风险资产的需求预期的超额收益成正比，与预期收益的方差成反比。噪声交易者与理性交易者相比，其需求中多了一个包含错误估价的部分 $\dfrac{\rho_t}{2\gamma_{t\,t}\sigma^2_{p_{t+1}}}$，当他们对预期收益非常看好或 $\rho_t > 0$ 时，他们对风险资产的需求大于理性交易者；当他们对预期收益看坏或 $\rho_t < 0$ 时，他们对风险资产的需求就比理性交易者小。

将(5－13)式和(5－14)式的需求进行加权得到总需求 λ 为

$$\lambda = (1-\mu)\lambda_a{}^t + \mu\lambda_n{}^t \tag{5-15}$$

再将(5－13)式和(5－14)式代入(5－15)式，得

$$\lambda=\frac{r+{}_tP_{t+1}-(1+r)P_t}{2\gamma_t\,{}_t\sigma^2_{p_{t+1}}}+\frac{\mu\rho_t}{2\gamma_t\,{}_t\sigma^2_{p_{t+1}}} \tag{5－16}$$

这样(5－16)式即为风险资产市场的需求量，令 $\lambda=1$(即需求等于供给)，则

$$P_t=\frac{1}{1+r}(r+{}_tP_{t+1}-2\gamma_t\,{}_t\sigma^2_{p_{t+1}}+\mu\rho_t) \tag{5－17}$$

(5－17)式表明，风险资产在第 t 期的价格是噪声交易者在该期的错误估价 ρ_t、模型的技术系数 r(资产的固定收益)、行为系数 γ_t(风险厌恶系数)、噪声交易者群体的大小 μ 以及预期价格 ${}_tP_{t+1}$ 和 ${}_t\sigma^2_{p_{t+1}}$ 的函数。虽然(5－17)式所决定的价格也是一均衡价格，但是这一均衡价格明显受到交易者预期的影响，如果交易者预期不稳定，则由(5－17)式决定的市场价格也不稳定。若假定交易者每一期的预期形成方式不变，且 P_t 与 ${}_tP_{t+1}$ 有相同的分布，这样就可以依递归解法消掉(5－17)式中的 ${}_tP_{t+1}$，得

$$P_t=1+\frac{\mu(\rho_t-\rho^*)}{1+r}+\frac{\mu\rho^*}{r}-\frac{2\gamma}{r}{}_t\sigma^2_{p_{t+1}} \tag{5－18}$$

因为 $E(\rho_t)=\rho^*$，所以对(5－18)式求期望得

$$E(P_t)=1+\frac{\mu\rho^*}{r}-\frac{2\gamma}{r}{}_t\sigma^2_{p_{t+1}} \tag{5－19}$$

同时 P_t 的方差为

$$\sigma^2_{p_t}=E\{[P_t-E(P_t)]^2\}=E\left\{\left[\frac{\mu(\rho_t-\rho^*)}{(1+r)}\right]^2\right\}$$

$$=\frac{\mu^2}{(1+r)^2}E[(\rho_t-\rho^*)^2]=\frac{\mu^2}{(1+r)^2}\sigma^2_\rho \tag{5－20}$$

又因为前面假定了 P_t 与 ${}_tP_{t+1}$ 有相同的分布，故有 $\sigma^2_{p_t}={}_t\sigma^2_{p_{t+1}}$，因此

$${}_t\sigma^2_{p_{t+1}}=\frac{\mu^2}{(1+r)^2}\sigma^2_\rho \tag{5－21}$$

将(5－21)式代入(5－18)式得

$$P_t=1+\frac{\mu(\rho_t-\rho^*)}{1+r}+\frac{\mu\rho^*}{r}-\frac{2\gamma\mu^2}{r(1+r)^2}\sigma^2_\rho \tag{5－22}$$

从(5－22)式可以看出，等式右边的后三项都与噪声交易者的特征有关，它表示噪声交易者对风险资产 u 的价格的影响。当 $\rho_t=0$ 时，有 $E(\rho_t)=\rho^*=0$，$\sigma^2_\rho=E[(\rho_t-\rho^*)^2]=0$，则有 $P_t=1$，此时均衡价格就是它的基本价值 1。当然，这时市场中只存在理性交易者，表明内在价值理论和理性假设下的 EMH

理论是(5—22)式的特例。

(5—22)式右边的第二项$\frac{\mu(\rho_t-\rho^*)}{1+r}$表示的是由于噪声交易者错误估价改变而引起的风险资产u的价格波动。尽管大部分投资者都知道资产u的基本价值没有不确定性，但它的价格还是会随着噪声交易者想法的改变而大幅波动。如果一代人中噪声交易者看好后市的人占优势，他们将推动u的价格上升；而当看淡后市的人占优势时，u的价格就会下跌；如果他们的看法是一致的，此时$\rho_t=\rho^*$，由噪声交易者看法随机引起的价格波动消失，含有噪声交易者的稳定均衡得以实现。(5—22)式右边的第三项$\frac{\mu\rho^*}{r}$则表示，当噪声交易者错误估价的均值不为零时，P_t对基本价值的偏离程度，它主要取决于噪声交易者人数所占的比重和他们错误估价的期望值(对所有的交易者来说，r是已知的)。在市场交易者中，噪声交易者所占的比重越大，P_t对基本价值的偏离程度就越大(至于朝哪个方向偏离则取决于噪声交易者是看涨还是看跌)；噪声交易者所占的比例越小，P_t对基本价值的偏离也将越小。另外，P_t对基本价值的偏离还明显受到噪声交易者整体错误估价的影响，确切地说，是受噪声交易者错误估价一致性的影响，噪声交易者错误估价越一致，P_t的偏离程度就越大，反之就越小。

(5—22)式右边的最后一项是噪声交易模型的核心，它表明，除非对由噪声交易者看淡未来而引起的风险资产价格下跌所形成的风险得到补偿，否则理性的交易者将不会持有风险资产。在第t期，即使噪声交易者和理性套利者都知道资产u的价格已经出现了偏差，但因为谁都无法确切知道P_{t+1}，无论是理性投资者还是噪声交易者，谁都不愿在这时持有更多的头寸。结果就使在边际水平上，增加这种每个人都相信定价有偏差的资产的持仓量所带来的收益被额外承担的价格风险正好抵消。这样一来，噪声交易者就为自己的操作创造了空间，理性套利行为有时就未必能击败非理性行为。

噪声交易模型(5—22)式虽然给出了风险资产的均衡价格，但仔细观察均衡解各部分的具体内容却不难发现，(5—22)式所表示的均衡关系是一种短期均衡，均衡价格明显与噪声交易者在第t期实际的错误估价有关，而ρ_t作为一随机变量，它的取值是不确定的，因此，当我们试图验证(5—22)式时，(5—22)式右边的第二项就带有难以克服的障碍。尤其是当不同时期ρ_t不稳定时，(5—22)式就无法给出风险资产一个明确的价值估值。为了获得一个稳定的均衡解，在含有噪声交易者的模型(5—22)式中，只要我们接受$\rho_t\sim N(\rho^*,$

σ_ρ^2)的假定,则我们就能将(5—22)式的时期因素消除。对(5—22)式取期望得

$$E(P_t)=1+\frac{\mu\rho^*}{r}-\frac{2\gamma\mu^2}{r(1+r)^2}\sigma_\rho^2 \tag{5—23}$$

(5—23)式就是我们所期望的稳定均衡解。该解说明:(1)风险资产的市场价值由两部分组成,一部分是内在价值或基本价值;另一部分则是由噪声交易者错误估价的收益与风险决定的,它与噪声交易者群体错误估价的系统偏差成正方向变化,与噪声交易者错误估价的风险呈反方向变动。(2)即使市场中存在噪声交易者,风险资产也存在稳定的均衡价格,这一均衡价格就是含有噪声交易者的市场价值,实际的市场交易价格将围绕着(5—23)式所给定的值上下波动。(3)如果给定了噪声交易者错误估价的分布,则含有噪声交易者的市场价值就由一系列基本系数决定,这些基本系数包括:模型的技术系数r、行为系数γ和噪声交易者所占比重μ。这三个基本系数除r与上市公司有关以外,其余两个(γ和μ)都与市场氛围有关,如果市场投机氛围越浓,意味着交易者中噪声交易者所占比例越高,投资者的绝对风险厌恶也就越低,其结果将提高稳定的均衡价格;若市场越趋于理性,μ就会越低,γ也就会相应越大,稳定的市场价格将越接近基本价值。(4)噪声交易模型价值评判的基本立足点仍是内在价值,(5—23)式只是在基本价值评判的基础上,引入噪声交易者,并认为噪声交易行为对于价格的决定会产生系统的影响作用,从而修正了EMH理论。

与EMH理论一样,噪声交易模型在风险资产的价值判断上也是基于市场价值的,不同的是,EMH理论只考虑纯粹理论交易行为对市场价格的决定作用,而噪声交易模型对投资者特征进行了更为精细的划分,并同时考虑了理性交易者与噪声交易者对风险资产价格形成的影响。噪声交易模型的这种处理方式表明它承认风险资产价值判断的多样性(注意这种多样性与EMH的多样性的区别,噪声交易模型的多样性与交易者的风险偏好无关,它取决于交易者对环境的心理变化特征不同,而EMH多样性则完全是由投资者的风险偏好不同所导致的),这种多样性不仅对于解释现实市场中的“异象”具有积极的作用,而且它还包含有心理学的理论与实验依据。但是,在风险资产的价值判断上,噪声交易模型与EMH理论一样,也存在明显的缺陷。由于噪声交易模型将主要的注意力集中到市场交易者的行为上,相应地忽略了与风险资产所对应的实物价值或实体价值的判断与衡量,就风险资产为股票来说,它忽略了对上市公司本身价值的研究。显然,只有上市公司本身的价值才是形成稳定均衡解的基础,然而,在这一点上,噪声交易模型却没有具体的体现。相反,噪声交易模型却又以基本价值作为它价值衡量的基本立足点,如果按它所表现出的内在逻辑

分析，则 $E(P_t)$ 中就要回归到 1 上，若果真如此，则必须有

$$\rho^* = \frac{2\gamma\mu}{(1+r)^2}\sigma_\rho^2 \quad (5-24)$$

若假定噪声交易者的行为特征不变，则(5－24)式中唯一可变的就是噪声交易者所占的比重 μ，只有当 $\mu=\rho^*(1+r)^2/2\gamma\sigma_p^2$ 时，市场价格才能回复到与基本价值一致的状态，否则，市场价值将持续偏离基本价值。

以上的分析表明，现实的金融市场交易中，投资者的预期形成往往与其情绪密切相关，而投资者的情绪又存在一种所谓的"自我强化"机制，这使得噪声交易可能对市场价格产生系统性影响，从而产生噪声交易风险。

5.3.2 基于混合预期的行为资产定价模型

噪声交易模型遵循了经济学均衡分析的研究方法，它以效用函数为出发点，在假设噪声交易带来系统性偏差的前提下，采用目标变量最大化的原则求出需求函数，然后利用供求一致的法则来推演市场价格的决定。行为金融理论认为投资者存在系统性的认知偏差，噪声交易充斥市场，且噪声交易者人数众多，那么噪声交易者的预期形成方式也不尽相同。"中国投资者动机和与预期调查数据分析"课题组(2002)研究成果认为，投资者的动机与预期是投资者对于投资决策的一种参与，把投资者动机与预期所包含的对于投资决策的参与态度和感受定义为参与指数。不同的参与指数形成不同的投资者群体，而不同投资者群体互动，决定着投资者决策最终发生实际作用的投资秩序的生成和演化，不确定性正是刻画了投资秩序生成与演变的主观性和非设计性。假设噪声交易者按静态预期、外推预期和适应性预期三种方式形成不同投资者群体，故股票市场价格由静态预期、外推预期和适应性预期三类非一致性预期形式的投资者和理性投资者的不同预期共同决定(李腊生等，2009)，即

$$P_t = n_1 P_{1t}^* + n_2 P_{2t}^* + n_3 P_{3t-1}^* + (1-n_1-n_2-n_3)P_{4t}^* \quad (5-25)$$

其中，n_1、n_2、n_3 分别为静态预期、外推预期、适应性预期投资者占投资者人数的比重；P_{1t}^*、P_{2t}^*、P_{3t-1}^*、P_{4t}^* 分别为静态预期、外推预期、适应性预期和理性预期投资者第 t 期的预期。

将四类投资者的预期方程代入(5－25)式，设理性预期投资者的预期具有一致性，且上市公司的内在价值不存在不确定性，即 $P_{4t}^* = V_t$；适应性预期者前期的预期价格表示成 $P_{3t-1}^* = P_{t-1} + \Delta P_{3t-1}^*$，有

$$P_t = V_t + n_2\delta\Delta P_{t-1} - (n_1+n_2+n_3)\Delta V_t - (n_1+n_2+n_2)(V_{t-1}-P_{t-1}) + n_3(1-\eta)\Delta P_{3t-1}^* \quad (5-26)$$

(5—26)式表明，在市场投资者构成一定的情况下，证券市场价格对其价值的偏离是由价格趋势、内在价值增值、前期市价偏差以及适应性预期投资者的错误共同决定的。也就是说，市场运行自身的规律、公司基本面的内在变化、市场初始的定价偏离和适应性投资者预期错误的任何变化都会使市场价格与内在价值产生偏离，偏离的方向与程度取决于投资者的类型分布以及上述因素变动的程度。

基于混合预期形成方式的噪声交易模型直接采用统计预测分析方法，以投资者预期与行为的一致性原则为前提，直接利用投资者预期分布特征综合确定证券市场价格的决定。在充分考虑投资主体的多样性特征和证券市场有限理性假定下，将证券市场价格表示成以基本价值为基准的形式，即

$$\theta_t = 1 + (n_1 + n_2 + n_3)\left(\frac{\theta_{t-1}}{1+g_t} - 1\right) + \frac{n_2\delta}{1+g_t}\left(\theta_{t-1} - \frac{\theta_{t-2}}{1+g_{t-1}}\right) + n_3(1-\eta)\frac{2\sigma}{V_{t-1}(1+g_t)} \tag{5-27}$$

(5—27)式表明，证券资产标准化后的价格的大小不仅取决于它自身的历史状态，而且还取决于投资者的分布特征、基本价值的初始值及其动态变化、适应性预期投资者预期价格的波动等因素。资产标准化后的价格对最优状态的偏离由三个部分构成：一是前一期资产标准化后的价格经当前基本价值增长率贴现后与最优状态的差距；二是前一期资产标准化后的价格与前二期资产标准化后的价格经前一期基本价值增长率贴现后之差的贴现值；三是适应预期投资者前一期对价格预期所犯的错误。

通过(5—22)式和(5—27)式可以看出，噪声交易模型与混合预期噪声交易模型所揭示的并不是股票市场真实价格的决定，而是对市场标准化后的价格的评价，行为金融学家试图通过这种评价来解释噪声交易长期存在的合理性以及由此带来的系统影响。混合预期噪声交易模型实质上就是上面所讨论的噪声交易模型，两模型所定义的标准化后的股票价格在经济内涵上是一致的。

噪声交易模型或混合预期噪声交易模型都认为投资者存在的认知偏差会导致股票错误定价，它们认为这取决于交易者对环境的心理变化特征不同导致的多样性，但是与交易者的风险偏好无关。自 Kahneman 和 Tversky(1992)提出投资者具有损失厌恶的偏好特征，即认为 EMH 理论由投资者的风险偏好不同所导致的多样性具有时变性。

5.3.3 基于损失厌恶偏好的行为资产定价模型

基于 Kahneman 和 Tversky(1979,1992)关于投资者损失厌恶偏好特征的

研究，Barberis、Huang 和 Santos(2001)提出了一种定义于消费和财富的波动之上的效用函数，其目标函数为

$$\max_{1\leqslant i\leqslant\infty} E_t\left[\sum_{t=0}^{\infty}\rho^t\frac{C_t^{1-\gamma}}{1-\gamma}+b_0\bar{C}^{-\gamma}\rho^{t+1}V(X_{t+1},S_t,z_t)\right] \tag{5-28}$$

s. t. (1) $X_{t+1}=S_tR_{t+1}-S_tR_{f,t}$

(2) $z_t\leqslant 1$ 时，

$$V(X_{t+1},S_t,z_t)=\begin{cases}S_tR_{t+1}-S_tR_{f,t}, & R_{t+1}\geqslant z_tR_{f,t}\\ S_t(z_tR_{f,t}-R_{f,t})+\lambda S_t(R_{t+1}-z_tR_{f,t}), & R_{t+1}<z_tR_{f,t}\end{cases}$$

$$z_t>1\text{ 时}, V(X_{t+1},S_t,z_t)=\begin{cases}S_tR_{t+1}-S_tR_{f,t}, & R_{t+1}\geqslant R_{f,t}\\ \lambda(z_t)(S_tR_{t+1}-S_tR_{f,t}), & R_{t+1}<R_{f,t}\end{cases}$$

其中，$\lambda(z_t)=\lambda+k(z_t-1)$。

(3) $z_{t+1}=\eta\left(z_t\dfrac{\bar{R}}{R_{t+1}}-1\right)+(1-\eta)$

此效用函数是在 Lucas(1978)的消费—财富效用函数基础上提出，其中第一项是从消费中取得的效用，参数 ρ 为时间贴现因子。$X_{t+1}>0$ 代表盈利，反之代表损失，第二项代表从金融值的波动中获得的盈利或遭受的损失中所得到的效用。同时 S_t 表示投资者在 t 时间持有的风险资产量，$z_t=Z_t/S_t$ 衡量 t 时刻之前投资者盈利或损失的状态，Z_t 表示投资者记忆的风险资产的历史交易价格的历史基准水平。这一效用函数通过将参数 S_t 和 z_t 包含进效用函数，表示投资者先前的投资表现影响其对后续损失的反应，即承受风险的意愿。

为简便起见，假定投资者只关心风险资产价值的变动，并以一年为周期对投资绩效进行评估。由先前的假定知道无风险资产从 t 期到 $t+1$ 期之间的收益率为 $R_{f,t}$；风险资产从 t 期到 $t+1$ 期之间的收益率为 R_{t+1}，且投资者在 t 时刻持有数量为 S_t 的风险资产，则投资者损益为

$$X_{t+1}=S_tR_{t+1}-S_tR_{f,t} \tag{5-29}$$

(5—29)式表示扣除了如果在 t 期持有 S_t 的无风险资产，在 $t+1$ 期所带来的机会成本。

下面考虑损失厌恶偏好下投资者效用函数的设置。当 $z_t=1$ 时，投资者前期投资是盈亏平衡时，由于“损失厌恶”现象的存在，效用函数定义为

$$V(X_{t+1},S_t,z_t)=\begin{cases}X_{t+1}, & X_{t+1}\geqslant 0\\ \lambda X_{t+1}, & X_{t+1}<0,\lambda>1\end{cases} \tag{5-30}$$

当 $z_t<1$ 时，投资者前期获得了收益，当前或未来承受可能损失的能力增强，风险厌恶程度降低。分两种情况来讨论：(1)当 $t+1$ 期的风险资产价值

S_tR_{t+1} 小于历史基准水平 Z_t 时，投资者在 t 期到 $t+1$ 期的损失 $S_tR_{t+1}-S_t$ 可以分成两个部分：第一部分是 $t+1$ 期的风险资产价值 S_tR_{t+1} 小于历史基准水平 Z_t 的部分 $S_tR_{t+1}-Z_t$，第二部分是风险资产的历史基准水平 Z_t 比 t 期的风险资产价值 S_t 小的部分 Z_t-S_t。由于投资者厌恶损失，第一部分损失将以扩大 $\lambda(\lambda>1)$ 倍的形式体现在效用函数中；由于投资者在前期的投资中获利使得其厌恶损失的程度减轻，第二部分损失将以原形式出现在效用函数中。(2) 当 $t+1$ 期的风险资产价值 S_tR_{t+1} 大于历史基准水平 Z_t 时，投资者的损失 $S_tR_{t+1}-S_t$，由于其厌恶损失的程度减轻，所以将直接以原形式出现在效用函数中，同时考虑到持有无风险资产的机会成本时 $S_tR_{f,t}$。综上所述，当 $z_t<1$ 时，效用函数形式为

$$V(X_{t+1},S_t,z_t)=\begin{cases} S_tR_{t+1}-S_tR_{f,t}, & R_{t+1}\geqslant z_tR_{f,t} \\ S_t(z_tR_{t+1}-R_{f,t})+\lambda S_t(R_{t+1}-z_tR_{f,t}), & R_{t+1}<z_tR_{f,t} \end{cases} \tag{5-31}$$

当 $z_t>1$ 时，投资者前期遭受了损失。此时投资者效用减少的幅度随着其损失的增加而加剧，效用函数可以表示为第三部分。它表明，投资者前期的损失越大，z_t 也就越大，$\lambda(z_t)$ 随之成倍增加，投资者在面对当前损失时的痛苦也相应地增幅上升。

一般来说，当投资者在 t 时刻支出股息用于消费，或改变其持股数量时，投资者持有股票的价值会发生变化。此时，Z_t 与 S_t 同比变动，z_t 不变化。另外，在 t 时刻到 $t+1$ 时刻之间，股票的收益发生变化时，投资者持有的股票的价值也会发生变化。此时，假定 Z_t 的变化滞后于 S_t 的变化，即 z_t 的变动幅度小于股票价格的变动幅度，表示为

$$z_{t+1}=z_t\frac{\bar{R}}{R_{t+1}} \tag{5-32}$$

其中，$\bar{R}$ 为固定参数，它是内生决定的。它根据在市场均衡时 z_t 的值为 1 时设定，基本等于股票市场的平均收益率水平。

(5-32)式表明，当风险资产的收益相对较高，即 $R_{t+1}>\bar{R}$ 时，z_t 将会下降；当风险资产的收益相对较低，即 $R_{t+1}<\bar{R}$ 时，z_t 将会上升。这种变动与 z_t 的滞后效应一致。

若 z_t 的滞后程度是变化的，则有

$$z_{t+1}=\eta\left(z_t\frac{\bar{R}}{R_{t+1}}-1\right)+(1-\eta) \tag{5-33}$$

当$\eta=1$时，则(5—32)式与(5—33)式相同，表示基准水平的滞后效应固定。当$\eta=0$时，则$Z_{t+1}=1$，基准水平Z_t与股票价值S_t同幅度变化。构建单因子Markov均衡，在无风险利率不变的情况下，由Markov状态变量来决定未来股票收益率的分布，假定股市市盈率为状态变量z_t的函数，有$f_t\equiv P_t/D_t=f(z_t)$，于是得到股票收益率的表达式为

$$R_{t+1}=\frac{P_{t+1}+D_{t+1}}{P_t}=\frac{1+P_{t+1}/D_{t+1}}{P_t/D_t}-\frac{D_{t+1}}{D_t}=\frac{1+f(z_{t+1})}{f(z_t)}-\frac{D_{t+1}}{D_t} \tag{5—34}$$

(5—34)式表明股票的收益率大小主要受到状态变量函数与内生增长率(红利增长)的影响。结合前面的分析可以知道，状态变量z_t衡量t时刻之前投资者盈利或损失的状态，这说明$t+1$时刻股票收益率取决于股票市场t时刻之前盈利投资者的人数与损失的投资者人数的对比。如果t时刻之前盈利投资者的人数超过了损失的投资者人数，那么看涨后市的人数超过看淡后市的人数，这样会推动股票价格上涨，从而增加股票收益。这是因为由于以前的投资是盈利的，投资者损失厌恶程度就小一些，之前的盈利会缓冲后来的损失，使损失相对来说还不是那么难以忍受，因此会表现为喜好风险，看涨后市。相反，以前投资是损失的，投资者会变得相对更加厌恶风险，对后来的挫折就更加敏感，就会看淡后市。同时以前投资的损益状态有赖于投资者的判断，也即投资者对参考价格的选择，而参考价格的选择会影响投资者的风险偏好。

5.3.4 基于参考价格的行为资产定价模型

假设某只股票有K个股份在流通，根据心理账户理论，可以假设该股票被K个投资者持有，该股票的内在价值按以下公式演化：

$$V_{t+1}=V_t+\varepsilon_{t+1} \tag{5—35}$$

其中V_t为股票在时间t的内在价值，ε_{t+1}服从均值为0的正态分布。

这时假设市场存在理性投资者与PT-MA投资者两类，理性投资者的交易行为使市场价格回到基本面，而PT-MA投资者却使价格偏离基本面。其中理性投资者的需求函数为

$$D_{k,t}^{Rational}=1+b_t(V_t-P_t) \tag{5—36}$$

PT-MA投资者的需求函数为

$$D_{k,t}^{PT-MA}=1+b_t[(V_t-P_t)+\lambda(C_{k,t}-P_t)] \tag{5—37}$$

其中，P_t是该股在时刻t的市场价格，$C_{k,t}$是第k个股份持有者为PT-MA投资者在时刻t的参考价格，b_t表示理性投资者需求函数的斜率，λ度量

PT-MA 投资者引起额外需求的程度，另外假设 PT-MA 投资者在持有该股投资者总数的比例 π。

这样市场需求 D_t 为所有股票持有者需求的加总，即

$$D_t = K + Kb_t(V_t - P_t) + \lambda b_t \sum_{k=1}^{K} \pi (C_{k,t} - P_t) \tag{5-38}$$

市场出清条件决定了均衡价格为

$$P_t = \frac{1}{1+\lambda\pi} V_t + \frac{\lambda\pi}{K(1+\lambda\pi)} \sum_{k=1}^{K} C_{k,t} \tag{5-39}$$

(5—39)式表明股票的均衡价格是资产内在价值 V_t 和所有 PT-MA 投资者的参考价格 $\sum_{k=1}^{K} C_{k,t}$ 的加权平均。整理(5—38)式，可得

$$P_t - V_t = \frac{\lambda\pi}{1+\lambda\pi} \left(\frac{1}{K} \sum_{k=1}^{K} C_{k,t} - V_t \right) \tag{5-40}$$

(5—40)式说明存在 PT-MA 投资者的市场中股票均衡价格偏离了内在价值，与 EMH 理论只考虑纯粹理性交易行为对市场价格的决定作用不同，价格偏离程度取决于股票市场所有投资者平均参考价格与股票内在价值的偏差 $\left(\frac{1}{K} \sum_{k=1}^{K} C_{k,t} - V_t \right)$、PT-MA 投资者的比重 π 以及其对该股的额外需求 λ。在市场交易者中，PT-MA 投资者所占的比重 π 越大，P_t 对基本价值的偏离程度就越大(至于朝哪个方向偏离则取决于 PT-MA 投资者是看涨还是看跌)；PT-MA 投资者所占的比重越小，P_t 对基本价值的偏离也将越小。而 PT-MA 投资者对股票的额外需求 λ 依赖于自己掌握信息噪声，也即看涨看跌程度。从前面均衡分析过程可以看出，当所有投资者平均参考价格与股票内在价值的偏差为 0，即 $\frac{1}{K} \sum_{k=1}^{K} C_{k,t} = V_t$ 时，说明市场交易中可以存在 PT-MA 投资者，但是这些投资者的参考价格应互相抵消，总体来说看好后市大于基础价格的投资者制定的参考价格与看空后市小于基础价格的投资者的参考价格相当，可以实现 EMH 理论下的长期均衡。

对于每一股份，其参考价格按下面公式演化

$$C_{k,t+1} = P_t 1_{\{sold\}k,t} + (1 - 1_{\{sold\}k,t}) C_{k,t} \tag{5-41}$$

其中，如果股份 k 的持有者在时刻 t 卖掉其股份，示性函数 $1_{\{sold\}k,t}$ 的值为 1，否则为 0。显然，该演化方式是合理的，因为只要一个股份被交易，它的参考价格就会变为当下的市场价格。据此，从时刻 t 到 $t+1$，股票价格的变化量为

$$P_{t+1}-P_{t}=\frac{1}{1+\lambda\pi}(V_{t+1}-V_{t})+\frac{\lambda\pi}{K(1+\lambda\pi)}\sum_{k=1}^{K}(C_{k,t+1}-C_{k,t}) \quad (5-42)$$

将(5－41)式代入(5－42)式，并对两边求期望，因为基本面的期望变化量为0，由此可以推导出股票的期望回报率为

$$E_{t}\left[\frac{P_{t+1}-P_{t}}{P_{t}}\right]=\frac{\lambda\pi}{K(1+\lambda\pi)}\sum_{k=1}^{K}\left[\text{Prob}(1_{\{sold\}k,t}=1)\cdot\frac{P_{t}-C_{k,t}}{P_{t}}\right] \quad (5-43)$$

(5－43)式表明股票的期望回报由两个关键因素决定：第一个是每个股份的相对收益率；第二个是各个股份被卖出的概率。两者均与期望回报正相关。同时说明股票的期望回报取决于投资者的行为选择，因为不同的参考成本决定了投资者具有不同的投资行为。更重要的是，(5－43)式中的求和符号表示期望回报是每一个股份的相对收益和被出售概率的累加结果，它反映了处于收益轴不同位置的所有投资者的行为总和，因而(5－43)式强调相对资本收益的分布(参考价格分布)是决定股票期望回报的关键因素。

综上所述可以得出这样的结论：相对理性投资者的行为选择会影响股票市场价格，是市场错误定价的主要因素。由于投资者的认知偏差各异，投资者的行为偏差也迥异，又由于行为金融理论对风险资产定价研究还没有形成统一的分析框架，前面对于投资者的行为选择对于资产定价的影响的讨论主要从投资者的信念与偏好两个角度展开。

5.4 中国股票市场行为资产定价模型的实证分析

股票市场是在中国经济转轨过程中产生的，是一个不发达、制度还不健全、不很规范的新兴市场。市场一些小道消息广为传播，许多个人投资者，甚至机构投资者会根据这些非正常信息来做判断和选择，进而影响股票市场价格，致使股票市场价格上涨或下跌。这样噪声长期、持久地存在，会给市场参与者带来错误的预期，并通过金融市场的放大效应传染整个经济，其结果会造成经济非理性的繁荣或衰退。这里结合中国股票市场的实践，对行为资产定价模型进行实证检验，一方面尝试检验行为资产定价模型在中国的适用性，另一方面试图借助行为资产定价模型刻画中国股票市场的定价行为。

5.4.1 市场指数构建

虽然 CAPM 理论上为风险资产定价提供了简单而完美的框架，但是 CAPM 在实证检验中存在市场组合如何构建的困难，通常在 CAPM 中用综合

指数来代替市场组合，因为我们只知道市场组合的构建原则，实际中并无可行的办法；而 BAPM 作为一个高度理论化的模型在实际中面临更加严重的市场组合的代表困难，即估算与市场投资组合均值一方差有效前沿相联系的行为 β 时，如何对存在噪声交易者情况下的行为市场组合的界定。Clark（1973）和 Epps（1976）在研究中建立模型说明了价格与交易量的变化存在相关关系。Varian（1985）认为交易量的产生是因为意见的不统一，市场价格的调整将会揭示经济中的信息，并对单个投资者的判断产生影响，有大量的证据表明交易量受到市场上噪声交易者的成分影响。两位澳大利亚金融经济学家 Ramiah 和 Davidson（2002）提出了对行为资产定价利用动量指数（dynamic volume index，DVI）以区别于综合指数进行分析的思路，他们认为股票的交易量可以作为反映投资者情绪和行为的标准。虽然动量指数为构建行为市场组合提供了解决思路，但是实践中动量指数依然存在巨大的计算困难。

考虑到中国股票市场噪声交易者数量大、种类多（王敬等，2006），陆静等（2010）认为换手率也能够很好反映噪声交易者在买入卖出股票过程中的情绪和行为，孔方方（2010）对行为资产定价模型进行了改进，选取换手率作为投资者的情绪指标，定义

$$R_{Mt}^{NTR}=R_{Mt}^{B}H_{t} \tag{5-44}$$

其中，R_{Mt}^{NTR} 为 t 时刻由于噪声交易附加风险对应的收益率，H_t 为 t 时刻的换手率。

对于市场组合来说，收益中应该包含基础风险对应的收益和附加风险对应的收益，即

$$R_{Mt}^{C}=R_{Mt}^{B}+R_{Mt}^{NTR}=R_{Mt}^{B}+R_{Mt}^{B}H_{t} \tag{5-45}$$

故有

$$R_{Mt}^{B}=R_{Mt}^{C}/(1+H_{t}) \tag{5-46}$$

5.4.2 模型选择与数据处理

设 R_{it} 为股票 i 在 t 时刻的收益率，r_{ft} 为 t 时刻的无风险利率，r_{Bt} 为 BAMP 中的参考利率，β_i^B 为行为 β，R_{Mt}^{B} 为行为市场组合在时刻 t 的收益率，R_{Mt}^{C} 为市场组合在时刻 t 的收益率，则 CAPM 的实证模型为

$$R_{it}-r_{ft}=\beta_i^C(R_{Mt}^{C}-r_{ft})+\varepsilon_i^C \tag{5-47}$$

而 BAPM 的实证模型为

$$R_{it}-r_{Bt}=\alpha_i^B+\beta_i^B(R_{Mt}^{B}-r_{Bt})+\varepsilon_i^B \tag{5-48}$$

这里从 Resset 金融研究数据库将股票分成的 28 类中，分别随机选取 1 只

股票作为代表，样本期为 2006 年 9 月至 2011 年 12 月，采用百分比周收益率。选取上证综指的收益率作为市场组合收益率的代表，行为市场组合的收益率按(5—46)式计算，换手率选取上证 A 股市场中按流通市值加权的周换手率。选取 3 月期定期存款利率作为无风险利率。数据来源于 Resset 金融研究数据库。各只股票收益率的基本统计特征见表 5.1。

从表 5.1 可以看出，我们所选择的所有股票的周收益率均为正，且变动范围在 0.1%—1.5%，标准差也较大，这说明这些股票在样本期收益比较高，且波动较大。只有 5 只股票的偏度系数是负的，呈现左偏特征，说明这些股票在样本期内很长时间收益率小于 0，其余股票的收益率均为右偏，其中中国高科与双鹤药业 2 只股票收益率的偏度系数比较高，说明它们在样本期内收益率比较高。表 5.1 中除了兰太实业外其余所有股票的峰度系数均远远超过了正态分布(正态分布的峰度系数为 3)。结合 J-B 统计量(考虑表 5.1 中放不下，没有给出)可以知道，只有兰太实业没有拒绝正态分布，其余股票均不服从正态分布，表明这些股票的收益率呈现非对称、尖峰厚尾特征。

表 5.1 各股票与市场组合收益率的基本统计特征

行业类别	股票代码	股票名称	平均收益率	标准差	偏度	峰度
采掘业	600997	开滦股份 R_{1t}	0.009713	0.084569	0.389930	4.533415
传播文化	600373	央视传媒 R_{2t}	0.005055	0.080388	0.235320	5.309653
水电煤气	600995	文山电力 R_{3t}	0.006262	0.069313	−0.064373	3.822599
电器机械	600105	永鼎股份 R_{4t}	0.006568	0.073480	0.092388	4.111670
电子	600060	海信电器 R_{5t}	0.006273	0.062091	0.171343	4.122040
房地产	600376	首开股份 R_{6t}	0.008329	0.108548	0.944447	6.799698
纺织服装	600070	浙江富润 R_{7t}	0.006502	0.073000	−0.202415	4.656387
建筑业	600284	浦东建设 R_{8t}	0.006234	0.079659	0.569878	4.848195
运输仓储	600717	天津港 R_{9t}	0.001272	0.058009	0.100860	3.747911
机械设备	600991	广汽长丰 R_{10t}	0.009554	0.077802	0.315439	4.893088
金融保险	600016	民生银行 R_{11t}	0.005451	0.058926	0.447628	5.467507
金融非金属	600282	南钢股份 R_{12t}	0.005709	0.076306	0.233349	3.740905
批发零售	600280	南京中商 R_{13t}	0.006154	0.067037	0.363513	4.838671
木材家具	600189	吉林森工 R_{14t}	0.005455	0.080494	0.187668	4.415294
能源材料	600500	中化国际 R_{15t}	0.004485	0.076919	0.177640	3.930934
农林牧渔	600257	大湖股份 R_{16t}	0.008227	0.075819	0.097451	4.501536

续表

行业类别	股票代码	股票名称	平均收益率	标准差	偏度	峰度
机械制造	600765	中航重机 R_{17t}	0.010029	0.090321	0.650555	4.249719
商业经纪	600730	中国高科 R_{18t}	0.006425	0.086410	1.264575	12.47125
社会服务	600138	中青旅 R_{19t}	0.005773	0.075639	−0.243670	4.956120
石油化学	600141	兴发集团 R_{20t}	0.009621	0.088191	0.285614	5.209451
食品饮料	600328	兰太实业 R_{21t}	0.000458	0.077542	−0.103867	3.006745
家庭用品	600739	辽宁大成 R_{22t}	0.008811	0.094173	0.419305	4.175784
信息技术	600037	歌华有线 R_{23t}	0.002713	0.071889	0.445237	4.974463
医药生物	600062	双鹤药业 R_{24t}	0.006164	0.062479	1.056994	8.081591
文化办公	600071	凤凰光学 R_{25t}	0.005306	0.075698	−0.287734	3.813222
造纸印刷	600069	银鸽投资 R_{26t}	0.07399	0.082812	0.209860	4.803479
机械制造	600031	三一重工 R_{27t}	0.014161	0.082951	0.734809	5.689043
综合类	600051	宁波联合 R_{28t}	0.005898	0.072838	0.304273	3.854175
		上证综指 R_{Mt}^{C}	0.001103	0.042510	−0.070505	4.071753
		行为市场组合 R_{Mt}^{B}	0.003191	0.047781	0.244663	4.125127

表 5.2 对于各只股票的收益率进行了 ADF 平稳性检验，表 5.2 中结果显示各收益率变量均为平稳变量。

表 5.2　各股票与市场组合收益率的 ADF 平稳性检验

股票名称	ADF 统计量	临界值(1%)	股票名称	ADF 统计量	临界值(1%)
开滦股份 R_{1t}	−15.0893	−3.4558	大湖股份 R_{16t}	−15.9264	−3.4558
央视传媒 R_{2t}	−15.7583	−3.4558	中航重机 R_{17t}	−14.6697	−3.4558
文山电力 R_{3t}	−16.2642	−3.4558	中国高科 R_{18t}	−15.8246	−3.4558
永鼎股份 R_{4t}	−15.4265	−3.4558	中青旅 R_{19t}	−16.4421	−3.4558
海信电器 R_{5t}	−15.4513	−3.4558	兴发集团 R_{20t}	−15.9803	−3.4558
首开股份 R_{6t}	−14.6460	−3.4558	兰太实业 R_{21t}	−15.6271	−3.4558
浙江富润 R_{7t}	−16.9696	−3.4558	辽宁大成 R_{22t}	−15.7670	−3.4558
浦东建设 R_{8t}	−15.8011	−3.4558	歌华有线 R_{23t}	−13.2946	−3.4558
天津港 R_{9t}	−15.9564	−3.4558	双鹤药业 R_{24t}	−15.7225	−3.4558
广汽长丰 R_{10t}	−14.3284	−3.4558	凤凰光学 R_{25t}	−16.9964	−3.4558
民生银行 R_{11t}	−17.5828	−3.4558	银鸽投资 R_{26t}	−15.2568	−3.4558
南钢股份 R_{12t}	−9.0673	−3.4558	三一重工 R_{27t}	−16.2383	−3.4558
南京中商 R_{13t}	−15.5849	−3.4558	宁波联合 R_{28t}	−16.6407	−3.4558
吉林森工 R_{14t}	−17.9318	−3.4558	上证综指 R_{mt}^{C}	−15.6577	−3.4558
中化国际 R_{15t}	−17.1268	−3.4558	行为市场组合 R_{mt}^{B}	−15.8137	−3.4558

5.4.3 检验结果分析

(1)CAPM 的回归

首先对各只股票使用模型(5—47)进行回归,计算结果列于表 5.3。

表 5.3 各股票 CAPM 模型的回归结果

回归方程	T 值	R^2 值	D.W 值
$\hat{R}_{1t}-r_{ft}=0.1295(R_{Mt}^C-r_{ft})$	1.0560	−0.0077	1.9587
$\hat{R}_{2t}-r_{ft}=0.9008(R_{Mt}^C-r_{ft})$	8.8294	0.2275	2.0689
$\hat{R}_{3t}-r_{ft}=1.0346(R_{Mt}^C-r_{ft})$	11.3594	0.3262	2.0894
$\hat{R}_{4t}-r_{ft}=0.9894(R_{Mt}^C-r_{ft})$	13.6301	0.4126	2.1209
$\hat{R}_{5t}-r_{ft}=0.8469(R_{Mt}^C-r_{ft})$	11.5643	0.3329	1.9309
$\hat{R}_{6t}-r_{ft}=1.3956(R_{Mt}^C-r_{ft})$	12.1705	0.3738	2.0289
$\hat{R}_{7t}-r_{ft}=1.0085(R_{Mt}^C-r_{ft})$	11.8125	0.3439	2.1521
$\hat{R}_{8t}-r_{ft}=1.1947(R_{Mt}^C-r_{ft})$	13.4997	0.4080	2.0488
$\hat{R}_{9t}-r_{ft}=0.8650(R_{Mt}^C-r_{ft})$	13.4120	0.4088	2.0102
$\hat{R}_{10t}-r_{ft}=0.9822(R_{Mt}^C-r_{ft})$	10.3211	0.2970	1.9235
$\hat{R}_{11t}-r_{ft}=0.1294(R_{Mt}^C-r_{ft})$	1.0560	−0.0077	1.9430
$\hat{R}_{12t}-r_{ft}=1.2072(R_{Mt}^C-r_{ft})$	14.8621	0.4625	2.4462
$\hat{R}_{13t}-r_{ft}=0.8056(R_{Mt}^C-r_{ft})$	9.6744	0.2608	1.9783
$\hat{R}_{14t}-r_{ft}=1.1370(R_{Mt}^C-r_{ft})$	12.2575	0.3629	2.4695
$\hat{R}_{15t}-r_{ft}=1.2678(R_{Mt}^C-r_{ft})$	16.0717	0.4979	2.2823
$\hat{R}_{16t}-r_{ft}=0.9784(R_{Mt}^C-r_{ft})$	10.6337	0.2974	2.1798
$\hat{R}_{17t}-r_{ft}=0.9967(R_{Mt}^C-r_{ft})$	8.5333	0.2154	1.9181
$\hat{R}_{18t}-r_{ft}=1.1560(R_{Mt}^C-r_{ft})$	11.2706	0.3241	1.9972
$\hat{R}_{19t}-r_{ft}=1.0263(R_{Mt}^C-r_{ft})$	11.5103	0.3334	2.0326
$\hat{R}_{20t}-r_{ft}=1.1403(R_{Mt}^C-r_{ft})$	10.6780	0.2964	1.9425
$\hat{R}_{21t}-r_{ft}=-0.0092(R_{Mt}^C-r_{ft})$	−0.0804	0.0000	2.1139
$\hat{R}_{22t}-r_{ft}=1.682(R_{Mt}^C-r_{ft})$	17.4263	0.5360	2.2383
$\hat{R}_{23t}-r_{ft}=0.8792(R_{Mt}^C-r_{ft})$	9.9398	0.2738	2.3167
$\hat{R}_{24t}-r_{ft}=0.6120(R_{Mt}^C-r_{ft})$	7.4396	0.1686	1.9535
$\hat{R}_{25t}-r_{ft}=0.8861(R_{Mt}^C-r_{ft})$	9.3464	0.2477	2.1968
$\hat{R}_{26t}-r_{ft}=1.1754(R_{Mt}^C-r_{ft})$	12.3301	0.3663	2.0981
$\hat{R}_{27t}-r_{ft}=1.3448(R_{Mt}^C-r_{ft})$	15.2174	0.4556	2.0803
$\hat{R}_{28t}-r_{ft}=1.0398(R_{Mt}^C-r_{ft})$	12.4577	0.3703	2.0402

从表 5.3 中可以看出，开滦股份、民生银行与兰太实业 3 只股票超额收益率 $R_{it}-r_{ft}$ 对市场指数的超额收益率的回归中，回归系数的 T 值即使在显著性水平取 $\alpha=0.10$ 时也不能通过显著性检验，说明 CAPM 对于开滦股份、民生银行与兰太实业 3 只股票并不适用。对于其余股票来说，虽然回归系数通过了显著性检验，但是回归方程的样本可决系数 R^2 值比较低，平均为 0.3428，说明整体上 CAPM 的回归方程拟合优度不高。对于一元线性回归方程来说，R^2 值表示回归平方和在总离差平方和中的比例，实际上也就是系统风险在总风险中所占的比例。这表明系统风险对股票预期收益率的解释能力不强，股票收益率对系统风险的补偿程度不高，应该还有其他因素在股票的定价中也起着不可忽视的作用。

(2)BAPM 的回归

然后对模型(5－48)进行回归，结果列于表 5.4。

表 5.4　各股票 BAPM 模型的回归结果

回归方程	T 值①	F 值	R^2 值	D.W 值
$\hat{R}_{1t}-r_{Bt}=0.0081+0.9500(R^B_{Mt}-r_{Bt})$	15.8796	252.1664	0.4924	1.9312
$\hat{R}_{2t}-r_{ft}=0.0022+0.7824(R^B_{Mt}-r_{ft})$	8.5969	73.9071	0.2213	2.0766
$\hat{R}_{3t}-r_{ft}=0.0031+0.9234(R^B_{Mt}-r_{ft})$	13.5751	184.2837	0.4157	2.2596
$\hat{R}_{4t}-r_{ft}=0.0035+0.8709(R^B_{Mt}-r_{ft})$	11.3167	128.0681	0.3281	2.0919
$\hat{R}_{5t}-r_{ft}=0.0036+0.7400(R^B_{Mt}-r_{ft})$	11.3615	129.0829	0.3318	1.9414
$\hat{R}_{6t}-r_{ft}=0.0050+1.2639(R^B_{Mt}-r_{ft})$	10.7624	115.8294	0.3157	1.6452
$\hat{R}_{7t}-r_{ft}=0.0033+0.8915(R^B_{Mt}-r_{ft})$	11.7931	139.0774	0.3485	2.1668
$\hat{R}_{8t}-r_{ft}=0.0026+1.0538(R^B_{Mt}-r_{ft})$	13.4100	179.8292	0.4089	2.0642
$\hat{R}_{9t}-r_{ft}=-0.0013+0.7599(R^B_{Mt}-r_{ft})$	13.1639	173.2887	0.4009	1.9969
$\hat{R}_{10t}-r_{ft}=0.0061+0.8664(R^B_{Mt}-r_{ft})$	10.3284	106.6749	0.3077	1.9318
$\hat{R}_{11t}-r_{ft}=0.0022+0.9048(R^B_{Mt}-r_{ft})$	17.8527	318.7190	0.5507	2.1910
$\hat{R}_{12t}-r_{ft}=0.0024+1.0708(R^B_{Mt}-r_{ft})$	14.9105	222.3239	0.4677	2.4541
$\hat{R}_{13t}-r_{ft}=0.0035+0.7133(R^B_{Mt}-r_{ft})$	9.6822	93.7458	0.2672	1.9758
$\hat{R}_{14t}-r_{ft}=0.0020+0.9957(R^B_{Mt}-r_{ft})$	12.0284	144.6831	0.3575	2.4688
$\hat{R}_{15t}-r_{ft}=0.0008+1.1212(R^B_{Mt}-r_{ft})$	16.0157	256.5013	0.4985	2.2761
$\hat{R}_{16t}-r_{ft}=0.0049+0.8556(R^B_{Mt}-r_{ft})$	10.4508	109.2181	0.2982	2.1946
$\hat{R}_{17t}-r_{ft}=0.0074+0.8660(R^B_{Mt}-r_{ft})$	8.3684	70.0309	0.2191	1.9436
$\hat{R}_{18t}-r_{ft}=0.0028+1.0310(R^B_{Mt}-r_{ft})$	11.3837	129.5877	0.3326	2.0018

① 这里的 T 值仅为对应回归方程一次项的 T 统计量的值。

续表

回归方程	T值	F值	R^2 值	D.W值
$\hat{R}_{19t}-r_{ft}=0.0026+0.8999(R_{Mt}^B-r_{ft})$	11.3328	128.4317	0.3306	2.0366
$\hat{R}_{20t}-r_{ft}=0.0061+0.9918(R_{Mt}^B-r_{ft})$	10.4450	109.0975	0.2956	1.9420
$\hat{R}_{21t}-r_{Bt}=-0.0047+0.3791(R_{Mt}^B-r_{Bt})$	4.4359	19.6771	0.0831	1.7455
$\hat{R}_{22t}-r_{ft}=0.0041+1.4318(R_{Mt}^B-r_{ft})$	17.4696	305.1864	0.5419	2.2726
$\hat{R}_{23t}-r_{ft}=-0.0001+0.7745(R_{Mt}^B-r_{ft})$	9.8349	96.7250	0.2711	2.3208
$\hat{R}_{24t}-r_{ft}=0.0040+0.5445(R_{Mt}^B-r_{ft})$	7.4968	56.2016	0.1783	1.9814
$\hat{R}_{25t}-r_{ft}=0.0025+0.7752(R_{Mt}^B-r_{ft})$	9.1850	84.3646	0.2450	2.1959
$\hat{R}_{26t}-r_{ft}=0.0040+1.0307(R_{Mt}^B-r_{ft})$	12.1616	147.9050	0.3653	2.1155
$\hat{R}_{27t}-r_{ft}=0.0101+1.1729(R_{Mt}^B-r_{ft})$	15.0975	227.9333	0.4671	2.1456
$\hat{R}_{28t}-r_{ft}=0.0027+0.9136(R_{Mt}^B-r_{ft})$	12.3076	151.4779	0.3690	2.0349

表5.4中，开滦股份和兰太实业2只股票选择前一个交易日的收益率为参考收益率，其余股票均选择无风险收益率为参考收益率。从表5.4中的回归结果可以看出，所有回归方程十分显著，回归系数 β_i^B 也都通过了显著性检验，回归方程的样本可决系数 R^2 值平均为0.3464，略高于CAPM回归方程的平均 R^2，且通过调整参考收益率，使得开滦股份、民生银行与兰太实业这3只股票也可以使用BAPM。

最后使用2006年9月到2011年12月期间中各只股票的平均周收益率与行为 β 之间的关系进行横截面检验，回归模型为

$$R_i=\pi_0+\pi_1\beta_i^B+\varepsilon_i^B \tag{5—49}$$

其中，β_i^B 是各行业板块的行为 β 值。

这样回归方程为

$$\hat{Y}_i=0.01\beta_i^B \tag{5—50}$$

T=3.8942　R^2=0.0467　D.W=1.9254

由上述结果可以看出，回归方程通过了检验，表明行为资产定价模型在中国股票市场具有一定的适用性，可以在一定程度上解释中国股票市场的定价问题。同时也说明这种行为市场组合的构建方法对中国股票市场也具有一定的作用。当然，适合中国股票市场的行为资产定价模型还需在理论与实践上进一步探索与研究。

第六章

中国股票市场风险度量

20世纪80年代以来金融自由化、信息技术、融资证券化等促进了金融创新的发展与金融全球化。而金融全球化导致了各国金融市场的开放程度不断加深,资本在全球范围内的大量、快速和自由流动。风险特性不同的各类资本在全球金融市场重新配置、重新组合,极大地改变了全球金融市场的运行方式和风险表现。资本持续流动在推动金融深化、扩大金融规模、提高金融市场效率的同时也带来了金融波动以及金融市场动荡频繁爆发等问题。由于经济全球化与金融一体化大大增强了全球经济、金融市场间的相互依存性,全球金融市场之间的价格协同运动使任何地区金融市场的局部波动都会迅速波及、传染、放大到其他市场。由于受放松管制与金融自由化,信息技术与金融创新等因素的影响,金融市场的波动性明显增强,金融体系的稳定性下降,金融机构、工商企业、居民甚至国家面临的金融风险日趋严重。金融风险不仅严重影响了金融机构和工商企业的正常营运,而且还对一国乃至全球金融及经济的稳定构成了严重威胁,频繁发生的金融危机更是带来了一系列的严重后果。因此,金融风险引起了理论界与实务界的密切关注与高度重视。

股票价格的波动是这种风险最直观的外在表现形式。价格的波动是任何市场的正常情况,股票价格偏离基础价值出现常态泡沫是由虚拟经济的特点所决定。但股价波动出现非常态泡沫和非理性巨幅涨跌,有可能酿成金融危机,这是每个市场应该避免并控制的风险。由于中国经济、金融体制转轨的特殊性以及市场化过程中诸多矛盾的释放,在此基础上发展起来的股票市场还很不成熟,其中一个突出表现就是股价波动的剧烈性和频繁性(施东晖,2001)。中国股票市场指数波动频率之高、波动幅度之大,为世界所少见。1992—1999年,沪深两市出现的五次大震荡中,峰谷相差360%,而同期的美国股市波动的峰谷相差只有66%,新加坡为110%。其中,1993年2月25日,上证综指从

1536.87点下降到1994年7月29日的333.89点，跌落达400%。1999年的5.19行情后的40多天里，上证综指上涨了70%，达到1700多点。道·琼斯工业指数单日跌幅最大的日期集中在1929－1931年期间和1987年期间。而上证综指单日跌幅最大的日期则分布于1992－1998年各个年度内，中国股票市场还有比美国股票市场更剧烈的单日振荡幅度(波涛，1998)。从1990年12月至2000年6月，各股价指数月度超额收益率的波动幅度基本都达到了10%以上，在经过1991－1994年的大幅波动后，从1995年趋向缓和，但仍达到7%和8%以上(马洪潮，2001)。2000－2011年中国沪深两市也经历了大起大伏，出现的三次大震荡，2005年中国股票市场在经历了四年熊市之后开始复苏，并从2006年下半年起快速上涨，上证综指在两年多一点的时间里暴涨了5倍，在2007年10月到达了历史最高位6124点。接着就是股市泡沫的破裂，从2007年10月之后的一年中，上证综指下跌了70%，下跌多达4400多点。随后历时9个月，上证综指又上涨了2倍多，到达了第八轮波峰，之后一直处于大盘调整阶段。这种高波动性构成了中国股票市场高风险性的重要特征之一。

6.1 风险度量与 VaR

由于股票价格未来结果的不确定性不可避免地使股票买卖过程具有了风险。而股票风险的度量是对股票风险水平的分析和估量，是股票风险防范、股票风险管理与股票风险控制过程中最重要的一个环节，包括衡量各种风险导致损失的可能性的大小以及损失发生的范围和程度。如果对风险估计不足，经济行为人就不会采取相应措施规避风险或尽力减少风险可能造成的损失；相反，若对风险估量过高，也可能会因此付出不必要的管理成本，且失去获得更大收益的机会。由于股票风险来自于未来的不确定性，涉及多种因素，因而股票风险的度量是相当复杂的，技术含量很高。金融理论界和实践部门多年来一直致力于研究开发度量金融风险的有效方法，其中对市场风险和信用风险的度量是研究的重点课题。

6.1.1 风险度量

金融是现代经济的核心，而股票市场是金融极其重要的部分。金融风险是现代经济风险的集中体现。相比一般经济风险，金融风险具有如下特征：(1)潜在性和累积性。金融机构和其融资者间存在着极大的信息不对称，而微观金融主体对金融资产价格变化的信息又是极不完全的，因此金融风险具有很大的潜在性，并主要在各金融机构中不断累积。(2)突发性和加速性。由于微观金融主体的投机化行为模式，金融风险具有加速累积的特点，金融泡沫越吹越大。而一旦风险累积超过一定的临界值，随着某一具体金融事件的发生，社会个体的“信用幻觉”被打破，潜在风险遂突发为现实风险个体的投机化行为模式再次起到加速器的作用，金融危机最终形成。(3)扩散性和传染性。在一个统一的金融市场上各种金融资产、各类金融机构密切联系，相互交织成一个复杂的体系，金融资产价格波动固然相互影响传递，不同种类的金融机构也基本上呈现出一荣俱荣、一损俱损的网络系统特性。特定的金融资产价格或金融机构运营出现纸漏引发的局部挤兑风潮往往会扩散到整个金融体系中去。另外，由于国际金融交往日益频繁，一国的金融风险往往会通过各种渠道实现跨国“传染”，一旦一国风险突发酿成金融危机，很快就会传染给其他国家，于是形成所谓的“多米诺骨牌”效应。这一特征在全球金融一体化成为趋势的今天显得尤其突出。时至今日由 2007 年美国次贷危机引发的全球金融危机还没有完全退尽其阴霾。

股票市场风险是指由于影响股票市场价格波动的因素发生变异，引起股票市场价格非理性波动，从而使市场参与主体蒙受损失的可能性。股票是高收益与高风险相伴而生的投资品种。在股票投资者面临着多方面的风险，而每一方面的风险都可能给投资者带来严重的损失。因而风险的测度一直以来都是备受关注的问题。风险测度的方法大体可以分为：(1)简单算术法(偏差率，价差率)；(2)灵敏度(sensitivity)分析，如 β 系数法；(3)波动性(volatility)分析，即方差或标准差法；(4)下方风险(downside risk)的测量技术，如低位部分矩(loweial moments)法、风险价值(Value at Risk，VaR)法与情景分析(scenario analysis)法以及压力测试(stress testing)法等。

这些计量方法从不同角度强调了风险的基本意义和特征，其中下方风险是最具“综合”性的风险计量方法，它将灵敏度分析与具有负面定性效应的波动分析结合在一起，风险价值 VaR 便属于这种计量方法。目前，VaR 已发展成为现代风险量化管理中应用最广泛、最重要的方法，其在证券投资组合的风险测量、经营机构(证券经营机构，其他机构甚至一般的公司)的整体风险监控中得到越来越广泛的应用。

6.1.2 金融风险度量技术——VaR

如果说，导致 1997 年亚洲金融危机的原因是发展中国家金融体系不健全与国际游资的冲击，那么，事隔 10 年之后，由次贷危机引发的全球性金融危机却恰恰发生在市场最完善、金融体系最完全、金融市场运行最规范的美国。对于此次全球性金融危机爆发的原因，几乎一致的看法是，金融产品的过度衍生与金融机构在房产价格不断攀升背景下对住房贷款条件的放松。事实上，在全球金融危机爆发前，我们还在津津乐道金融创新（主要指金融工具创新），为什么突然一夜之间却又出现衍生过度呢？说信贷条件被过度放松，可信贷条件及其相应的风险评价可是使用大量复杂模型计算的结果啊！我们认为，产生这一现象的原因是明显的，即它是事先判断与事后检验不一致的结果。在金融风险管理中，相比事先判断来说，事后检验虽不是没有意义，但它于事无补。然而，当我们在探寻产生本次金融危机的原因时，却很少从事前判断的层面去挖掘，金融机构金融决策事前技术支持的缺陷被忽略了。

作为对方差度量风险的一种改进技术，VaR 自 20 世纪 90 年代被提出后，其很快在金融机构风险管理中得到广泛应用，巴塞尔委员会还依据 VaR 的相关计算制定了一系列银行风险管理的标准，由此，用 VaR 管理金融风险不仅迅速扩展到世界范围，而且其也迅速延伸到非银行类金融机构。VaR 的提出有力地促进了风险度量技术的进步，作为一种可以事前计算的风险管理方法，其克服了传统方法只能事后评价的缺陷；其次，VaR 不但包含资产客观上的性质（如标准差）的信息，还可以度量投资者的风险偏好值，且 VaR 描述的是损失状况，因此更接近投资者的心理感受（文凤华等，2002）；再次，VaR 还可以将不同市场因子、不同资产组合的风险加以集成加总，充分考虑各种风险来源的相互作用，较好地反映金融市场风险复杂结构间的动态影响，得到较为准确的风险暴露估计，这也是传统金融风险管理方法不能做到的。

作为一种风险度量技术，VaR 是指在正常情况及持有期间内，在特定的概率范围（置信水平）下投资组合因市场风险可能发生的最大损失估计值，即 $P(\Delta V_t < VaR_t \mid I_{t-1}) = \alpha$。简单地说就是，对于某一投资组合或资产组合，在正常情况下有 $1-\alpha$（置信水平）的信心在未来 T 天（持有期间）内，此投资组合或资产组合的损失将不超过 VaR_t 元。

理论方面将 VaR 研究的方法主要分为非参数型与参数型两种方法。非参数方法（如历史模拟、Monte Carlo 模拟）不需要对证券组合的收益率的分布作任何假定，它通过对已有的历史数据的分析模拟来估计 VaR 值；参数方法（方差一协方差方法）则通过假定股票组合的收益率服从某分布来估计 VaR。

6.1.3 损失厌恶偏好、满意准则与 VaR

行为金融学认为投资者对风险态度体现在投资者的预期财富低于某一确

定值的概率上。用数学表达式为 $Prob(W \leqslant A) \leqslant \alpha$ 。其中,W 表示财富,A 指某一确定的财富水平,α 为累积概率值。如果投资者是喜好风险的,则 α 较大;如投资者厌恶风险,则 α 较小。A 也体现投资者对风险的态度,其值如大则投资者可能难以忍受较大风险;反之则敢于冒风险。从这里可以看出在行为金融理论中投资者对风险的态度是内生于模型中的,而 Markowitz 模型中则是外生地给定投资者是厌恶风险的。

其实上述数学表达式与 VaR 的定义一致,行为金融中投资者对风险的态度实际上可以用一个 VaR 值来表达。若 α 较大,则投资者喜好风险;若 α 较小,则投资者厌恶风险。同时 VaR 值与 α 相关,因此 VaR 体现了投资者对风险的态度,其值如大则投资者可能难以忍受较大风险;反之则敢于冒风险。

Simon(1955)摒弃了传统主流金融理论的理性假设,提出了有限理性理论。在 Simon 看来,投资者的选择情景的不确定、不完备性以及复杂性致使全面理性不可能实现,同时作为信息处理者自身认知能力的局限性决定了投资者在真实选择过程中是以近似代替精确、是有限理性而非完全理性、是“寻求满意”而非“寻求最优”。满意准则的提出使得投资选择更贴进真实环境和现实状况,在实际投资选择中投资者通常会依据占优原则和满意水准,先删除有限行动空间中的劣势行动和不可接受行动,然后再在可接受行动中选择自己认为最满意的行动,而不是运用实际上无法实现的优化程序。正如彼得斯所说:“Simon 所说的‘最满意’的选择原则是符合实际的。因为在选择中,如果不顾条件地盲目追求最好,最后可能连好都找不到。”Simon 的有限理性和满意准则这两个命题,纠正了传统的理性选择理论的偏激,拉近了理性选择的预设条件与现实生活之间的距离。

由满意准则的基本原理可知,在样本空间已知的情况下,如果投资者面对 n 个备选方案 $\{a_1,a_2,\cdots,a_n\}$,对于收益来说,投资者将选择 $a_i(r) \geqslant \bar{r}$ 的方案,而对于亏损选择而言,投资者将选择 $a_i(r) \leqslant \bar{r}$ 的方案。若将这一原理引申到付酬不确定的状态,则满意准则的基本原理可表述为:如果投资者面对 n 个备选方案 $\{a_1,a_2,\cdots,a_n\}$,对于收益选择来说,投资者将选择 $a_i[E(r)] \geqslant \bar{r}$ 的方案,而对于亏损选择而言,投资者将选择 $a_i[E(r)] \leqslant \bar{r}$ 的方案。由 VaR 的定义(Wilson,1994),即“给定置信水平下持有期内的最大可能损失”不难发现,在正常情况下 VaR 就是满意准则选择下的“满意水准”,即 $\bar{r}=$VaR。利用 VaR 作为满意水准,不仅使满意准则选择与 VaR 在经济实质上实现了一致,而且它还克服了满意准则选择过程中可能因为“满意水准”选择不当所导致的解为空集的弊端(孙春花,李腊生,2011)。

6.2 VaR估测中的概率分布设定风险

作为现行广为流行的全球统一的一种风险度量技术，VaR自20世纪90年代被提出后，其很快在金融机构风险管理中得到广泛应用，巴塞尔委员会还依据VaR的相关计算制定了一系列银行风险管理的标准。然而，VaR这种事前的风险度量技术也是有缺陷的，表现得较为明显的是，在VaR的计算中，通常需要事前设定数据的概率分布。显然，概率分布设定的不同、估计方法不同，其结果就会迥异。如经典VaR测定通常假定数据分布服从正态分布①，可是国内外大量的实证和经验研究发现，绝大多数金融数据分布呈现“尖峰厚尾”特性，这使实际的VaR值常常被低估，其结果将使金融机构和金融企业持有过低的风险资本。在VaR被广泛应用的今天，金融机构和金融企业持有过低风险资本的结果是可想而知的。因此，重视对VaR计算过程中概率分布设定错误的分析就显得特别重要。

金融资产的未来性决定了人们在作出决策选择时必须面对不确定性，当投资者面临不确定性时，状态空间的概率分布预期或设定对投资选择具有决定性的作用。概率密度预测是在时间 $t-1$ 时使用可有信息对 Y_t 的整个密度函数进行预测，众所周知，概率密度最好地描述了不确定性（参考 Rothachikl 和 Stiglitz，1970），无论是预期还是人为设定，犯错误都是不可避免的。由于目前尚没有有效解决现实问题的概率分布估计方法，金融学家在理论研究中往往会事先设定概率分布，而一旦概率分布设定错误，金融资产选择中的概率分布设定风险就产生了。

6.2.1 决策中概率分布设定的风险

假定 $\{Y_t\}$ 是一个标量或向量经济变量，具有条件概率密度函数 $f(y_t|I_{t-1},t)$，其中 I_{t-1} 是在时间 $t-1$ 的可用信息。条件概率密度函数 $f(y_t|I_{t-1},t)$ 给出了在已知信息集 I_{t-1} 时，Y_t 在时间 t 位于无穷小区间 $[y,y+dy]$ 的概率，完全刻画了 $\{Y_t\}$ 的动态行为。若 $f(y_t|I_{t-1},t)$ 是已知函数，通过它就可刻画 $\{Y_t\}$ 的各种特征值，揭示经济变量序列动态的特征值。但遗憾的是实践中 $f(y_t|I_{t-1},t)$ 通常是未知的，实践中我们只能观测到经济

---

① 这主要是应用了中心极值定理。

数据，这些数据是市场未知的概率法则的表现，人们面对不确定性的一种无奈选择就是利用观测的数据推断市场的概率法则或是数据生产过程，由此获得知识解释经济学说和经济理论，解释公认的经济现象以及预测未来市场的行为。

Diebold，Gunther 和 Tay（1998），Granger（1999）、Grange 和 Pesaran（2000）从决策理论角度说明了预测概率密度及其评估的必要性。假设决策者作出决策选择行动 a 时，面临损失函数 $L(a, Y_t, t)$，损失函数度量了由于在时间 $t-1$ 的预测偏离在时间 t 发生的实际结果 Y_t，决策者所承受的损失或惩罚。而这个损失或惩罚取决于行动 a，所以决策者将选择一个最优行动 a，以使期望损失最小化

$$a_0 = \underset{a}{\operatorname{argmin}} \int L(a, y, t) p(y \mid I_{t-1}, t) dy \tag{6-1}$$

其中 $p(y \mid I_{t-1}, t)$ 是决策者对 Y_t 的真实条件概率密度 $f(y_t \mid I_{t-1}, t)$ 的预测。

针对上述决策原则，当 $L(y_t \mid I_{t-1}, t) = (y_t - a)^2$ 时，我们有 $a_t^* = \int y p(y \mid I_{t-1}, t) dy = \mu_t(p)$，这种情况下，决策者只需知道 Y_t 的条件期望。当 $L(y_t \mid I_{t-1}, t) = \exp[\alpha(y-\alpha)] - 1 - \alpha(y-\alpha)$，且 $\{Y_t\}$ 服从条件正态分布时，$a_t^* = \int y p(y \mid I_{t-1}, t) dy + \frac{\alpha}{2} \int (y - \mu_t(p))^2 p(y \mid I_{t-1}, t) dy$。它是 $\{Y_t\}$ 的条件期望和条件方差的线性组合。当损失函数 $L(a, Y_t, t)$ 不是 $(y_t - a)^2$ 的对称函数时，最优行动 a_0 通常取决于整个条件密度函数 $f(y_t \mid I_{t-1}, t)$。最初的几阶矩是不充分的，这种情况下，概率密度函数预测对决策就变得必要了。

当概率密度预测模型 $p(y \mid I_{t-1}, t)$ 与未知的真实条件概率密度 $f(y \mid I_{t-1}, t)$ 相吻合时，在以下意义上密度函数预测是最优的：即相比于任一概率密度预测模型 $p(y \mid I_{t-1}, t)$，不管他们的损失函数是什么，所有决策者都偏好真实条件概率密度 $f(y \mid I_{t-1}, t)$，即 $\min_a \int L(a, y, t) p(y \mid I_{t-1}, t) dy \leqslant \min_a \int L(a, y, t) f(y \mid I_{t-1}, t) dy$。因此可以看出模型设定错误是非最优决策的主要原因。

经典的 VaR 计算方法假定正态分布源于中心极限定理。中心极限定理的经典公式讨论有限方差为 σ^2 的独立同分布随机变量之和 $X_1 + X_2 + \cdots + X_N$ 收敛于正态分布的问题。然而注意到对有限的 N 和 $X_1 + X_2 + \cdots + X_N$ 的分

布在尾部(对应于极端事件)可能和正态预测值相差很远,中心极值定理仅关心中心区域,当 N 很大时,该区域保持有限权重。如研究服从指数分布的正随机变量,其概率密度函数为 $p_1(x)=\Theta(x)\exp(-\alpha x)$,其中当 $x \geqslant 0$ 时函数 $\Theta(x)$ 等于 1,其他情况等于 0。经过简单的计算表明,其均值为 $m=\alpha^{-1}$,方差为 $\sigma^2=\alpha^{-2}$。N 个这种变量的和的分布服从指数分布的 N 阶卷积。根据中心极限定理,该分布应该趋于均值为 Nm,方差为 $N\sigma^2$ 的高斯分布。可以精确计算指数分布的 N 阶卷积,其结果是

$$p(x)=\Theta(x)\alpha^N \frac{x^{N-1}}{(N-1)!}\exp(-\alpha x) \tag{6-2}$$

它的渐近性质与正态分布相差甚远:对于 $x<0$,"左边"严格等于零,而"右边"尾部是指数分布,因此大大"厚于"正态分布。很清楚,中心极限定理并不能应用于远离均值的 x。

确保中心极限定理收敛于正态分布的主要假设有:(1) X_i 必须是独立变量,或至少不能"太"相关。(2)随机变量 X_i 不一定要服从同一分布,但有一条件要满足:所有这些分布的方差不能相差太远,以确保没有如任何一个方差在其中起主导作用。(3)严格来说,中心极限定理只有在 N 无穷大时才成立。如上所述,中心极限定理并没有透露出 X 分布尾部的任何信息,仅仅指在分布的中间部分可以用正态分布描述。然而经济生活中金融产品通常是相关的,所以中心极限定理不是处处成立的,这就决定了要谨慎使用正态分布设定。

6.2.2 非线性模型中非正态性的风险

金融市场价格变化不确定性是现代金融研究的一个重要问题,这种不确定性通常用方差来描述和度量,早期的定价模型一般假定同方差性。然而,大量的观察和实证结果显示,诸如股票价格、通货膨胀率、利率和外汇汇率等许多金融时间序列数据的方差都会经常随着时间变化,具有聚集性和方差波动性特点。针对金融数据方差的时变性问题,美国经济学家 Engle(1982)提出了条件异方差自回归模型(auto regressive conditional heteroscedasticity,简称 ARCH 模型)处理技术,Bollerslev(1986)在 ARCH 模型基础上对方差的表现形式进行了直接的线性扩展,形成了应用更为广泛的 GARCH 模型,成功地解决了金融数据波动的描述。我们认为,如果能将现实数据特征纳入 VaR 的计算,而不是直接设定概率分布,那么用 VaR 度量风险将一定能降低概率分布设定风险,提高实践中的风险管理效率。

Wilson(1994)将使用 Taylor 定理一阶近似的 Delta 模型扩展到二阶近似

的 Delta-Gamma 模型，即将价值函数由线性函数推广为非线性函数。而后利用价值函数与市场因子的近似关系，推断市场因子的方差一协方差，进而简化 VaR 的计算，使 VaR 值更精确。

计算资产组合的 VaR 时，还需要计算组合中各个资产的方差－协方差矩阵以及它们的相关系数。当组合包括大量不同的头寸时，资产间的方差一协方差矩阵计算量很大，当组合包含 N 个头寸时，需要计算 N 个方差和 $N\times(N+1)/2$ 协方差。例如当资产数量为 100 种时，协方差矩阵的估计数量达 5555 个，随着资产数量的增加，估计的协方差的数量呈现几何级数增长，同时在计算时还得为保证高维矩阵的半正定性，以及避免高维矩阵中资产之间可能存在的高相关性，需要简化协方差矩阵。目前简化协方差矩阵常用的方法有基准映射法、因素法和主成分分析法。在 RiskMetrics 中主要采用基准映射法，例如在外汇市场上以核心外汇作为基准，在股票市场上以股票加权指数为基准，在固定收入债券市场以数量有限、特定到期日的现金流作为基准，在商品市场上以标准期货合约的组合作为基准。股票市场上用 Delta－正态模型通过映射，通过把大量的头寸映射到指数这一单因子市场因子中去，使得计算容易实现，减少算难度。

根据资产组合价格函数形式的不同，采用的方法可分为两类：Delta 模型和 Gamma 模型。

(1)Delta 模型

Delta 模型是一种运用较为广泛的方法，它主要利用资产组合的价格函数与市场因子间的近似关系、市场因子的统计分布(方差一协方差)简化 VaR 的计算。Delta 模型方法中，资产组合的价值函数形式均取一阶近似，但不同模型中市场因子的统计分布假定可以不一样，例如 Delta-正态模型假定市场因子服从多元正态分布；Delta-加权正态模型使用加权正态模型估计市场因子收益率的协方差矩阵；Delta-GARCH 模型使用 GARCH 模型描述市场因子。

以正态分布为例，介绍 Delta 模型，假设证券组合的价值函数取一阶近似(即 Delta)，且市场因子服从多元正态分布，在此基础上，证券组合的收益服从一元正态分布。用 $P(t,X_{n\times1})$ 表示证券组合的价值函数，其中 t 表示时间，X 表示 n 维市场因子向量。

假设 1 $P(t,X_{n\times1})$ 对每一个自变量取一阶导数，$\delta_{n\times1}=\left[\frac{\partial P(t,X)}{\partial x_1},\frac{\partial P(t,X)}{\partial x_2},\cdots,\frac{\partial P(t,X)}{\partial x_n}\right]$，$\theta_t=\frac{\partial P(t,X)}{\partial t}$，设高阶导数为零。

假设 2 设 X 的收益率服从 $N_n(0,\Sigma^r)$，其中 $r_{it}=\ln x_{it}$，$(i=1,2,\cdots,n)$；

$\Delta r_t = r_{t+\Delta t} - r_t$，则有 $\Delta r_t \sim N_n(0, r'_t \Sigma^r r_t)$，其中 $r'_t \Sigma^r r_t = \Sigma$。由 Taylor 公式可得

$$P(t,X) = P(t_0,X_0) + \theta_t(t-t_0) + \delta'(X-X_0) + o(2) \quad (6-3)$$

其中，$P(t_0,X_0)$ 为证券组合在时刻 t 的市场价值，$o(2)$ 是高阶无穷小，由假设 1 得 $o(2)=0$，则

$$\begin{aligned}\Delta P(\Delta t,\Delta X) &= P(t,X) - P(t_0,X_0)\\ &= \theta_t \Delta t + \delta' \Delta X,\ \Delta P_t \sim N(\theta_t \Delta t, \delta' \Sigma \delta)\end{aligned} \quad (6-4)$$

这样 VaR 计算公式可以转化为

$$P\text{rob}\left(\frac{\Delta P - \theta_t \Delta t}{\sqrt{\delta' \Sigma \delta}} \leqslant \frac{VaR - \theta_t \Delta t}{\sqrt{\delta' \Sigma \delta}}\right) = P\text{rob}\left(Z \leqslant \frac{VaR - \theta_t \Delta t}{\sqrt{\delta' \Sigma \delta}}\right) = 1-\alpha$$

(6—5)

记置信水平 $1-\alpha$ 下标准正态分布的分位数为 z_α，则有

$$\text{VaR} = \theta_t \Delta t + z_\alpha \sqrt{\delta' \Sigma \delta} \quad (6-6)$$

因此，Delta-正态模型简化了组合 VaR 的计算，但是这里存在如何对资产组合进行定价的问题。

(2)Delta-Gamma 模型

Wilson(1994)将 Delta 模型扩展到二阶近似的 Delta-Gamma 模型，即将价值函数由线性函数推广为非线性函数，随后，Zangari(1996b)、Mina 和 Ulmer(1999)证明了 Delta-Gamma 模型可直接应用和在许多案例中能给出好的结论。

设 $V(X)$ 表示投资组合的价值函数，$X=(X_1,X_2,\cdots,X_p)^T$ 表示投资组合的风险因子，ΔX 表示从当前时刻到终止时期的持有期 Δt 内 X 的增量。利用 Taylor 展开式近似，有

$$\begin{aligned}\Delta V &= V(X+\Delta X,t) - V(X,0)\\ &\approx \sum_{i=1}^{p}\theta_i \Delta t_i + \sum_{i=1}^{p}\delta_i \Delta X_i + \frac{1}{2}\sum_{i=1}^{p}\sum_{j=1}^{p}\Gamma_{ij}\Delta X_i \Delta X_j\\ &= \theta \Delta t + \delta^T \Delta X + \frac{1}{2}\Delta X^T \Gamma \Delta X\end{aligned} \quad (6-7)$$

其中，$\theta = \dfrac{\partial V}{\partial t}$，$\delta_i = \dfrac{\partial V}{\partial X_i}$，$\Gamma_{ij} = \dfrac{\partial^2 V}{\partial X_i \partial X_j}$，$\delta^T \Delta X$ 为 Delta 项，$\dfrac{1}{2}\Delta X^T \Gamma \Delta X$ 为 Gamma 项。

假设风险度量时间跨度选择 1 天，RiskMetric 技术小组认为市场变量在未来 24 小时的交易量的期望价差可以为 0，所以可以设 $\Delta X \sim N(0,\Sigma)$，$\Sigma$ 为正

定矩阵，且 $\Delta X_1,\Delta X_2,\cdots,\Delta X_p$ 相互独立。现在来正交化 ΔX，令 $Y=\Sigma^{-1/2}\Delta X$，满足 $\Sigma^{-1/2}$ 是对称矩阵，且 $\Sigma^{-1/2}\Sigma^{-1/2}=\Sigma^{-1}$。由于 $\Delta X\sim N(0,\Sigma)$，所以独立正态分布的线性组合 Y 仍服从正态分布 $N(0,I)$。

于是 Gamma 项

$$\frac{1}{2}R^T\Gamma R=\frac{1}{2}(\Sigma^{1/2}Y)^T\Gamma(\Sigma^{1/2}Y)=\frac{1}{2}Y^T\Sigma^{1/2}\Gamma\Sigma^{1/2}Y=\frac{1}{2}Y^TAY \quad (6-8)$$

其中，$\Sigma^{1/2}\Gamma\Sigma^{1/2}=A$。

由矩阵的谱分解可得 $A=C\Lambda C^T$，C 是矩阵 A 的特征向量构成的矩阵，Λ 是矩阵 A 的特征值 λ_i 构成的对角矩阵，故

$$\begin{aligned}\frac{1}{2}Y^TAY&=\frac{1}{2}Y^TC\Lambda C^TY=\frac{1}{2}(C^TY)^T\Lambda(C^TY)\\&=\frac{1}{2}Z^T\Lambda Z=\frac{1}{2}\sum_{i=1}^{p}\lambda_iZ_i^2\end{aligned} \quad (6-9)$$

其中，$Z=C^TY$。

同理，Z 服从正态分布。故通过标准化 Z，可以整理得到 Gamma 项 $\frac{1}{2}\Delta X^TA\Delta X$ 服从非中心的 χ^2 分布，因此 $\Delta V=\Delta^T\Delta X+\frac{1}{2}\Delta X^T\Gamma\Delta X$ 是由服从正态分布的 Delta 项和服从 χ^2 分布的 Gamma 项相加而成。这说明假设一定时间内的价值改变量仍服从正态分布时是有误差的，这种误差有时蕴含着很大的风险。

由 stein'引理①(1981)可得

$$Cov(\Delta^TR,\frac{1}{2}R^T\Gamma R)=0 \quad (6-10)$$

参考 Mathai 和 Provost(1992)，对于 $Y\sim N(\mu,\Sigma)$，$Q(Y)=Y^TAY+a^TY+d$，且 A 是对称矩阵，则 $Q(Y)$ 的第 r 阶矩可通过如下公式计算

$$E[Q(Y)]^r=\sum_{r_1=0}^{r-1}C_{r-1}^{r_1}g^{(r-1-r_1)}\sum_{r_2=0}^{r_1-1}C_{r_1-1}^{r_2}g^{(r_1-1-r_2)}\cdots \quad (6-11)$$

其中，$g^{(k)}=\frac{1}{2}k!\sum_{j=1}^{p}(2\lambda_j)^{k+1}+\frac{(k+1)!}{2}\sum_{j=1}^{p}b_j^2(2\lambda_j)^{k-1}$，$k\geq1$，$g^{(0)}=\frac{1}{2}\sum_{j=1}^{p}(2\lambda_j)+(d+a^T\mu+\mu^TA\mu)$，$P^T\Sigma^{1/2}A\Sigma^{1/2}P=diag(\lambda_1,\lambda_2,\cdots,\lambda_p)=\Lambda$，

① $Cov(\xi,f(\eta))=E[f'(\eta)]Cov(\xi,\eta)$，$\xi,\eta$ 服从正态分布的随机变量，$f(\cdot)$ 为光滑函数。

$PP^T = I$ ，$P^T(\Sigma^{1/2}a + 2\Sigma^{1/2}A\mu) = b = (b_1, b_2, \cdots, b_p)^T$ 。

故有

$$E[Q(Y)] = \mu_1 = g^{(0)}$$

$$E[Q(Y)]^2 = \mu_2 = C_1^0 g^{(1)} \mu_0 + C_1^1 g^{(0)} \mu_1$$

$$E[Q(Y)]^3 = \mu_3 = C_2^0 g^{(2)} \mu_0 + C_2^1 g^{(1)} \mu_1 + C_2^2 g^{(0)} \mu_2$$

$$E[Q(Y)]^4 = \mu_4 = C_3^0 g^{(3)} \mu_0 + C_3^1 g^{(2)} \mu_1 + C_3^2 g^{(1)} \mu_2 + C_3^3 g^{(0)} \mu_3 \quad (6-12)$$

为计算 ΔV，假设 $Y \sim N(0, \Sigma)$，$A = \frac{1}{2}\Gamma$，$a = \delta^T \Delta X$，$d = 0$，利用上述公式即可计算得

$$\mu_1 = E(\Delta V) = E\left(\Delta^T R + \frac{1}{2} R^T \Gamma R\right) = \frac{1}{2} tr(\Gamma\Sigma)$$

$$\mu_2 = E(\Delta V - \mu_1)^2 = Var(\Delta^T R) + Var\left(\frac{1}{2} R^T \Gamma R\right) + Cov\left(\Delta^T R, \frac{1}{2} R^T \Gamma R\right)$$

$$= \Delta^T \Sigma \Delta + \frac{1}{2} tr[(\Gamma\Sigma)^2]$$

$$\mu_3 = E(\Delta V - \mu_1)^3 = 3\Delta X^T \Sigma\Gamma\Sigma\Delta X + tr[(\Gamma\Sigma)^3]$$

$$\mu_4 = E(\Delta\tilde{V} - \mu_1)^4 = 12\Delta X^T \Sigma(\Gamma\Sigma)^2 \Delta X + 3tr[(\Gamma\Sigma)^4] + 3\mu_2^2 \quad (6-13)$$

由上述推导过程可以看出，Delta-Gamma 模型已不再满足正态假定，所以不能只用前二阶矩完整描述数据分布特征。因此，直接利用 Delta-Gamma 模型来计算基于正态分布的 VaR 是存在分布设定错误风险的。

6.3 股票收益率非正态性检验

经济科学研究的形式化思潮以及正态分布的良好性质，加上金融学研究所涉及主要变量的随机特征，使正态分布在金融学研究中具有了举足轻重的地位，Markowitz(1952)的证券投资组合理论或均值一方差模型、Sharpe(1964)的资本资产定价模型、Fama(1965)的有效市场假说、Black－Scholes(1973)期权定价模型等以及 J. P. Morgan(1994)首先提出后被广泛应用的 VaR 风险度量系统均是基于正态分布假定的现代金融学理论。然而随着时间的流逝与实证研究方法的不断掀起，金融计量学家在大量的实践与经验研究中发现：绝大多数金融时间序列数据的分布均存在负偏(negative skewness)、尖峰(excess kurtosis)厚尾(fat-tails)特征以及波动的集聚性与非对称性(Black，1976；Nelson，1990)性质，其并不服从正态分布假定，实证分析的结果对较为成熟的现代

金融理论提出了挑战，摒弃正态分布假设因此成为当今金融学研究的一个重要方面及其热点问题。

6.3.1 股票收益率非正态性的经验证据

早在1900年，Bachelier在分析期权的收益率时，首先提出了股票收益率是独立同分布的论断，认为股价运动遵循Weiner过程——Brownian运动的一种形式，但Bachelier并未提供实证证据。Osborne(1962)假设股票收益率服从正态分布，并结合其他六条假设，提出股价运动遵循随机漫步过程。然而，自从Mandelbrot(1963)首次发现金融时间序列偏离正态、呈现厚尾稳态分布以来，众多的学者对此进行了大量的探讨。在sharpe、Mossin、Lintner提出CAPM后，针对CAPM成立的前提条件，Fama(1964)调查了大量实例，发现其分布是对称的，但呈翘尾(fat-tails)型，故没有确定的方差。Levy(1969)，Samuslson(1970)证明了在有效时间区间投资决策时均值一方差有效的不充分性，且指出高阶矩会影响投资组合决策。Clark(1973)指出，由于金融市场信息到达的非线性性质引起投资者交易的非线性行为，少量的交易最终导致了收益分布的高峰特征，而频繁交易导致收益分布的厚尾分布。Sterge(1989)在对欧洲美元合约的期货价格的研究中发现了同样的尖峰态分布，价格变化出现次数非常多，相当于正态分布所预言的两倍甚至更多。Turner和Weigel(1990)对1928－1990年的S&P指数的日收益率进行了研究，发现与正态分布相比较，S&P指数的日收益率分布是负偏的，在均值附近有更大的收益率频数等。Danielsson(1997)指出在极限条件下，所有厚尾分布的尾部都可以用幂函数近似，这称之为幂指规则。Theodossoiu(1998)分析了美国、加拿大和日本三个国家中较大股票指数的日收益的对数变化，断定所有这些股票指数中存在显著的厚尾性，日本股票指数中存在明显的偏度。Diebold(1998)经过研究得出，金融时间序列的极值分布通常是Frèchet分布。Dacarogna(1999)指出幂律型分布形式$F(x)=1-ax^{-\alpha}$(a为尺度参数，α为尾部参数)几乎提供了所有的厚尾分布尾部形式的逼近。Philippe等(2000)所指出的“对于极端事件，从来没有证明价格波动的高斯(正态)定理成立，这是因为中心极限定理仅能应用于分布的中心区。”Bekaert于2000年发现在新兴的股票市场和其三个较大的股票指数中存在着偏度和厚尾性。

国内徐龙炳(2001)按照对股票市场有重要影响的交易制度变化将中国证券市场分为四个阶段，对每个阶段的研究发现中国股票市场各阶段股票对数收益均呈现厚尾特征，不服从正态分布。徐绪松等(2001)证明了沪深股市各阶段收益率偏离正态分布，说明中国股票收益率构成的时间序列呈现尖峰、厚尾，具有稳态特征。邵宇(2003)对1987年10月29日美国S&P指数的日收益率说明其偏离平均日收益的幅度高达20倍标准差，而在正态分布下，日收益率偏离均值超过5倍标准差的情况要隔7000年才出现一次。金晓斌、何旭强等对1999年1月8日至2002年12月31日之间上证A股指数的日对数收益率数据研究发现：当临界值分别设为$\mu+3\sigma$，$\mu+4\sigma$，$\mu+5\sigma$时，上证A股指数日收益率大于相应临界值的概率分别为0.0144、0.0103与0.0030，远远超过了正态分布假定下的概率0.0013、0.0009与0。刘国光等(2005)分析了沪深股市收益率分布尾部特征，说明沪深股市是具有厚尾的非正态分布。都国雄等(2007)根据我国上证综指和深证成指在过去七年中的高频数据，分析了在六种时间标度下股指收益的概率分布，发现具有明显的尖峰和厚尾特征。李腊生、孙春花(2010)通过整理股票收益率的Delta-Gamma模型，说明股票收益率服从正态分布的假设是有问题的。

6.3.2 正态性检验方法

基于中心极限定理的提出以及正态分布的良好性质，正态假定在金融学中具有举足轻重的地位。但实际中金融数据的收益率序列是否服从正态分布，需要检验才能判断。检验方法通常分为两类：图示检验与统计检验。

(1)正态概率纸检验

正态概率纸是一种具有特殊刻度的坐标纸，它能够使正态随机变量X的取值x与对应的分布函数值$F(x)$组成的数对$(x,F(x))$在这张概率纸上呈一条直线。而且，在正态概率纸上，只有正态分布随机变量的图形是直线。因此，可以将样本$X_1,X_2,\cdots,X_n$与对应的分布函数$F(x_i)$的估计值$\hat{F}(x_i)$组成的数对$(x_i,F(x_i))$标注在正态概率纸上，如果各点散布在一条直线附近，则可以粗略的判定样本来自一个正态总体；如果诸点对直线出现系统偏差，则可以粗略的判定样本来自一个非正态总体，此时散点图的形状还可以揭示一些分布特征。

用正态概率纸进行正态性检验具有简便易行的特点，但是，这种方法靠的是人的视觉，是一种定性的检验方法，只有在非常明显的情况下才无可非议。下面假设检验均有原假设H_0：总体服从正态分布。

(2) χ^2拟合优度检验

χ^2拟合优度检验不仅适用于总体服从正态分布的假设，也适用于其他分布。根据实际经验和某种知识，可以认为总体的分布函数是一个已知的函数

$F_0(x)$。为检验这个假设是否正确，可以考虑如下的假设检验问题 $H_0:F(x)=F_0(x)$ $H_1:F(x)\neq F_0(x)$

χ^2 拟合优度检验对正态分布假设的检验过程如下：首先，假设已知分布 $F_0(x)$ 为正态分布。然后，把样本空间分成 k 个互不相交的子空间，在原假设 H_0 下可以计算理论频数 $n\cdot p_i$，同时可以根据样本计算实际频数 $n_i(i=1,2,\cdots,k)$。其次计算统计量。Pearson 提出以统计量 $\chi^2=\sum_{i=1}^{k}\frac{(n_i-n\cdot p_i)^2}{np_i}$ 作为衡量理论分布和样本数据之间的偏差的尺度，一般来说，如果原假设 H_0 成立且样本容量 n 充分大，理论频数 $n\cdot p_i$ 和实际频数 n_i 的差异不会很大。R. A. Fisher(1924)给出如下结论：若样本容量 n 充分大，则不论总体服从什么分布，统计量

$$\chi^2=\sum_{i=1}^{k}\frac{(n_i-n\cdot p_i)^2}{np_i}\sim\chi^2(k-r-1) \tag{6—14}$$

其中 r 为 $F_0(x)$ 中待估计参数的个数。

最后，作出判断。如果设定的显著性水平为 α，则当 $\chi^2>\chi^2_{\alpha}(k-r-1)$ 时，拒绝原假设 H_0。

χ^2 拟合优度检验适用范围很广，不管总体是一维的还是多维的，离散的还是连续的，总体分布中的参数是已知的还是未知的。但是，χ^2 拟合优度检验有一个缺点：其检验结果受分组情况的影响，有时虽然原假设不成立，但采用某种分组方法可能使检验结果接受原假设，导致犯第二类错误。

(3)Kolmogorov-Smirnov 检验

Kolmogorov-Smirnov 检验，简称 KS 检验，克服 χ^2 拟合优度检验依赖于区间划分的缺点，能够在每一个样本点上考察样本经验分布函数与总体分布函数之间的偏差。

KS 检验的思路如下：当原假设（设定过程与 χ^2 拟合优度检验相同）成立且样本容量 n 较大时，经验分布函数 $F_n(x)$ 和总体分布函数 $F_0(x)$ 的差距不会很大。KS 检验以经验分布函数 $F_n(x)$ 和总体分布函数 $F_0(x)$ 之间的最大差距 $D=\sup\limits_{x\in(-\infty,+\infty)}|F_n(x)-F_0(x)|$ 为统计量。

但是，对于有限样本，经验分布函数 $F_n(x)$ 是阶梯函数，所以 KS 统计量

$$D_n=\max_{1\leqslant i\leqslant n}\{\max(|F_n(x_i)-F_0(x_i)|,|F_n(x_{i-1})-F_0(x_i)|)\} \tag{6—15}$$

并且 Kolmogorov-Smirnov 证明：当 $n\to\infty$时，有

$$\text{Prob}(\sqrt{n}D_n\leqslant x)\xrightarrow{d}K(x),$$

$$K(x)=\begin{cases}0, & x\leqslant 0\\ \sum_{j=-\infty}^{\infty}(-1)^j\exp(-2j^2x^2), & x>0\end{cases} \tag{6-16}$$

即K(x)是统计量的渐进分布。对于给定的显著性水平 α，如果统计量 $\sqrt{n}D_n$ 的值大于临界值 K_α，则拒绝原假设 H_0。

KS检验不是利用统计量 $\sqrt{n}D_n$ 检验的精确分布进行检验，而是借助 $\sqrt{n}D_n$ 的渐进分布做假设检验。χ^2 拟合优度检验和KS检验这两种分布检验方法虽然可以用来进行正态分布检验，但是这两种方法都没有充分利用原假设 H_0 成立时的信息，故检验的功效不高。

(4)Wilk-Shapiro检验

Wilk-Shapiro检验，简称W检验，适用于小样本场合 $3\leqslant n\leqslant 50$，是基于次序统计量对它们期望值的回归构成的。W检验的实施步骤如下：首先将样本按升序排列 $X_{(1)}\leqslant X_{(2)}\leqslant\cdots\leqslant X_{(n)}$，计算W统计量

$$W=\frac{\left[\sum_{i-1}^{[n/2]}a_i(X_{(n+1-i)}-X_{(i)})\right]^2}{\sum_{i=1}^{n}(X_i-\bar{X})^2} \tag{6-17}$$

其中 $\bar{X}$ 为样本均值，系数 a_i 满足性质：$a_i=-a_{n+1-i}, i=1,2,\cdots,\left[\frac{n}{2}\right]$，

$\sum_{i=1}^{n}a_i=0$，$\sum_{i=1}^{n}a_i^2=1$，对于不同的 n，系数 $a_1,a_2,\cdots,a_n$ 可查表。

当"总体服从正态分布"这个原假设成立时，W 统计量的取值应该接近1。因此，给定显著性水平 α，W 检验的拒绝域由小于或等于 W 的 α 分位数 W_α 的值构成。

(5)Dagustino检验

Dagustino检验，简称 D 检验，适用于大样本场合 $n>50$。针对W检验的系数 a_i 与临界值 W_α 难以计算，Dagustino建议用以下统计量

$$D=\frac{\sum_{i=1}^{n}\left(i-\frac{n+1}{2}\right)X_{(i)}}{n^{3/2}\sqrt{\sum_{i=1}^{n}(X_i-\bar{X})^2}} \tag{6-18}$$

在原假设 H_0 成立时，有 $E(D)\approx 0.28209479$，$\sqrt{Var(D)}\approx 0.02998598/$

$\sqrt{n}$，且

$$Y=\frac{(D-0.28209479)\sqrt{n}}{0.02998598} \tag{6-19}$$

的渐进分布为N(0,1)。但由于其接近N(0,1)的速度十分慢，因而Dagustino用随机模拟法得到Y的分位数表。

W检验与D检验是国际标准化组织统计标准化委员会向世界各国推荐的正态性检验，因为该组织统计学家对正态性检验方法进行比较，最后认为这两种方法是最好的，它们犯第二类错误的概率最小。中国统计方法标准化委员会经过研究与比较，接受此项建议，把这两个正态性检验列为国家标准，编号为GB488—85。但是可以看出，这两个检验存在临界值计算困难的局限。

(6)Epps-Pulley 检验

1983年Epps和Pulley提出了一种功效更高的检验方法，被称为Epps-Pulley检验。这种检验方法适合于 $n\geqslant 8$ 的场合，1997年被采纳为国际标准。

对于样本 $X_1,X_2,\cdots,X_n$，将其样本均值和样本方差分别记为 $\bar{X}$ 和 S^2。Epps和Pulley提出的检验统计量为

$$T_{EP}=1+\frac{n}{\sqrt{3}}+\frac{2}{n}\sum_{i=2}^{n}\sum_{j=1}^{i-1}\exp\left(-\frac{(X_j-X_i)^2}{2S^2}\right)-\sqrt{2}\sum_{i=1}^{n}\exp\left(-\frac{(X_i-\bar{X})^2}{4S^2}\right) \tag{6-20}$$

给定显著性水平 α 和样本容量 n，若计算出来的 T_{EP} 统计量大于或等于 T_{EP} 的 α 分位点，则拒绝原假设“总体服从正态分布”，否则不能拒绝原假设。

(7)峰度和偏度检验

Jarque和Bera(1982)提出建立在数据的偏度和峰度基础之上的正态性检验，Jushan Bai和Serena Ng(2005)提出基于时间序列数据的正态性检验，该检验同样是建立在数据的偏度和峰度基础之上。对总体随机变量 X，其偏度和峰度定义如下

偏度 $\tau=\frac{\mu_3}{\sigma^3}=\frac{E(X-\mu)^3}{[E(X-\mu)^2]^{3/2}}$　　峰度 $\kappa=\frac{\mu_4}{\sigma^4}=\frac{E(X-\mu)^4}{[E(X-\mu)^2]^2}$

其估计量为 $\hat{\tau}=S=\dfrac{\frac{1}{n-1}\sum_{t=1}^{T}(x_t-\bar{x})^3}{\hat{\sigma}^3}$，$\hat{\kappa}=K=\dfrac{\frac{1}{n-1}\sum_{t=1}^{T}(x_t-\bar{x})^4}{\hat{\sigma}^4}$，$\mu=E(X)$，$n$ 为样本容量，$\hat{\sigma}$ 为样本标准差。

①Jarque-Bera 检验

Jarque-Bera 检验包括以下三个检验：偏度检验的原假设为 $H_0:\tau=0$，其检验统计量为 $\hat{\pi}_1=\frac{T-k}{6}S^2\sim\chi^2(1)$；峰度检验的原假设为 $H_0:\kappa=3$，其检验统计量为 $\hat{\pi}_2=\frac{T-k}{24}(K-3)^2\sim\chi^2(1)$；正态性检验的原假设为 H_0：总体服从正态分布（$\tau=0,\kappa=3$），其检验统计量为

$$JB=\hat{\pi}_1+\hat{\pi}_2=\frac{T-k}{6}\left[S^2+\frac{1}{4}(K-3)^2\right]\sim\chi^2(2) \tag{6-21}$$

其中 k 为约束条件的个数。

Jarque-Bera 检验的临界值可以借助 χ^2 分布表求得，通过检验统计量的值与临界值相比较就可给出判断结果。

②Jushan Bai-Serena Ng 检验

Jushan Bai-Serena Ng 检验包括以下三个检验：偏度检验的原假设为 H_0：$\tau=0$，其检验统计量为 $\hat{\pi}_3=\sqrt{T}\ \frac{\hat{\tau}}{s(\hat{\tau})}\sim N(0,1)$，其中 $s(\hat{\tau})=(\hat{\alpha}_2\hat{\Gamma}_{22}\hat{\alpha}_2^T/\hat{\sigma}^6)^{1/2}$，$\hat{\alpha}_2=[1\quad -3\hat{\sigma}^2]$，$Z_t=\begin{bmatrix}(X_t-\mu)^3-\mu_3\\(X_t-\mu)\\(X_t-\mu)^2-\sigma^2\end{bmatrix}$，且 $\Gamma=\lim\limits_{T\to\infty}TE(\bar{Z}\bar{Z}^T)$[①]，$\bar{Z}$ 是 Z_t 中的样本均值，Γ_{22} 是 Γ 的第一个 2×2 阶子矩阵；峰度检验的原假设为 $H_0:\kappa=3$，其检验统计量为 $\hat{\pi}_4=\sqrt{T}\ \frac{\hat{\kappa}-3}{s(\hat{\kappa})}\sim N(0,1)$，其中 $s(\hat{\kappa})=(\beta\hat{\Omega}\beta^T/\hat{\sigma}^8)^{1/2}$，$\beta=[1\quad -4\hat{\mu}_3\quad -2\hat{\sigma}^2\hat{\kappa}]$，$W_t=\begin{bmatrix}(X_t-\mu)^4-\mu_4\\(X_t-\mu)\\(X_t-\mu)^2-\sigma^2\end{bmatrix}$，且中 $\frac{1}{\sqrt{T}}\sum_{t=1}^{T}W_t\sim N(0,\Omega)$，$\Omega=\lim\limits_{T\to\infty}TE(\bar{W}\bar{W}^T)$，$\bar{W}$ 是 W_t 中的样本均值；正态性检验的原假设为 H_0：总体服从正态分布（$\tau=0,\kappa=3$），其检验统计量为 $JB=\hat{\pi}_3^2+\hat{\pi}_4^2\sim\chi^2(2)$。

Jushan Bai-Serena Ng 检验中偏度、峰度检验的临界值查正态分布表即可，正态性检验的临界值需要查 χ^2 分布表求得，然后比较检验统计量的值与临界

---

① $TE(Q)$表示矩阵 Q 的对角线元素顺次构成的矩阵。

值,得出判断结果。

6.4 非线性 VaR 模型的改进

当人们认识到基础的 VaR 风险计量方法存在:过分依赖收益率分布的正态假设,而对于收益率通常存在的异方差性、非对称性和厚尾特征考虑不足的缺陷时,基于正态分布和同方差假定的 VaR 估测可能就存在相对于实际风险的严重偏误,这种偏误来自于 VaR 实际计量中对分布设定风险的忽略,从而造成在金融风险管理的实践中 VaR 值往往被人为低估的现象,结果导致金融风潮愈来愈频繁的爆发。针对 VaR 估测的缺陷,国内外许多学者做了大量卓有成效的工作,提出了众多的改进与完善方案。归纳起来看,这些改进与完善工作是沿着两条路径展开的,一是对模型的修正,包括:(1)寻求与经验分析一致的分布 VaR 模型,Rockafeller 和 Uryasev(2000)提出的 CVaR 是这一方向的代表性成果。(2)针对正态分布假设偏差的修正,其中包括更换分布假设(如 Logistic 分布、t 分布、GED 分布等)和不考虑分布的 VaR 计算方法(如模拟方法)以及考虑主观因素影响的概率分布(如收益率分布主观模型);二是对样本数据集的处理,即利用适当的转换函数,将不符合正态分布的初始样本数据集变换成基本满足正态分布的计算样本数据集,然后在变换后的样本数据集的基础上来估测 VaR(李腊生,孙春花,2010)。

6.4.1 非线性 VaR 模型的样本数据转换方法

为了克服分布设定错误风险,金融计量学家相应提出了 Delta-Gamma-Johnson 转换方法和 Cornish-Fisher 扩展方法,它们放宽了正态分布的假设,利用转换机制调整前四阶矩(包括偏度、峰度)数据分布形式,来减少错误分布假定下所导致的误差。

(1)Delta-Gamma-Johnson 转换

Johnson 转换方法的基本思想是能够找到一个单调函数随机变量 $f(Z)$ 与 ΔV 分布相同,且 Z 的分布已知(通常假定服从正态分布),就可近似求得 $VaR_\alpha = f(Z_\alpha)$,其中 Z_α 是 Z 的 α 分位数。

Johnson(1949)提供的著名的转换函数

$f(x) = \lambda \exp\left[\frac{x-\gamma}{\delta}\right] + \xi$,$-\infty < \xi < +\infty$,$-\infty < \gamma < +\infty$,$\lambda, \delta > 0$,$f(x) \geqslant \xi$,(lognormal,SL),它涵盖了对数正态分布。

$$f(x)=\frac{\exp\left[\frac{x-\gamma}{\delta}\right](\xi+\lambda)+\xi}{1+\exp\left[\frac{Z-\gamma}{\delta}\right]},-\infty<\xi<+\infty,-\infty<\gamma<+\infty,\lambda,\delta>0,$$

$\xi\leqslant f(x)\leqslant\xi+\lambda$，(bounded range，SB)，它涵盖了 Gamma 分布族、Beta 分布族等。

$f(x)=\sinh\left[\frac{x-\gamma}{\delta}\right]\lambda+\xi$，$-\infty<\xi<+\infty$，$-\infty<\gamma<+\infty$，$\lambda,\delta>0$，(unbounded range，SU)，其中 $\sinh(x)=\frac{e^x-e^{-x}}{2}$ 为双曲正弦变换，$\sinh^{-1}(x)=\ln(x+\sqrt{x^2+1})$ 为逆双曲正弦变换。它涵盖了 t 分布、正态分布等无界分布。

依据 Johnson 的转换函数就可以把一些实际中得到的数据经验分布转换成正态分布，即

$$Z=f^{-1}(\Delta V,\gamma,\delta,\xi,\lambda)=\gamma+\delta g\left(\frac{\Delta V-\xi}{\lambda}\right) \tag{6—22}$$

其中，Z 为服从正态分布的随机变量，ΔV 是需要转换的随机变量，$f(\cdot)$ 是一单调非减函数。

设 $Y=\frac{\Delta V-\xi}{\lambda}$，则 Y 与 ΔV 服从相同分布，从而上述表达式就变成

$$Z=\gamma+\delta g(Y) \tag{6—23}$$

只要估计了 γ，δ，ξ，λ 这四个参数，就可以将经验数据转换为服从正态分布的随机变量。

估计参数 γ，δ，ξ，λ 可以有矩估计、极大似然估计方法等多种方法，这里我们选择极大似然估计方法。

首先将转换函数 SL 变形为

$$Z=\gamma+\delta\ln\left(\frac{\Delta V-\xi}{\lambda}\right)=\gamma+\delta\ln Y \tag{6—24}$$

则 Y 的概率密度函数为

$$p_Y(y)=\frac{\delta}{\sqrt{2\pi}\,y}\exp\left[-\frac{1}{2}(\gamma+\delta\ln y)^2\right],\ y>0 \tag{6—25}$$

同时 ΔV 的概率密度函数为

$$p_{\Delta V}(v)=\frac{\delta}{\lambda\sqrt{2\pi}\,\frac{v-\xi}{\lambda}}\exp\left[-\frac{1}{2}\left(\gamma+\delta\ln\frac{v-\xi}{\lambda}\right)^2\right],\ v>\xi \tag{6—26}$$

因此,对数似然函数为

$$\ln L(\gamma,\delta,\xi,\lambda)=n\ln\delta-\frac{n}{2}\ln(2\pi)-\sum_{i=1}^{n}\ln(v_i-\xi)-\frac{1}{2}\sum_{i=1}^{n}\left[\gamma+\delta\ln\left(\frac{v_i-\xi}{\lambda}\right)\right]^2,v_i>\xi \tag{6-27}$$

对于转换函数 SB,可以变形为

$$Z=\gamma+\delta\ln\left(\frac{Y-\xi}{\lambda+\xi-Y}\right) \tag{6-28}$$

则可得到 Y 的概率密度函数为

$$p_Y(y)=\frac{\delta}{\sqrt{2\pi}}\cdot\frac{1}{y(1-y)}\exp\left[-\frac{1}{2}\left(\gamma+\delta\ln\frac{y}{1-y}\right)^2\right],0<y<1 \tag{6-29}$$

同时 ΔV 的概率密度函数为

$$p_{\Delta V}(v)=\frac{\delta}{\lambda\sqrt{2\pi}}\cdot\frac{1}{\frac{v-\xi}{\lambda}\left(1-\frac{v-\xi}{\lambda}\right)}\cdot\exp\left[-\frac{1}{2}\left(\gamma+\delta\ln\frac{v-\xi}{\lambda-v+\xi}\right)^2\right],\xi<v<\xi+\lambda \tag{6-30}$$

因此,ΔV 的对数似然函数为

$$\ln L(\gamma,\delta,\xi,\lambda)=n\ln\delta-\frac{n}{2}\ln(2\pi)-\sum_{i=1}^{n}\ln(v_i-\xi)-\sum_{i=1}^{n}\ln\left(1-\frac{v_i-\xi}{\lambda}\right)-\frac{1}{2}\sum_{i=1}^{n}\left[\gamma+\delta\ln\left(\frac{v_i-\xi}{\lambda-v_i+\xi}\right)\right]^2,\quad\xi<v_i<\xi+\lambda \tag{6-31}$$

对于转换函数 SU,可变形为

$$Z=\gamma+\delta\sinh^{-1}(Y)=\gamma+\delta\ln(Y+\sqrt{Y^2+1}) \tag{6-32}$$

计算 Y 的概率密度函数为

$$p_Y(y)=\frac{\delta}{\sqrt{2\pi}}\cdot\frac{1}{\sqrt{y^2+1}}\exp\left[-\frac{1}{2}(\gamma+\delta\ln(y+\sqrt{y^2+1}))^2\right] \tag{6-33}$$

ΔV 的概率密度函数为

$$p_{\Delta V}(v)=\frac{\delta}{\lambda\sqrt{2\pi}}\cdot\frac{1}{\sqrt{\left(\frac{v-\xi}{\lambda}\right)^2+1}}\cdot$$

$$\exp\left[-\frac{1}{2}\left(\gamma+\delta\ln\left(\frac{v-\xi}{\lambda}+\sqrt{\left(\frac{v-\xi}{\lambda}\right)^2+1}\right)\right)^2\right] \quad (6-34)$$

因此 ΔV 的对数似然函数为

$$\ln L(\gamma,\delta,\xi,\lambda)=n\ln\delta-\frac{n}{2}\ln(2\pi)-n\ln\lambda-\frac{1}{2}\sum_{i=1}^{n}\left[\left(\frac{v_i-\xi}{\lambda}\right)^2+1\right]$$
$$-\frac{1}{2}\sum_{i=1}^{n}\left[\gamma+\delta\ln\left(\frac{v_i-\xi}{\lambda}+\sqrt{\left(\frac{v_i-\xi}{\lambda}\right)^2+1}\right)\right]^2 \quad (6-35)$$

(2)Cornish-Fisher 扩展方法

Zangari(1996a)首次在 VaR 的计算中引用 Cornish-Fisher 扩展方法，提出了一类克服正态假定风险的扩展技术。

假设 ΔV 的概率密度函数 $g(x)$ 可由任一概率密度函数 $f(x)$ 的函数表示，若 $f(x)$ 的累积(cumulants)为 $k_1,k_2,\cdots$，则 $g(x)$ 可表示如下

$$g(x)=\exp\left\{\sum_{j=1}^{\infty}\varepsilon_j\left[(-D)^j/j!\right]\right\}\cdot f(x) \quad (6-36)$$

$g(x)$ 的累积为 $k_1+\varepsilon_1,k_2+\varepsilon_2,\cdots$，其中，$D$ 表示求导数，即 $D^j f(x)=d^j f(x)/dx^j$，累积 k_j 是 $f(x)$ 的特征函数 $F(x)$[①]取对数的连续导数，即有 $k_j=(-i)^j\frac{d^j}{dx^j}\ln F(x)|_{x=0}$，表明累积 k_j 是各阶原点矩的多项式组合。

依照 Cornish-Fisher 扩展方法的基本思想，构造转换函数

$$f(Z)=\lambda\ln\left[\frac{Z-\gamma}{\delta}\right]+\xi,\ Z>\gamma \quad (6-37)$$

其中，γ，δ，ξ，λ 仍为未知参数。

依然沿用假定 $Z\sim N(\mu,\sigma^2)$，$\Delta V=f(Z)$，则有 ΔV 的概率密度为

$$p_{\Delta V}(v)=\frac{\delta}{\lambda\sqrt{2\pi}}\exp\left\{-\frac{1}{2}\left[\delta\exp\left(\frac{v-\xi}{\lambda}\right)+\gamma\right]^2\right\}\exp\left(\frac{v-\xi}{\lambda}\right),$$
$$\lambda>0,\ v>\xi \quad (6-38)$$

同理可得，ΔV 的对数似然函数为

$$\ln L(\gamma,\delta,\xi,\lambda)=n\ln\delta-\frac{n}{2}\ln(2\pi)-n\ln\lambda-\sum_{i=1}^{n}\frac{v_i-\xi}{\lambda}$$
$$-\frac{1}{2}\sum_{i=1}^{n}\left[\delta\exp\left(\frac{v_i-\xi}{\lambda}\right)+\gamma\right]^2,\ \lambda>0,\ v_i>\xi \quad (6-39)$$

---

① ΔV 的特征函数 $G(x)=E(e^{itX})=\int e^{itx}g(x)dx$

现有大量文献使用 Delta-Gamma-Johnson 转换方法以及 Cornish-Fisher 扩展方法的转换函数对正态分布进行了修正,并基于此改进了对 VaR 的度量。但是李腊生等(2010)与文献的作法不同,利用 Delta-Gamma-Johnson 转换方法以及 Cornish-Fisher 扩展方法的转换函数对实际样本数据进行正态化处理,选择更接近正态分布者为更优的判断原则,在经转换后的新的样本数据(近似正态分布)下计算中国股票市场的风险值 VaR,为研究中国股票市场风险提供了一种适宜的风险测度方法。

6.4.2 收益率分布主观模型

VaR 不失为目前表现良好的风险测度方法之一,但是理论到现实还有一段距离,在使用实践金融数据估测这些风险指标值时,由于实践金融数据受到市场行为人的主观行为因素的影响而与理论假设分布特征不相吻合,如实际金融数据的尖峰厚尾特征与理论假设正态分布的矛盾,从而使风险测度方法无法表现优秀。因此借助行为金融理论将市场参与人的主观行为因素的影响考虑到 VaR 测度中提高其精准性也是目前及今后应用研究的一个重要方面。从定义可以看出, VaR 源于人们对于损失风险的厌恶,而前景理论的一个主要内容也是损失厌恶,那么自然想到两者应该存在一些内在的联系,如果能把前景理论与 VaR 测量技术结合起来,使得 VaR 的测量可以显式地考虑行为因素,那么在理论和实践上都有很重要的意义。De Giorgi 等所做的研究就是这一方向的尝试,但是能否建立起前景理论与已有优秀风险测度方法的联系最为关注。

前景理论认为在个体决策中考虑各可能结果的心理权重与各可能结果出现的概率不是一致的,这种不一致可由决策权重函数表示,故设定决策权重函数是客观概率的非线性递增函数,但不满足概率公理;具有小概率事件高估、次可加性和次确定性等特点,有助于解释决策者对不确定性的态度,能够解释一些金融"异象"。值得一提的是决策权重函数高估小概率事件的性质也表明人们对极低概率事件有高估倾向,这使得人们对可能性很小的盈利表现出风险偏好,同时对可能性很小的损失表现出极度的厌恶。这一性质与投资者厌恶损失的心理相一致。前景理论理所当然地认为其可以从预期的选择中推断出来,此外对其讨论却并不多。累积前景理论(cumulated prospect theory,CPT)倒是尝试着给出了几种累积权重函数,不同函数对应不同行为特征,但也没有指出通常场合都可用的规范函数形式,因此这就限制了决策权重函数在研究和实践中的应用。那么,能不能构造与决策权重函数具有相同或相似特征,又能满足概率公理的概率分布函数,且这一概率分布函数能够很好拟合实际金融数据的分布特征？

行为金融理论认为，股票价格是证券内在价值因素和投资者行为因素共同作用的结果，股票价格变动的一般过程如图 6.1 所示。

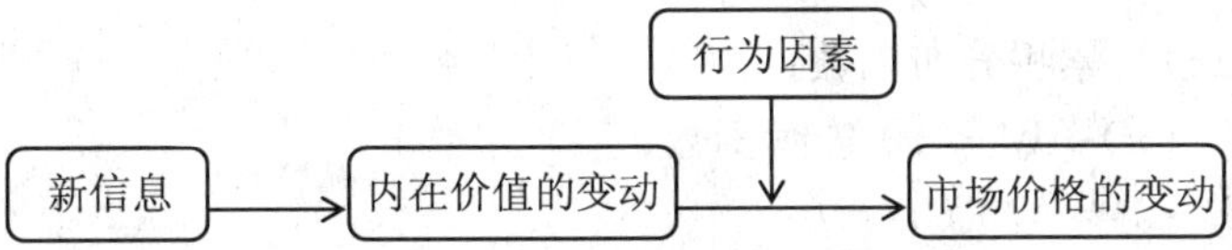

图 6.1　行为金融理论下的市场价格变动

图 6.1 中看出，受投资决策主观影响，市场交易表现出的实际收益率分布与由资产“基本面”信息决定的内在价值变动分布将是不一致的。收益率分布可以简单考虑为在证券自身的内在价值因素分布基础上，还受到交易主体行为因素的影响而形成。内在价值和市场价格可用同一货币（或价值）单位的数值 P 来衡量，令 $x=\log P_{t+\tau}-\log P_t$ 表示某一时间间隔 τ 上的收益率。因此，当证券内在价值变动的分布函数为 G(x)，而市场中实际收益率的分布函数为 F(x)，设有如下关系式

$$F(x)=W(G(x)) \tag{6—40}$$

(6—40)式通过描述同一变动率 x 在内在价值变动分布中对应的累积概率 G(x)与在实际收益率分布中对应的累积概率 F(x)的关系，表达了内在价值变动的分布和实际收益率分布之间的联系。

在累积前景理论对行为决策特征进行描述时采用了累积概率的形式。累积决策权重函数中，不确定性信息(x,p)中的收益率 x 与概率 p 的意义为对非负收益率 x(大于 0)，考虑的相应概率 p 为收益率出现不低于 x 的概率。对收益为 x(<0)损失的概率主观判断，p 考虑为收益出现不高于 x 的概率。这里同样采用累积概率的形式来描述主观因素对收益率分布的影响。设证券内在价值因素信息对应于收益率 x 的累积概率为 $p_{G(x)}$，在主观价值因素影响下，实际决策结果相对于收益率 x 的累积概率为 $p_{F(x)}$，且 $p_{G(x)}$ 和 $p_{F(x)}$ 满足累积前景理论中赢利(或损失)的累积概率意义，即

$$p_{f,G(x)}=G(x),x<0,\ p_{z,G(x)}=1-G(x),x\geqslant 0$$
$$p_{f,G(x)}=F(x),x<0,\ p_{z,F(x)}=1-F(x),x\geqslant 0 \tag{6—41}$$

考虑 $p_{F(x)}$ 来自于主观决策对 $p_{G(x)}$ 影响的结果，设此包含了经济学行为人

主观行为因素的收益率分布(董大勇称其为收益率分布主观模型)①为

$$F(x)=\begin{cases}1-W^{+}(1-G(x)), & x\geqslant 0\\ W^{-}(G(x)), & x<0\end{cases} \tag{6-42}$$

同时为了使 $F(x)$满足分布函数的条件,限定其具有如下条件(证明参考董大勇,2003):

(1)$G(x)$为累积分布函数;

(2) $W^{+}(x)$, $W^{-}(x)$ 连续函数;

(3) $W^{+}(0)=W^{-}(0)=0$;

(4) $W^{+}(1-G(0))+W^{-}(G(0))\leqslant 1$;

(5)如果 $0\leqslant p_1<p_2\leqslant 1$,应有 $0\leqslant W^{+}(p_1)\leqslant W^{+}(p_2)\leqslant 1$, $0\leqslant W^{-}(p_1)\leqslant W^{-}(p_2)\leqslant 1$。

$F(x)$是市场收益率的分布函数,$G(x)$为内在价值变动率的分布函数,是导致资产内在价值变动的"新信息"的反映;$W^{+}(\cdot)$,$W^{-}(\cdot)$ 分别为在正、负收益下的主观决策对收益率的影响函数,代表了对真实信息的主观影响。$W^{+}(1-G(x))$,$(x\geqslant 0)$ 代表盈利出现不低于 x 的概率;$W^{-}(G(x))$,$(x<0)$ 代表损失不低于 x 的概率。

收益率分布主观模型由正负收益下的累积决策权重函数构成,因而参考了累积决策权重函数对不确定条件下主观决策影响的刻画方式,描述了主观行为在收益率分布中的作用,同时体现了决策权重函数的性质,尤其是厌恶损失的性质特征。但收益率分布主观模型在经济意义上与累积权重函数明显不同。收益率分布主观模型表示的是内在价值变动分布和实际收益率分布之间的关系,而累积权重函数反映的则是不确定性结果出现的客观概率与其决策权重的关系。

设内在价值变动满足正态分布,即 $G(x)$是正态分布 $N(\mu,\sigma^2)$ 的分布函数,则

$$G(x)=\Phi\left(\frac{x-\mu}{\sigma}\right) \tag{6-43}$$

其中,μ,σ^2 为正态分布 $N(\mu,\sigma^2)$ 的数学期望与方差。

参考 Prelec(1998)提出累积权重函数 $W(p)=\exp\{-\beta(-\ln p)^{\alpha}\}$,其中,α 为函数参数。因此,可以得到收益率分布主观模型为

---

① 参照董大勇"基于行为金融理论的收益率分布主观模型研究",西南交通大学博士学位论文,2006:27－28.

$$F(x)=\begin{cases}1-\exp\left[-\beta^{+}\left(-\ln\left(1-\Phi\left(\frac{x-\mu}{\sigma}\right)\right)^{\alpha^{+}}\right)\right], & x\geqslant 0\\ \exp\left[-\beta^{-}\left(-\ln\left(\Phi\left(\frac{x-\mu}{\sigma}\right)\right)^{\alpha^{-}}\right)\right], & x<0\end{cases}$$

(6—44)

其中，$\alpha^{+/-}$，$\beta^{+/-}$ 为函数参数。

从上面讨论可以看到，证券内在价值变动分布满足传统主流金融理论的假设条件，可供选择的分布传统主流金融理论已经讨论得很清楚了；至于累积权重函数可以很好地刻画行为人的主观行为因素的影响，因此(6—44)式代表市场收益率的分布函数，刻画了内在价值变动分布、行为因素和市场收益率分布的关系。因此只要知道了证券内在价值变动的分布和描述行为人主观决策权重的累积前景理论，就可以得到收益率分布主观模型的具体形式。如果使用中收益率分布主观模型与传统常用统计分布无异(当然这需要进一步讨论)，并且能够具有良好的统计特征，如尖峰厚尾等特征，那么就可以很好解决 VaR 的测度问题，同时在 VaR 值中包含了投资者在资本市场交易过程中对资产价格的主观影响，使得 VaR 值更接近于现实，减少 VaR 度量过程中概率分布设定错误的风险，有利于提高 VaR 度量的精确性。当然，这是想法从理论到实践还需进一步研究与探索。

6.5 中国股票市场正态性转换时变 VaR 估测

综合现有相关研究成果不难发现，基于模型的修正仍然可能存在分布设定错误(更换分布假设)或情景变化(历史模拟)的风险，Monte Carlo 模拟方法则可能因价格随机过程选择的不当而遭致失败，当然计算工作量也是它的一个障碍；而利用转换函数处理样本数据的思想不仅改善了 VaR 的估值结果，而且还能最大限度地利用现有有关 VaR 的理论成果。然而，沿后一条路径的相关研究成果还较少见，尤其是当收益率分布存在时变性时，利用转换函数正态化样本数据集的方法不仅会掩盖不同阶段 VaR 估测结果的偏差，而且转换函数的选择以及一致性问题就凸显出来。本节试图在考虑收益率分布时变性特征的情况下，利用转换函数处理样本数据的思想来细化和改善中国股票市场的

VaR 的估测[①]，以此揭示中国股票市场不同阶段的风险特征，为优化风险管理提供现实的基础与依据。

6.5.1 基于收益率时变性的正态性转换

基于样本数据正态性转换的 VaR 作为对现行 VaR 估测的一种改进方法，其在风险度量中无疑具有精确化 VaR 计算的作用。然而，证券市场收益率的时变性特征却又表明收益率的分布并非是独立同分布的，也就是说，在收益率分布存在时变性的现实背景下，单纯基于样本数据正态性转换的 VaR 可能会掩盖不同阶段 VaR 的差异，不利于风险管理的进一步优化。为了最大限度地提升风险管理水平，精细化 VaR 的估计就显得尤为必要，而将收益率分布时变性的现实引入基于样本数据正态性转换的 VaR 估测，正是 VaR 估计精细化的体现。

将收益率分布时变性引入基于样本数据正态性转换的 VaR 估测所带来的问题有两个：一是收益率分布时变性是否存在规律性，如果存在，可否找到一致性的形式化表达式。基于随机过程（如 Wiener 过程）或 ARCH 模型的研究虽然在这方面做了很多有益的工作，但设定错误的风险或基于实证的第二类错误仍然使 VaR 估测可能存在系统性偏离，这一方向的研究直到目前也未获得令人满意的答案；二是转换函数的选择问题，即在收益率分布存在时变性特征的情况下，转换函数是否也必须具有时变性，且这种时变性是否能统一到某一单一的转换函数中，即使可行，又如何在转换函数中去显示性地形式化表达它。显然这些问题不是本文可以解决的，好在现有有关股市周期的研究已有了一些明确的结论。依据股市周期理论与实践，股票市场运行即为“牛市”与“熊市”的交替运动过程，一个完整的周期包含一轮牛市和接下来的一轮熊市，收益率分布的时变性说明“牛市”与“熊市”期间的分布可能是不一致的（后面的经验分析已证实了这一点），这就是说，在风险管理实践中，对“牛市”与“熊市”的 VaR 分别进行估值就是必要的。另外，即使上述的问题都能得到很好的解决，我们能找到与时变性特征一致的正态性转换函数，或者说我们能够正确的估计时变 VaR，但从操作层面看，完全依时变 VaR 的风险管理恐怕也并没什么现实意义，因为资产组合的调整是有成本的，当我们将资产组合的调整成本纳入风险管理决策的考虑范围时，完全依时变 VaR 的风险管理技术就可能变得不经济。

① 关于转换函数的选择问题，我们将另文专门探讨。

这就意味着，在股票市场现实的风险管理中，人们没有必要完全按时变 VaR 来管理风险，而只需依据“牛市”与“熊市”VaR 来管理风险就够了。当我们依股市周期运行特征简单地将股票市场运行划分为“牛市”与“熊市”两个阶段时，接下来的工作便是寻求正态性转换函数，依样本数据经转换后更接近正态分布者为更优的判断原则，经初步计算与比较，在经典转换函数中本文选择较优的 Johnson 转换函数作为对经验数据进行正态性处理的转换函数。

6.5.2　中国股票收益率的正态性检验

这里取上证综指作为中国股票市场的代表来研究中国股票市场收益率的分布和估测 VaR。样本区间为 2001 年 1 月 2 日至 2010 年 8 月 31 日的数据，收益率形式采用自然对数收益率的形式，即 $R_t=\ln P_t-\ln P_{t-1}$，其中 P_t 为第 t 期的收盘价格。这样我们就得到上证综指的日收益率时间序列 $\{R_t\}$ 。

表 6.1　上证综指收益率的基本统计特征

指数简称	均值	标准差	偏度	峰度	J-B 统计量	Prob
上证	0.000055	0.022039	−0.449736	5.191554	240.6127	0.0000

从表 6.1 与图 6.2 可以看出，上证综指的收益率均值很小，说明从长期平均来看中国股票市场资本收益率很低，但是变动幅度与标准差却很大，表明中国股票市场收益波动较大，这揭示了中国投资者进入股票市场只为博取低买高卖价差的新兴市场特征。同时从偏度系数(−0.449736)看出呈负偏状，在一定程度上说明中国大多数股民尤其是散户在股市的投资收益为负，即处于亏损状态。峰度系数(5.191554)表明中国股票市场同样存在明显尖峰厚尾特征。进一步使用 JB 检验也证明了上证综指的收益率分布也拒绝了正态分布假定。

6.5.3　中国股票收益率分布时变性检验

为了考察中国股票市场收益率分布是否具有时变性特点，显然只需选择两个不同时间段的样本集来检验其收益率分布是否具有一致性。以上证综指日收盘价为基础数据，以日收益率为基本分析变量，依据中国股票市场的运行特点，分别选择一个完整的牛市和一个完整的熊市的日收益率作为样本数据。牛市的时间跨度为 2005 年 11 月到 2007 年 11 月，共 485 个交易日，熊市样本数据的时间跨度为 2007 年 11 月到 2008 年 11 月，共 245 个样本数据。其中，定义牛市的前 242 个样本为牛市前期，后 243 个样本为牛市后期，熊市的前 122 个样本为熊市前期，后 123 个样本为熊市后期。样本期内，上证综指的运行状

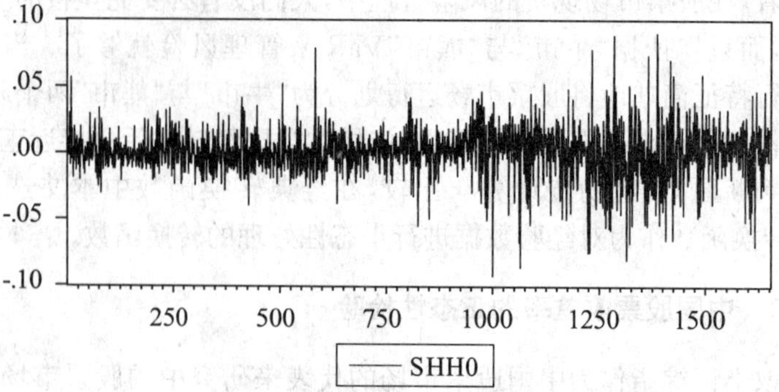

图 6.2　上证综指收益率时序图

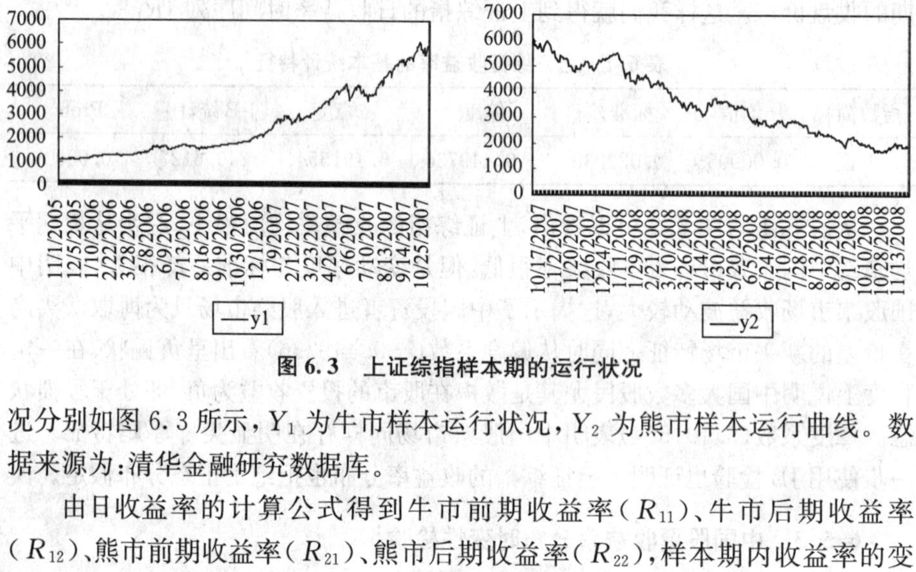

图 6.3　上证综指样本期的运行状况

况分别如图 6.3 所示，Y_1 为牛市样本运行状况，Y_2 为熊市样本运行曲线。数据来源为：清华金融研究数据库。

由日收益率的计算公式得到牛市前期收益率（R_{11}）、牛市后期收益率（R_{12}）、熊市前期收益率（R_{21}）、熊市后期收益率（R_{22}），样本期内收益率的变动情况如图 6.4 所示。由图 6.4 可以直观地看出，牛市前后期收益率的波动性差异较大，而熊市前后期波动性的差异似乎较小。

为更好地描述收益率的基本统计特征，我们将比较这四个阶段收益率的均值、标准差、偏度、峰度、J-B 统计量和 p 值，如表 6.2 所示。

由表 6.2 可以看出，四个阶段收益率的标准差依次变大，熊市的标准差大于牛市的标准差，表明在一个完整的牛熊市周期内，随着时间的变化股票市场的波动性逐渐增强，风险也逐渐增大。并且当市场处于熊市时，风险更大，这与实际中的认识是一致的；与正态分布下的偏度（$S=0$）和峰度（$K=3$）相比，牛

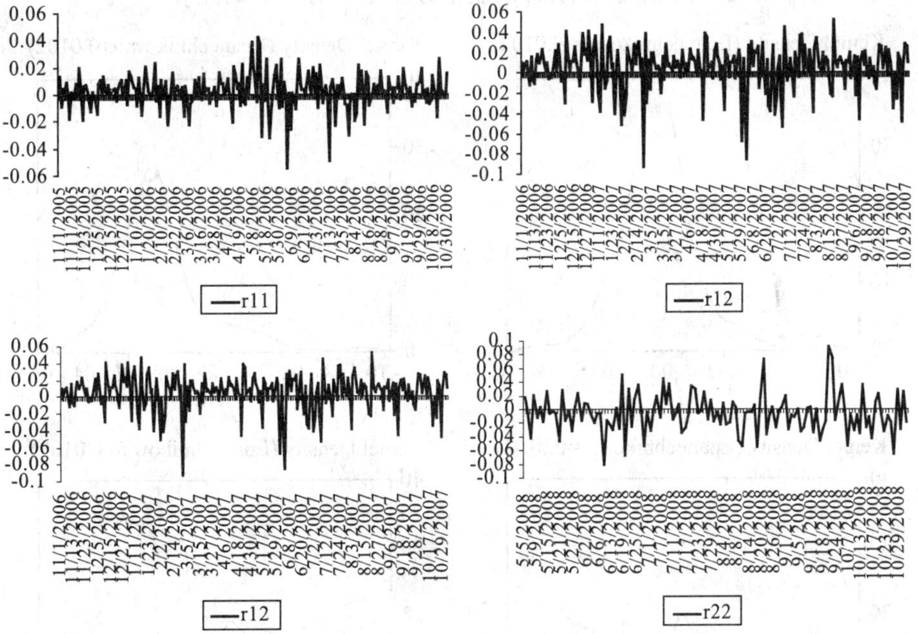

图 6.4 上证综指样本期收益率变动曲线

市存在较显著的负偏和尖峰厚尾特点，熊市存在正偏和尖峰厚尾特征，只是这种偏离程度比牛市小；J-B 统计量及其 p 值表明，在 5% 的显著性水平下，四个阶段收益率均不服从正态分布。另外，除熊市前期与后期的主要统计量差别较小外，其他各阶段的主要统计量的差别均较大，表明它们应该并不服从相同的分布。

表 6.2 样本期内不同阶段上证综指收益率的基本统计特征

变量	均值	标准差	偏度	峰度	J-B 统计量	Prob
R_{11}	0.002168	0.012287	−0.632257	6.376644	130.747703	0.000000
R_{12}	0.004838	0.021402	−1.281651	5.994975	157.346511	0.000000
R_{21}	−0.003892	0.027168	0.163406	4.118109	6.841405	0.032680
R_{22}	−0.006171	0.028183	0.430919	4.108908	10.108716	0.006380

利用核密度函数图可以形象的描述四个阶段上证综指收益率的分布情况，如图 6.5 所示。由图 6.5 可以看出，四个阶段收益率的基本分布特征与前述的分析相同，并且核密度图也表明牛市前后期、牛市后期与熊市前期的收益率的

分布的差异较大，而熊市前后期的收益率分布不具有明显的差异。

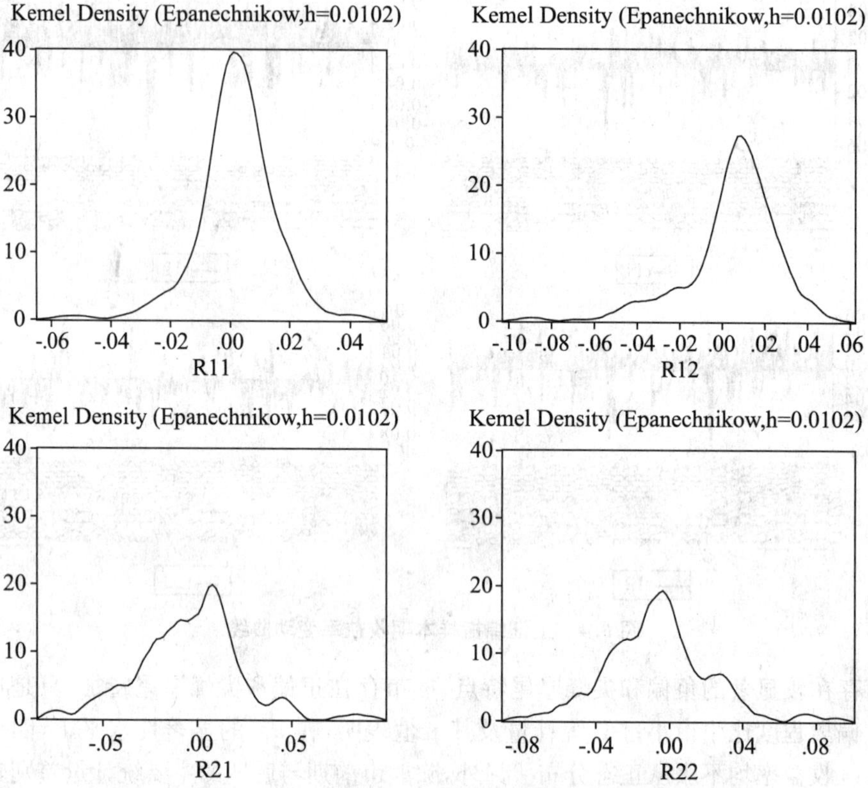

图 6.5　上证综指样本期不同阶段核密度函数图

为了更准确地判断收益率分布是否存在核密度图所揭示的差异情况，我们对四个阶段上证综指收益率序列进行分析，利用 Wicoxon 符号秩检验方法考察相关样本收益率分布的异同，原假设是两个相关序列的分布不存在显著的差异。分析结果如表 6.3。

表 6.3　Wicoxon 符号秩检验结果

变　量	检验统计量	Prob
牛市前期收益率 R_{11} 与牛市后期收益率 R_{12}	−3.077	0.002
牛市后期收益率 R_{12} 与熊市前期收益率 R_{21}	−3.284	0.001
熊市前期收益率 R_{21} 与熊市后期收益率 R_{22}	−0.720	0.471

表 6.3 的相关检验值表明，在 5%的显著性水平下，牛市前后期、牛市后期

与熊市前期 Wicoxon 符号秩检验的 p 值分别为 0.002<0.05 和 0.001<0.05，所以可以拒绝原假设。即使在 1%的显著性水平下，仍然可以拒绝原假设，可见牛市前后期、牛市后期与熊市前期收益率分布存在显著的差异。而熊市前后期的 Wicoxon 符号秩检验的 p 值为 0.471>0.05，没有理由拒绝原假设。即使在 10%的显著性水平下，仍然不能拒绝原假设，可见没有证据证明熊市前后期的收益率分布存在显著的差异。

以上分析表明，虽然不同阶段分析的结论并不完全一致，但有一点却是可以肯定的，即在中国股票市场运行中，收益率分布并不具备一致性，换句话说，中国股票市场运行存在收益率时变性特征。

6.5.4 股市周期诊断与样本数据

为了更准确全面地描述中国股票市场的周期运行状况，这里将样本数据扩充为上证综指 2001 年 1 月 2 日至 2010 年 8 月 31 日收盘价格，共 2305 个数据。收益率仍采用自然对数收益率的形式。

借鉴 Pagan 和 Sossounov(2003)的非参数方法来诊断中国股票市场周期，发现在 2001 年 1 月至 2010 年 8 月间，上证综指出现了 6 次波峰、5 次波谷。6 次波峰发生的时间分别为 2001.06，2002.07，2003.04，2004.03，2007.10 和 2009.12；5 次波谷发生的时间分别为 2002.01，2002.12，2003.11，2005.07 和 2008.11。其中股票价格在 2007 年 10 月 16 日达到了最高峰 6092.06 点，在 2005 年 7 月 12 日跌到了最低谷 1011.50 点。基于此，我们便可以将中国股票市场 2001 年 1 月到 2010 年 8 月这一时间段分成六个熊市与五个牛市时期。

为保证数据样本容量足够大以及不同市场态势下股票市场的时变 VaR 值更具代表性，以下将六个熊市时期的日收益率数据合并到一起统一为熊市样本数据，同样将五个牛市时期的日收益率数据合并为一个整体，作为牛市样本数据集。

6.5.5 中国股票牛熊市正态性转换时变 VaR 的计算

(1)牛熊市样本转换前后的数据特征

转换前上证综指在整体牛熊市样本期的数据特征与前面第二部分选择单一牛熊市的特征基本相同：上证综指在牛市的平均日收益率(0.002954)为正，且远远高于银行一年定期存款利率最高值的日收益率(4.14%/365)，偏度系数为−0.511364，表现出明显的负偏(左偏)，说明大多数时间的日收益率均高于平均值，显示中国投资者在牛市获得的收益率均高于资本平均收益；而当股市处于熊市态势时，市场处于下降阶段，投资者情绪低迷，所以投资股票收益平均为负，偏度系数为正(0.196883)，表明在中国股票市场下降时期，投资者大多数时间亏损。转换前的牛市的标准差与峰度系数都高于熊市，同样表明中国股票市场不同阶段具有不同特征，也说明本文选择具有时间间隔的整体牛熊市样本期与自然(单一)牛熊市样本期无异。转换前上证综指牛熊市收益率的基本统计特征如表6.4所示。

表6.4　转换前上证综指牛熊市收益率的基本统计特征

市场态势	均值	标准差	偏度	峰度	J-B统计量	Prob
牛市	0.002954	0.017493	−0.511364	6.288646	524.362021	0.000000
熊市	−0.002620	0.018098	0.196883	7.387212	929.711073	0.000000

接下来运用Matlab软件编程先完成Johnson转换函数中参数γ，δ，ξ，λ的极大似然估计，经对SL、SB和SU转换函数之比较发现，满足最优选择原则的正态性转换函数在股市不同阶段的转换函数均为SU转换函数。转换后数据的基本统计特征如表6.5所示。

对比表6.4和表6.5不难看出，转换后的样本数据从偏度系数、峰度系数等相关参数上更接近于正态分布，前后比较，不仅对称性有了明显改善，而且峰度系数也显著降低，达到与标准取值3非常接近的水平，由此基本可以判定，转换后的样本数据已可近似视为正态分布。此外，J-B检验在显著性水平0.01下均没有拒绝正态分布假定，这也从另一个侧面验证了SU转换的有效性。

表6.5　转换后上证综指牛熊市收益率的基本统计特征

市场态势	均值	标准差	偏度	峰度	J-B统计量	Prob
牛市	−0.004731	0.024470	−0.211621	3.022532	7.941628	0.018858
熊市	0.002049	0.031935	−0.017897	3.352188	6.038600	0.048835

(2)平稳性检验

进一步用ADF单位根方法对转换前和经SU转换后的样本数据集分别进行平稳性检验，相关检验数据见表6.6。表6.6显示，转换前后牛市与熊市的ADF统计量值都远远小于显著性水平1%，5%和10%下的临界值，则说明不论转换前后，牛熊市的收益率序列均不存在单位根，可以判断其为平稳序列。

表 6.6 转换前后上证综指收益率的 ADF 单位根检验

	牛市			熊市		
转换前		t-Statistic	Prob		t-Statistic	Prob
	ADF 统计量	−33.1372	0.0000	ADF 统计量	−34.8145	0.0000
	临界值	1%	−3.4363	临界值	1%	−3.4358
		5%	−2.8641		5%	−2.8638
		10%	−2.5681		10%	−2.5680
	牛市			熊市		
转换后		t-Statistic	Prob		t-Statistic	Prob
	ADF 统计量	−32.8731	0.0000	ADF 统计量	−35.0655	0.0000
	临界值	1%	−3.4363	临界值	1%	−3.4358
		5%	−2.8641		5%	−2.8638
		10%	−2.5681		10%	−2.5680

(3)牛熊市期的 VaR 估测

依据前面的分析结果,以下就能利用 Johnson 转换函数 SU 处理样本数据,并运用新的样本数据集(满足正态分布)来分别估计中国股票市场牛熊市期的 VaR 值。

为了克服 VaR 值绝对量受初始价值影响的局限性,增强 VaR 估值在风险管理中的适用范围,这里我们计算相对 VaR 值,计算公式为

$$VaR_t/P_t = -F_\alpha^{-1}\sigma_t\sqrt{T} \qquad (6-45)$$

其中,P_t 为投资组合的初始价值,$T=t-t_0$,这里取 $T=1$。

分别将牛熊市基于 Johnson 转换函数 SU 正态性转换后的样本数据依(6−45)式计算,并可得到中国股票市场牛熊市期 VaR 的估计值,见表 6.7。同时为了便于比较与计算,转换前样本数据基于正态假定的 VaR 计算结果也列入表 6.7 中。

表 6.7 转换前后上证综指的 VaR 值(%)

分布	$\alpha=0.05$		$\alpha=0.01$	
	牛市	熊市	牛市	熊市
转换前	2.8730	2.9771	4.0693	4.2168
转换后	4.0702	5.2538	5.7651	7.4416

由表 6.7 可以明显看出:①无论样本数据转换前还是转换后,牛市与熊市的 VaR 值都不相同,且熊市的 VaR 值要大于牛市。这不仅说明伴随着收益率时变性的同时,中国股票市场还存在着风险时变性,利用 ARCH 类模型揭示中国股票市场的风险变动特点应该是恰当的,而且也与人们通常的感受是一致的,其原因就在于牛市时期投资者具有更为乐观的预期,一些利空的偶然事件的出现会被投资者乐观预期部分抵消,从而使牛市时期的日最大损失要小于熊市期。此外,牛熊市 VaR 的非对称性也意味着,投资者在不同的背景下应采取不同的风险管理策略。②无论是牛市还是熊市,样本数据转换前后的 VaR 值存在显著的差异,且经样本数据转换后的 VaR 值均大于转换前的值。这一方面说明利用正态性转换估测 VaR 的修正是有效的,另一方面则表明直接利用原始样本数据估测 VaR 存在风险被低估的现象,当我们以被低估的风险值为依据来进行风险管理时,最优资产组合在实际中将变得无效,投资者实际承担的风险明显大于其意愿承担的风险,市场则表现出明显的风险偏好特点。③比较牛熊市 VaR 被低估的程度不难发现,熊市期被低估的程度明显大于牛市期,牛市期被低估的程度为 29%,而熊市期被低估的程度则达到 43%,这种状况说明依据原始样本来管理风险所造成的不利后果,在熊市时期要严重得多,投资者“过度自信”在熊市期的危害几乎是牛市期的 1 倍。④从修正后 VaR 值的水平来看,无论是牛市期还是熊市期,其风险水平都较高,在 5%的显著性水平下,牛市期的 VaR 值都超过 4%,熊市期则超过了 5%,尤其当我们将可靠性水平进一步提高,显著性水平下降到 1%的背景下来考虑时,熊市期的 VaR 值竟然达到了 7.4416%的高度,几乎接近涨跌停板制度限制的上限,这种状况一方面说明中国股票市场系统性风险突出,另一方面也表明投资者行为具有明显的“羊群效应”特征。

6.5.6 准确性检验

准确性反映了一个 VaR 模型最基本的性质,也是最基础最重要的考察内容。VaR 模型的准确性定义为:实际损益超出 VaR 的比例是否在统计上与 VaR 模型中设定的置信水平保持一致。我们这里选择 Kupiec 检验作为检验准确性的工具,Kupiec 检验是 Kupiec(1995)开发的似然比检验,其似然统计量为

$$LR=-2\ln[(1-p)^{T-N}p^{N}]+2\ln[(1-N/T)^{T-N}(N/T)^{N}] \quad (6-46)$$

其中,LR 是 Kupiec 似然比,它是检验统计量,N 为判断失误的个数,T 为检验总容量,p 为失败率。

Kupiec 似然比检验的方法是通过 LR 的值来判断是否拒绝原假设 $H_0: p = N/T$ 。利用表 6.7 的 VaR 值，将牛熊市样本数据与对应的 VaR 值分别进行比较，则可得到转换前后的 KP 检验相关数据如表 6.8 所示。

表 6.8 准确性检验结果

分布		$\alpha=0.05$		$\alpha=0.01$	
		KP 统计量值 LR	失败率	KP 统计量值 LR	失败率
转换前	牛市	0.0216	0.0510	16.1942	0.0255
	熊市	0.2201	0.0530	−2.5845	0.0261
转换前	牛市	16.1943	0.0255	0.6987	0.0076
	熊市	9.9485	0.0157	6.6009	0.0035
临界值		$\chi^2_{0.025}(1)=5.0240$ $\chi^2_{0.975}(1)=0.0010$		$\chi^2_{0.01}(1)=7.8790$ —	

观察表 6.8 可以发现，转换前无论是牛市期还是熊市期，在样本期的失败率都高于事先设定的小概率(0.05，0.01)，尤其是在较高的置信水平 $1-\alpha$ 下，牛熊市期的失败率(0.0255，0.0261)远远高于设定小概率 0.01，其值超过设定概率的 2 倍，这不仅说明简单假定收益率服从正态分布估测的 VaR 值会低估中国股票市场面临的风险，而且从统计检验上来看，直接依正态分布假定估测的 VaR 值也是不能接受的。特别值得注意的是，如果采取直接依正态分布假定估测 VaR，其对实际风险的偏离程度会随着置信水平的提高而迅速增大，置信水平要求越高，风险被低估的程度则越大，这种情况极大地破坏了 VaR 作为风险管理工具的有效性。因为置信水平作为有保障的确定性程度，它的选取通常对应投资主体对风险的厌恶程度，投资者选取的置信水平越高，其对风险的厌恶程度越大。这就是说，投资主体越厌恶风险，正态假定下估测的 VaR 越低估风险，依 VaR 值的风险管理越无效，这充分说明不考虑数据特征简单假定正态分布直接计算 VaR 是不适宜的。比较而言，经正态性转换后估测的 VaR 的失败率都远低于转换前，且都低于设定的小概率，无论从实际状况还是从统计意义上看，考虑分布时变特征并经转换函数调整的方法能够有效改善 VaR 的估值，真正达到为金融风险管理提供基础依据的目的。

另外，从表 6.8 对 VaR 的准确性 Kupiec 检验结果可以看出，转换前无论是牛市期还是熊市期，在显著性水平 $\alpha=0.05$ 下均没有拒绝原假设，而在显著

性水平 $\alpha=0.01$ 下却拒绝了原假设，说明在显著性水平 $\alpha=0.05$，失败率超过5%的确具有系统偏差（牛市为5.1%，熊市为5.3%），用正态假定的Delta模型计算VaR一定会低估实际的风险，而在显著性水平 $\alpha=0.01$ 下，依正态假定的Delta模型所计算VaR的失败率虽然不一定是：牛市为2.55%，熊市为2.61%，但可以肯定的是其均超过1%，依正态假定的Delta模型所计算VaR管理风险无效。与转换前的检验结果形成鲜明对比的是，经转换后估测的VaR之检验结果却是，在显著性水平 $\alpha=0.05$ 下牛熊市期均拒绝原假设，而在显著性水平 $\alpha=0.01$ 下均没有拒绝了原假设，表明失败率的真实值在显著性水平 $\alpha=0.05$ 下可能不一定等于2.55%和1.57%，但却至少能控制在5%以内，而在显著性水平 $\alpha=0.01$ 下，转换后估测VaR的真实值即为0.76%和0.35%，均小于1%的控制水平，VaR估计有效。综合上述各种情况，我们不难得出如下结论，即无论是牛市期还是熊市期，直接利用转换前样本数据依正态假定Delta模型所计算VaR均是无效的，而经Johnson转换函数之SU型处理数据后所计算的VaR则具有所要求的准确性，当我们同时再将收益率分布的时变性特征纳入VaR估测过程时，其不仅实现了VaR估测的精确化，而且也同时使VaR估测更为精细化。

6.6 中国股票市场噪声交易风险的测定

噪音交易形成于投资者等市场主体的有限理性行为的基础之上，有限理性的投资者对信息的解读与判断将融入到股票的价格之中，造成股票价格的偏离和异常波动，它们的行为选择及其交互作用在一定程度上影响着市场的运行，并形成一种基于投资者行为的新的风险，称之为噪声交易风险。

噪声交易者对信息的不恰当反应造成股票价格相对于内在基础价格的偏离，形成噪声交易风险，这是整个风险链条的第一环；股市价格信号被人利用和操纵，投资者个体随机性行为演变为同质预期的羊群行为，这是整个风险链条的第二环；前两环的有效整合导致股票价格的巨幅波动或非理性涨跌，这形成了风险链条的第三环；投资者信心变化的无序、信用的极度破坏以致爆发金融危机。可见，噪声交易风险首先表现为微观风险，即个人投资者或机构投资者对信息的错误解读而导致投资决策失误或与预期结果的偏离。然后可能由于信息的聚集、同质的预期、过分的积极跟进，投资者行为选择形成一种合力，能够对股票价格产生重大影响，造成市场整体大幅涨落，频繁的噪音交易结合过度反应、羊群行为、市场操纵等形成的风险是一种对整体指数或板块的价格产生影响的系统性风险，这就是噪声交易者的宏观风险。

通过中国股票市场行为资产定价模型的实证分析(第5章)，定义噪声交易风险为

$$NTR_i = \beta_i^C - \beta_i^B \tag{6-47}$$

其中，β_i^B 为BAPM模型中的一次项系数，β_i^C 为CAPM模型中的一次项系数。

这样很容易就可以测算出中国股票市场各股票的噪声交易风险，计算结果如表6.9。

表6.9中所有股票的噪声交易风险 $NTR_i > 0$，说明中国股票市场噪声交易风险在各股票中普遍存在。从噪声交易风险的数值上看，最大的是辽宁成大，最小的是双鹤药业。以凤凰光学为例，其噪声交易风险为0.1109，在系统风险中的比例约为12.52%，说明凤凰光学中12.52%的系统风险来自于噪声交易者非理性交易所形成的风险。

表6.9　中国股票市场各股票的噪声交易风险计算结果

股票名称	β_i^C	β_i^B	NTR_i	股票名称	β_i^C	β_i^B	NTR_i
开滦股份	0.1295	0.9500	—	中化国际	1.2678	1.1212	0.1466
央视传媒	0.9008	0.7824	0.1184	大湖股份	0.9784	0.8556	0.1228
文山电力	1.0346	0.9234	0.1112	中航重机	0.9967	0.8660	0.1307
永鼎股份	0.9894	0.8709	0.1085	中国高科	1.1560	1.0310	0.1250
海信电器	0.8469	0.7400	0.1069	中青旅	1.0263	0.8999	0.1264
首开股份	1.3956	1.2639	0.1317	兴发集团	1.1403	0.9918	0.1485
浙江富润	1.0085	0.8915	0.1170	兰太实业	−0.0092	0.3791	—
浦东建设	1.1947	1.0538	0.1409	辽宁成大	1.6182	1.4318	0.1864
天津港	0.8650	0.7599	0.1051	歌华有线	0.8792	0.7745	0.1047
广汽长丰	0.9822	0.8664	0.1158	双鹤药业	0.6120	0.5445	0.0675
民生银行	0.1294	0.9048	—	凤凰光学	0.8861	0.7752	0.1109
南钢股份	1.2072	1.0708	0.1264	银鸽投资	1.1754	1.0307	0.1447
南京中商	0.8056	0.7133	0.0923	三一重工	1.3448	1.1729	0.1719
吉林森工	1.1370	0.9957	0.1413	宁波联合	1.0398	0.9136	0.1262

第七章

行为资产组合模型与风险防范

Markowitz(1952,1959)的现代投资组合理论(modern portfolio theory, MPT)和Sharpe等提出资本资产定价模型(CAPM)是传统主流金融理论的核心,也一直是金融领域争论与研究的焦点。CAPM和MPT开创了资产定价和资产组合理论的里程碑,是现代理财和投资的重要理论基石。但它们均建立在严格的假设条件之上,假设投资者是风险厌恶的理性人,在理性预期的基础上,以期望收益和方差度量资产未来的收益率和风险。以损失厌恶的有限理性为基础的行为金融理论在与传统主流金融理论激烈争论的同时,对传统主流金融理论中资产组合理论进行了拓展,提出了行为资产组合理论(behavioral portfolio theory,BPT)。

Markowitz的MPT一经提出逐渐成为了最受重视的投资选择计量模型。但是一直因其在投资实务中存在障碍而受到批评:(1)风险度量的局限。MPT以方差或标准差度量风险,这种方法虽然可以有效地减小组合收益的波动,但随着相关问题研究的进一步深入,以方差作为风险的计量指标却受到了质疑。首先方差不适于描述低概率事件的风险,而低概率事件往往可能会造成收益的巨大波动,带来致命的损失;其次由于方差是一种双边风险测度,在市场监管者视角下它是一种合理的风险测度,因为市场的极端向上变动或向下变动都不利于整个市场的稳定发展。然而从金融机构和投资者的角度来看,方差作为风险测度并不是非常合理。这是因为他们作为风险承受者由于承担风险而面临不确定的损失,他们更关注的是可能遭受的偏离某一目标的不利状态;最后用方差度量风险是基于风险未来收益率的不确定性或易变性的认识,而Fishburn等人的研究表明,易变性或不确定性并不是风险的本质属性,所以用收益率的易变性来描述风险是不合适的。(2)风险态度的局限。MPT假设投资者是风险厌恶型,风险态度始终一致,它无法解释“弗里德曼－萨维奇困惑”

(Friedman-Savage puzzle,1948)[①]。但是心理学证据表明,个人有损失厌恶(loss aversion)的倾向,也即损失一单位的边际痛苦大于获取一单位的边际利润。Kahneman 和 Tversky(1979)认为投资者的风险态度不具有一致性,并使用价值函数凹向于赢得(风险规避,risk averse)而凸向于损失(风险追求,risk seeking)的性质来描述投资者风险态度的反转。(3)理性人假设的局限。大量证据表明,投资者并不总是理性的,投资者的各种认知偏差在投资选择中发挥作用,投资者的情绪与资产收益之间存在必然联系。现实广泛存在的不确定性以及投资者个体认知能力的局限性使理性理论与现实相脱离。这些局限性归根结底是由于缺乏对个体投资者行为的研究,没有考虑投资者的心理因素对投资选择的影响。故此后展开了大量以均值一方差研究范式为基础的投资组合选择研究。

7.1 基于投资者损失厌恶偏好的行为资产组合选择

自 Markowitz 提出有关证券市场投资组合选择的系统解决方案以来,MPT 便产生了广泛而深远的影响,均值一方差模型因此也成为传统主流金融学的研究范式。然而我们不难发现,MPT 只是给出了风险规避型投资者的最优解及其投资组合选择,以此为基础的有效市场假说(EMH)虽然构建了基于投资者个体选择的金融市场理论,但它却明显包含了一系列与现实状况不符合的假定。

与传统主流金融理论中关于投资者风险态度的假设不同,行为金融理论却认为人们并不总是厌恶风险的,面对不确定性,人们厌恶的是损失,同时在处于损失和盈利不同阶段的决策时风险态度具有时变性:盈利时是风险规避的,亏损时又是风险追求的,且对损失的感受比盈利更敏感。因此这里仍以 MPT 为原型,通过引入投资者损失厌恶的现实特征,讨论相对于决策参考点,投资者在不同阶段的投资组合行为选择。

7.1.1 损失厌恶型投资者的最优解

设市场有 n 种有风险证券,预期收益率分别为 $E(r_i)(i=1,\cdots,n)$,$E_i=$

---

① 为什么购买保险的人常常同时购买彩票。

$\begin{bmatrix} E(r_1) & 1 \\ E(r_2) & 1 \\ \vdots & \vdots \\ E(r_n) & 1 \end{bmatrix}$，为收益率一单位矩阵，收益率之间的协方差为 σ_{ij}（$i,j=1,2,\cdots,n$）（当 $i=j$ 时，σ_{ii} 就是收益率 i 的方差 σ_i^2），$\Omega=2\begin{bmatrix} \sigma_1^2 & \sigma_{12} & \cdots & \sigma_{1n} \\ \sigma_{21} & \sigma_2^2 & \cdots & \sigma_{2n} \\ \vdots & \vdots & \vdots & \vdots \\ \sigma_{n1} & \sigma_{n2} & \cdots & \sigma_n^2 \end{bmatrix}$ 为方差一协方差矩阵。$w_1,\cdots,w_n$ 表示投资者所选投资组合对应证券资产的比重。于是可得投资组合的预期收益率和方差 $E_p(r)=\sum_{i=1}^{n}w_iE(r_i)$，$\sigma_p^2=\sum_{i=1}^{n}\sum_{j=1}^{n}w_iw_j\sigma_{ij}$。

投资者由于主观意识中的理性必将选择满足下列方程组的投资组合作为自己的解①。

$$\begin{cases} \dfrac{\sigma_p^2}{c-\dfrac{b^2}{a}}-\dfrac{\left(E_p+\dfrac{b}{a}\right)^2}{\dfrac{c}{a}-\dfrac{b^2}{a^2}}=1 \\ \sigma_p \cdot MU_{E_p}+MU_{\sigma_p}(aE_p+b)=0 \end{cases} \tag{7—1}$$

其中，$\begin{bmatrix} a & b \\ b & c \end{bmatrix}=(E_i^T\Omega^{-1}E_i)^{-1}$，且 $a,c>0$，$ac>b^2$。

方程组(7—1)中的第一个式子表示与投资者风险偏好无关的市场有效边界函数，它表示在收益一定的条件下，投资者必然要选择风险最小的投资组合，或者在风险不变的情况下，投资者一定会选择预期收益最大的投资组合，因此满足在这一曲线上的投资组合都是有效的。而投资者最终到底会具体选择哪一个组合则取决于投资者的风险偏好特征。在证券投资中，所谓投资者的风险偏好特征实质上反映的是预期收益与风险的替代关系，通常可以用效用函数来描述投资者的这种替代关系。设 $U=U(\sigma_p,E_p)$ 为投资者的效用函数，$U(\sigma_p,E_p)=m$（m 为常数），即为如此对应的无差异曲线。

① 参见李腊生、翟淑萍，现代金融投资统计分析(第二版)[M]，中国统计出版社，2009：72—80.

令 $\eta=\frac{dE_p}{d\sigma_p}\cdot\frac{\sigma_p}{E_p}$ 为投资者的预期收益弹性，当 $\eta>1$ 时，可得方程组(7－1)的解为

$$\begin{cases} E_{p1}^{*}=\dfrac{b(2-\eta)+\sqrt{b^2(\eta-2)^2+4a(\eta-1)c}}{2a(\eta-1)} \\ \sigma_{p1}^{*}=\left[\dfrac{b^2\eta(2-\eta)+b\eta\sqrt{b^2(\eta-2)^2+4ac(\eta-1)}+2ac\eta(\eta-1)}{2a(\eta-1)^2}\right]^{\frac{1}{2}} \end{cases} \tag{7-2}$$

设 $T_0(\sigma_0,E_0)$ 为投资者的决策参考点。当 $E_p>E_0$ 时，即为投资者认为自己处于盈利阶段，投资者属风险规避型（$\eta>1$），这时满足方程组(7－1)的最优投资组合不仅存在，而且在 η 一定的情况下，其解还是唯一的，但最优投资组合却与 η 有关，即取决于投资者的风险规避程度。若 $E_{p1}^{*}>E_0>-\frac{b}{a}$，在当投资者的预期收益弹性 η 越来越大时，最优投资组合的预期收益与风险越接近点 $T_0(\sigma_0,E_0)$。

当 $E_p<E_0$ 时，即为投资者处于亏损阶段，投资者属风险追求型（$\eta<1$）。方程组(7－1)是否有解取决于 $b^2(\eta-2)^2$ 与 $4ac(1-\eta)$ 的大小。若 $b^2(\eta-2)^2\geqslant 4ac(1-\eta)$，即 $\eta\geqslant 2\left[1+\frac{\sqrt{ac(ac-b^2)}-ac}{b^2}\right]$，则(7－1)式有解。这说明投资者追求风险时，且风险偏好程度满足 $\eta\geqslant 2\left[1+\frac{\sqrt{ac(ac-b^2)}-ac}{b^2}\right]$ 的关系，其投资组合也存在最优解。对那些风险偏好程度 $\eta<2\left[1+\frac{\sqrt{ac(ac-b^2)}-ac}{b^2}\right]$ 的投资者，风险市场才不存在最优的投资组合。

7.1.2　损失厌恶型投资者的行为选择

暂时先讨论 $minE_p<E_0<maxE_p$ 的情况。相对于参考点 $T_0(\sigma_0,E_0)$ 来说，投资者有盈利，即 $E_p-E_0>0$ 时，资者规避风险，即增加单位收益，其所愿意承担的风险是越来越小，或者说，随着单位风险的增大，人们所要求补偿的收益越来越大。这种数量特点意味着投资者的无差异曲线满足边际替代率递增的规律，即对风险规避阶段的投资者来说，有

$$\frac{dMRS}{d\sigma_p}=\frac{d\left(\frac{dE_p}{d\sigma_p}\right)}{d\sigma_p}=\frac{d^2E_p}{d^2\sigma_p}>0 \tag{7-3}$$

又因为投资者自知，作为风险市场的股票市场，投资选择实质上是一种收益与风险的权衡，这种权衡关系决定了无论投资者属于哪种类型，其无差异曲线均满足边际收益或边际风险递增的条件，即 $\frac{dE_p}{d\sigma_p}>0$ 对所有的投资者均是适用的。由此便可以判断，在风险规避阶段投资者的无差异曲线为下凸型曲线，如图 7—1 中的曲线 I_1，I_2，I_3。

鉴于方程组(7—1)中有效边界曲线为下凹或上凸双曲线的特征，在方程组(7—1)中下凸的无差异曲线簇中一定存在某一条确定的无差异曲线与其相切，如图 7—1 中的 I_2 所示。在图 7.1 中，有效边界与无差异曲线 I_2 在 $T_2(\sigma_{p2}^*, E_{p2}^*)$ 处相切，与 $T_2(\sigma_{p2}^*, E_{p2}^*)$ 对应的投资组合 $(w_1^*, \cdots, w_n^*)$，即为投资者的最优投资选择。

从图 7.1 还可以看出，当不同投资者在盈利阶段的风险规避程度不同时，投资组合选择也是不同的。如图 7.1 中具有无差异曲线 I' 的投资者，该投资者的最佳投资组合点在 T_2' 处，而不是 T_2 处。虽然风险规避程度的不同将导致投资组合选择各异，但无论投资者的投资组合选择如何不同，其所选择的投资组合在收益与风险的关系上均与有效边界相一致，即满足方程组(7—1)中第一式所揭示的关系。

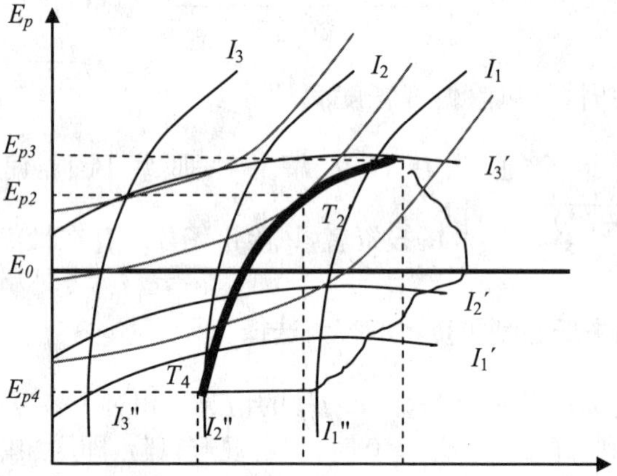

图 7.1 损失厌恶型投资者的最佳证券投资组合

相对于参考点的损失阶段，投资者又属于风险追求型，就是说，增加单位收益，其所愿意承担的风险会越来越大，也即无差异曲线满足边际替代率 *MRS* 递减，于是有

$$\frac{dMRS}{d\sigma_p}=\frac{d\left(\frac{dE_p}{\sigma_p}\right)}{d\sigma_p}=\frac{d^2E_p}{d^2\sigma_p}<0 \tag{7-4}$$

边际替代率递减意味着风险追求型投资者的无差异曲线是上凸的，图 7.1 中无差异曲线 I_1'，I_2'，I_3' 分别为风险追求型投资者的一簇无差异曲线，其中 I_3' 代表的效用水平较高，但是它与有效边界线既无交点，也无切点，是投资者不可能达到的效用水平。

有效边界线也是上凸的性质决定了风险追求型投资者可行的无差异曲线与有效边界线或者平行，或者存在对有效边界线的包络，亦或者只存在唯一的交点，如图 7.1 中的 I_1' 和 I_2' 就是只有唯一交点的无差异曲线。当无差异曲线与有效边界线平行时，最优的可行解即为有效边界线，或者说有效边界线上任何一点所对应的投资组合都是方程组(7－1)的解，此时我们无法区分投资者风险偏好差异所带来的行为选择区别，因为我们根本无法判断投资者投资组合选择到底是风险规避型投资者的唯一解，还是具有与有效边界相同无差异曲线的风险追求型投资者的任意选择。由此可以看出，Markowitz 的投资组合模型并不是仅适用于风险规避型投资者；当投资者的无差异曲线对有效边界线构成包络线时，方程组(7－1)式也存在最优解，且此时的解还是唯一的；只有当投资者的无差异曲线与有效边界线既不平行也不存在对其包络时，方程组(7－1)中的第二式不可能获得满足，或者说方程组(7－1)的解是不存在的，在这种情况下，满足效用最大化的解只能是有效边界的角解。

在 T_3 点处有 $T_3(\sigma_{p3}^*,E_{p3}^*)=T_3(\sigma_0,E_0)$，这表明：在市场有效的情况下，风险追求型投资者通常并不进行组合投资，而是偏好选择与参考点预期收益和风险相同的单一证券进行投资，这时能达到投资者的盈亏平衡。

在 T_4 点处有 $T_4(\sigma_{p4}^*,E_{p4}^*)=T_4(min\sigma_p,minE_p)$，由于组合的收益是其选择个股的加权平均，且在市场均衡的情况下，单独选择个股的投资也是一种特殊的有效组合，故此有 $\sigma_p \geqslant \min\{\sigma_1,\sigma_2,\cdots,\sigma_n\}$，$E_p \geqslant \min\{E(r_1),E(r_2),\cdots,E(r_n)\}$。不妨设 $\min\{E(r_1),E(r_2),\cdots,E(r_n)\}=E(r_j)$，$\min\{\sigma_1,\sigma_2,\cdots,\sigma_n\}=\sigma_j$，有效边界及其性质可得

$$\begin{aligned} min\sigma_p &= min\{\sigma_1,\sigma_2,\cdots,\sigma_n\}=\sigma_j=\sqrt{c-\frac{b^2}{a}} \\ minE_p &= min\{E(r_1),E(r_2),\cdots,E(r_n)\}=E(r_j)=-\frac{b}{a} \end{aligned} \tag{7-5}$$

(7－5)式表明：在市场有效的情况下，风险追求型投资者通常并不进行组

合投资，而是可能选择预期收益最低（大于无风险收益）且风险最小的单一证券进行投资。风险追求型投资者的这种选择行为在逻辑上似乎与风险偏好特征相矛盾。其实不然，因为我们这里所说的风险追求型投资者并非是那种只要风险而不要收益的“傻瓜”，风险追求型投资者并不等于非理性交易者，除非在投资者的效用函数中，风险与效用是同向变动的，即在预期收益不变的情况下，增加风险能给投资者带来正的效用的增加，否则，只要投资的评价标准是收益与风险的权衡，即使是风险追求型投资者，当其行为选择具有主观理性，且效用函数所决定的无差异曲线如图 7.1 中的 I_2'' 时，$T_4(\sigma_{p4}^*, E_{p4}^*) = T_4(min\sigma_p, minE_p)$ 的选择就是最优的。一旦风险追求型投资者选择 T_4 点作为自己的最佳投资组合，它便变得使我们无法区分投资者的风险偏好类型了，因为风险规避型投资者也会选择这种组合。

现在来讨论投资者选择的决策参考点 $E_0 \leqslant minE_p$ 或 $E_0 \geqslant maxE_p$ 的情况。当 $E_0 \leqslant minE_p$ 时，这时的投资者应属于风险规避型，投资者有唯一最优投资组合选择 $(w_{p1}^*, \cdots, w_{pn}^*)$。而当 $E_0 \geqslant maxE_p$ 时，部分投资者认为不论怎么组合都无法摆脱亏损的境况，可能不进行投资组合或者根本就不交易，退出证券市场；部分投资者可能还会选择投资组合并且追求风险，那么与前面讨论类似：当投资者的无差异曲线对有效边界线构成包络线时，方程组(7－1)式存在唯一最优解；只有当投资者的无差异曲线与有效边界线既不平行也不存在对其包络时，此时对应有有效边界的角解。在 T_3 点处，有 $T_3(\sigma_{p3}^*, E_{p3}^*) = T_3(max\sigma_p, maxE_p) = (\sigma_i, E(r_i))$，其中 $max\sigma_p = max\{\sigma_1, \sigma_2, \cdots, \sigma_n\} = \sigma_i$，$maxE_p = max\{E(r_1), E(r_2), \cdots, E(r_n)\} = E(r_i)$。在 T_4 点处有 $T_4(\sigma_{p3}^*, E_{p3}^*) = T_4(min\sigma_p, minE_p) = \left(\sqrt{c - \frac{b^2}{a}}, -\frac{b}{a}\right)$。

从前面分析可以看出，在现实的股票市场中某一时刻的市场价格取决于投资者的群体选择。市场中投资者在财富、环境以及心理等方面都千差万别，故投资者的决策底线可能不同，也即决策参考点不同。因此某一时刻股票市场价格对于投资者的参考点来说可能高也可能低，股票市场上一部分投资者盈利而另一部分投资者处于亏损阶段，也即这时股票市场存在风险规避型和风险追求型两类投资者，所以决定股票市场价格的动力来源于某时刻风险规避型投资者与风险追求投资者的选择。风险规避型投资者和部分风险追求型投资者通过风险与收益的权衡取舍来决定投资选择，在市场均衡的条件下，这种权衡关系满足方程组(7－1)，因此，该部分投资者选择行为对市场价格形成及波动状况的影响取决于收益对风险替代弹性的分布，或者说取决于投资者个体选择预期收益的分布。即便是为了不使问题搞的过于复杂，我们暂时撇开对投资者预期收益分布的讨论，我们也可以看到投资者的选择行为受投资者心理因素的影响，因为虽然权衡、选择开始之时，投资者主观意念上是理性的，选择满足方程组（7－1），但是投资者在将市场价格与参考点（可能是均价、买价或者零，亦或是其他）比较，判断盈利或亏损之时就已经将自己的情绪、偏好等心理因素掺杂进了选择行为。更何况投资者个体选择预期收益的分布自然也会受到投资者心理因素的影响。同时投资者通过群体选择行为来决定股票的市场价格，从一个侧面又一次说明了投资者的心理因素影响股票市场价格。另一部分风险追求型投资者则分别会选择风险最小和风险最大的有效证券进行投资。两类投资者的这种投资组合选择决定了市场价格除了取决于市场风险以外，它还受风险最小和风险最大有效证券风险取值的影响。

7.2　前景理论回报一风险模型

作为典型风险市场的证券市场，投资组合选择就是收益与风险之间的权衡取舍。基于收益－风险分析框架，国内外学者进行了大量关于投资组合选择的改进工作，行为金融学的发展也为基于收益－风险的投资组合选择提供新的活力，不断将能够反映投资者心理活动规律的行为因素加入收益－风险模型，有效改善了这一模型对现实经济生活中个体行为选择的解释作用，试图拉近理论模型与现实之间的距离。

De Giorgi、Hens 和 Mayer(2006)尝试从前景理论的视角重新考察资产组合理论的的核心问题——回报和风险之间的矛盾。他们认为投资者并不一定会按照均值－方差标准进行投资选择，方差也并不是一个好的衡量风险的变量。他们认为投资者具有如下形式的前景理论式资产评价标准

$$V(X)=\sum_{s=1}^{s}v(X(s)-RP(X))\pi_s \tag{7-6}$$

其中，$v(\cdot)$ 是一个将收益与损失化为价值的函数，在 0 以外的点均二阶可导，在 $(0,+\infty)$ 上严格凹，在 $(-\infty,0)$ 上严格凸；RP 是决定基准财富点的函数，π_s 是经过调整的概率。

显然，(7－6)式是 Kahneman 和 Tversky 前景理论中的价值函数。将获得收益和遭受损失的情况分开，则 $V(X)$可以改写为

$$V(X)=\sum_{s=1}^{s}\max(0,v(X(s)-RP(X)))\pi_s$$

$$+\sum_{s=1}^{s}\min(0,v(X(s)-RP(X)))\pi_s \qquad (7-7)$$

引入损失厌恶函数指数 $\beta=\frac{\lim\limits_{x\to 0^-}v'(x)}{\lim\limits_{x\to 0^+}v'(x)}>0$，则上式可以进一步改写为

$$V(X)=\sum_{s=1}^{s}\max(0,v(X(s)-RP(X)))\pi_s$$

$$-\beta\sum_{s=1}^{s}\frac{-1}{\beta}\min(0,v(X(s)-RP(X)))\pi_s \qquad (7-8)$$

使用下列式子定义回报和风险

$$PT^+(X)=\sum_{s=1}^{s}\max(0,v(X(s)-RP(X)))\pi_s$$

$$PT^-(X)=\frac{-1}{\beta}\sum_{s=1}^{s}\min(0,v(X(s)-RP(X)))\pi_s \qquad (7-9)$$

即回报仅由收益定义，风险由损失定义，而 β 衡量的是投资者在收益和损失间权衡取舍。

此时，资产组合选择问题变为

$$\max_{\lambda\in R^{K+1}} PT^+(\lambda' R w_0) \qquad (7-10)$$

$$s.t.\ PT^-(\lambda' R w_0)\leqslant pt^-,\lambda' e=1$$

其中，λ 是资产组合向量，代表在每一种资产中投入的财富；$\lambda' R w_0$ 表示 λ 在期末时的回报；pt^- 代表投资者所能容忍的风险的上限。

De Giorgi 等选择了典型的前景理论价值函数 $V(\cdot)$，取 RP 为略大于 1 的固定值，使 π_s 与实际概率函数 p 相等，通过 CRSP 指数数据研究了投资者在现金、债券和股票上构建资产组合的最优选择，并证明在一定条件下上述资产配置问题满足基金分离①定理。

7.3 基于损失厌恶偏好与心理账户行为资产组合选择

7.3.1 中国股票市场行为资产组合模型的经验研究

Shefrin 和 Statman 提出的行为资产组合理论从或有债权出发，假设已经

① 所谓基金分离，是指在 Markowitz 均值一方差资产组合模型中，当市场上没有卖空或资金借入限制时，最终投资者的资产组合都相当于一个购买了市场组合的基金和无风险资产的线性组合。

知道每个或有债权未来的状态价值和客观概率，并在假定投资者能够对自己的偏好作出准确估计的情况下优化组合投资。因而 BPT-SA 模型能够很好地解决 Friedman-Savage 之谜，BPT-MA 模型能够体现出实际投资中投资者既想避免贫穷，又希望变得富有的心理愿望。同时 BTP 提供了 5 个参数选择来反映投资者的不同投资心理和行为，从而使模型的优化投资更接近实际。

但是 BPT 模型也存在缺陷：首先，由于模型的假定前提是在 0 时刻投资，在 1 时刻下可得到的各个状态下的财富，因而其实质是对各投资状态进行资金分配的组合投资模型，而不是投资组合领域广泛意义上的对资金在资产间进行分配的组合投资模型，故 BPT 模型尚不能解决真实的投资组合问题。马永开和唐小我(2003)认为，BPT 模型是从理论分析的角度提出了行为证券组合投资决策模型，该模型没有考虑实用性。其次，运用下方概率度量风险虽然符合投资者希望减少不利情况发生概率这样的心理，这与实际选择中投资者既考虑不利情况的发生概率又考虑不利情况下损失风险的大小的心理不相符合。第三，模型采用概率度量风险使得其应用性受到局限。第四，具有多个心理账户的组合投资选择模型的求解有一定困难。第五，不同投资者的选择参考点各异，使得研究结果对现实生活中没有太多的参考意义，缺乏普适性。

马永开和唐小我(2003)针对 BPT 模型的第一、第四个缺陷进行了改进研究。假设投资者心理账户中有 n 种风险资产，第 j 种资产的价格为 c_i ，投资者持有该资产 w_i 个单位，第 j 种资产的投资期末价值所有可能取值组成的集合为 $W_i=\{W_{i1},W_{i2},\cdots,W_{in}\}$ ，$i=1,2,\cdots,n$ ，此 n 种资产在投资期末的价值空间 $\Theta=S_1\times S_2\times\cdots\times S_n$ (其中 Θ 是 $S_1,S_2,\cdots,S_n$ 的笛卡儿积，设定其中 S_i 的元素是 n 维列向量)。设 Θ 中任一个价值向量 S_i 出现的概率为 p_i ($i=1,2,\cdots,m$)。这样，他们建立了如下的单心理账户行为资产组合模型

$$\max E(W)=\sum_i p_i s_i^T w_i \tag{7—11}$$

$$s.t.\begin{cases}\mathrm{Pr}ob(W\geqslant B)\geqslant\beta\\ \sum_{i=1}^{n}c_iW_i\leqslant W_0\end{cases}$$

其中，β ，B 是由投资者选择的参数，它们的意义是期末财富不低于 B 的概率不小于 β ，W_0 表示投资者期初的投资资金。马永开和唐小我对该模型给出了求解步骤。

彭飞(2005)认为马永开和唐小我的行为资产组合模型是针对资产组合投资提出来的。它可以实际应用于资产投资选择，并且基本没有改变 BPT 模型

的优秀性质。但是在实际投资中，投资者依然很难获取足够信息来满足马永开和唐小我的模型的应用前提条件，例如投资者很难知道未来各个资产组合后的财富总值以及各对应价值状态下的概率大小。再者，该模型的求解过程仍将复杂，特别是当需要在大量资产中进行投资选择时应用模型仍会困难。另外需要求解多心理账户下模型最优解时，可能会使得计算量显著地增加。

彭飞对行为资产组合模型所做的改进研究：假设投资者可投资 n 个资产，投资者预测未来资产存在 m 种收益状态，每种收益状态发生概率为 p_i ，预测资产 i 在状态 j 的收益为 $\tilde{r}_{ij}$ 。彭飞选择下偏矩作为风险测度，提出如下资产选择思想：投资者以 h 作为各个状态最小可以接受的收益水平，以各状态投资组合收益 r_p 低于 h 的部分的 q 阶矩作为风险，以对各期的风险求和使之不超过投资者所能忍受的风险度 B 作为约束条件，投资者的目标是追求在约束条件下自身的效用最大化。彭飞建立了如下 LBPT-SA 模型

$$\max_{W} E(R_P)=\sum_{j=1}^{m}\sum_{i=1}^{n} w_i p_j \tilde{r}_{ij} \tag{7—12}$$

$$s.t.\begin{cases} LPM_q(h;w,p_j)=\sum\limits_{R_p<h} p_i(h-R_p)^q \leqslant B \\ \sum\limits_{i=1}^{n} w_i = 1 \\ w_i \geqslant 0 \end{cases}$$

其中，$LPM_q(h;w,p_j)=\sum\limits_{R_p<h} p_i(h-R_p)^q \leqslant B$ 是下偏矩风险，q 表示投资者对风险的态度。当 q=1 表示投资者风险态度为中性，q<1 表示投资者为风险追求型，q>1 表示投资者为风险厌恶型。w_i 为分配给证券 i 的投资比重，R_{pj} 为 n 个证券在状态 j 时的投资组合收益，B 为投资者在以下偏矩作为风险测度情况下所能够忍受的风险度。

SP/A 理论中的“希望”与“恐惧”两种情感会通过改变期望财富 $E(W)=\sum p_i W_i$ 中的相对权重而对投资者冒险的意愿产生作用。恐惧通过偏重于坏结果的权重而发挥作用，即用一个很大的 p_1 和一个很小的 p_n 来计算 $E(W)$ 。而希望则相反，通过偏重于好结果的权重而发挥作用。彭飞认为可以在上述模型中考虑“希望”和“恐惧”两种情感，则应用 SP/A 理论的 LBPT-SA 模型的目标为 $\max\sum\limits_{j=1}^{m} q_j\left(\sum\limits_{i=1}^{n} w_i \tilde{r}_{ij}\right)$ ，这里 q_j 等同于 SP/A 理论中的 r_j 。

彭飞沿用汪贵浦和王明涛(2003)对下偏矩模型进行转换的思想方法将LBPT-SA模型变成适用于大规模优化计算的线性规划问题,并求解了有效前沿。

虽然彭飞的LBPT-SA模型通过综合考虑投资者的多个因素来选择符合投资者个人意愿的最优组合,且选择下偏矩作为风险测度符合投资者实际风险感受,同时模型能够应用于实际投资组合选择。但是首先LBPT-SA模型应用下偏矩作为风险测度,与BPT-SA模型的下方概率作为风险测度跨度太大,不利于BPT-SA模型的应用与推广。其次,LBPT-SA模型中的参数h,q由投资者来决定。虽然下偏矩定义出发点很好,不同的投资者可以选择不同的参考点h,同时具有不同的风险偏好选择不同q。但是参数h,q在实务中该如何选择,目前还没有权威性的、实用性强的参考,也可能正是由于这一点才使得下偏矩失去了普适性。鉴于这些原因,以及受启发于针对Markowitz的均值一方差模型在实务中的缺陷的大量改进研究,本文将风险价值VaR引入BPT-SA模型,从而探讨中国股票市场的行为资产组合问题。

7.3.2 基于VaR的单心理账户行为资产组合模型

假设投资者可投资N个证券,投资者预测未来证券存在m种收益状态,每种收益状态发生概率为p_i,预测第i证券在状态j的收益为$\tilde{r}_{ij}$。选择VaR作为风险测度,投资者的目标是追求在约束条件下期望收益最大化,构建基于VaR的BPT-SA模型(简称为VaR-BPT-SA模型)

$$\max_W E(R_P)=\sum_{j=1}^{m}\sum_{i=1}^{n}w_i p_j \tilde{r}_{ij} \tag{7—13}$$

$$s.t.\begin{cases} VaR\leqslant A_0 \\ \sum_{i=1}^{n}w_i=1 \\ w_i\geqslant 0 \end{cases}$$

其中α,A_0是由投资者选择的参数,一定程度上显示投资者的风险偏好程度,α越小或A_0越小,说明投资者越厌恶风险。SP/A理论中的"希望"与"恐惧"两种情感对期望财富$E(W)=\sum p_i W_i$的作用通过改变相对权重在模型(7—13)也很容易实现。

7.3.3 VaR-BPT-SA模型与BPT-SA模型的比较

VaR-BPT-SA模型与Shefrin和Statman的BPT-SA模型有许多相同之

处:(1)两个模型都是将投资者的全部证券组合看成一个整体,目标函数是优化期望投资组合收益。(2)除了风险测度指标不同外,两个模型在表述组合思想上比较接近。(3)VaR-BPT-SA 模型从理论上也可在目标函数中应用 SP/A 理论,由于实际投资中很难判定各个状态下组合收益大小,因此实际上考虑 SP/A 理论后模型计算将非常复杂。

但是,VaR-BPT-SA 模型与 BPT-SA 模型也有区别。(1)VaR-BPT-SA 模型与 BPT-SA 模型选择的风险测度不同。VaR-BPT-SA 模型应用 VaR(满足概率约束下的最低财富水平)作为风险测度,而 BPT-SA 模型用下方概率(以组合收益不低于最小可以接受的组合收益水平 A 发生的概率作为风险)作为风险测度。应用 VaR 作为风险测度更能反映投资者的实际风险感受,而且由于 VaR 作为全球广泛使用的风险测度指标,VaR-BPT-SA 模型也将易于推广与使用。(2)VaR-BPT-SA 模型与 BPT-SA 模型的风险约束不同。VaR-BPT-SA 模型的风险约束值为 VaR,而 BPT-SA 模型的风险约束值为期末财富低于 A 的最小概率 α 。(3)VaR-BPT-SA 模型与 BPT-SA 模型的应用假设前提完全不同。BPT 模型假设已知未来的或有收益,它特别假定这种未来或有收益是个单一固定值,而不是组合值,因此 BPT 模型进行投资组合实际是在未来各种收益状态之间进行资产分配,而在收益状态内部并不能进行相应组合,这是它不能应用于证券投资组合的一个根本原因。VaR-BPT-SA 模型则假定证券未来的收益可以通过过去的历史收益数据或者通过组合预测可得,可考虑在各证券之间进行资产比例分配。(4)两个模型的有效边界空间不同。VaR-BPT-SA 模型所解决投资组合的有效边界在空间 $(E(R_P),VaR)$ 上,而 BPT-SA 模型的有效边界在空间 $(E_h(R),\mathrm{Prob}(W\geqslant A))$ 。

7.3.4 优化问题的等价

Markowitz 均值一方差模型中将收益与风险作为两个核心要素进行考虑,组合的目标为:在期望收益一定的条件下,组合投资风险最小化;在组合投资风险一定的条件下,期望收益最大化;最小化组合投资风险,最大化期望收益。为此可以建立如下三个优化模型

$$(P1)\begin{cases}\min\limits_{W} risk(R_p)\\ s.t.\ W^T\mu\geqslant\mu^*\\ W^Th=1\end{cases}\quad (P2)\begin{cases}\max\limits_{W} W^T\mu\\ s.t.\ risk(R_p)\leqslant risk^*\\ W^Th=1\end{cases}\quad (P3)\begin{cases}\min\limits_{W} risk(R_p)\\ \max\limits_{W} W^T\mu\\ s.t.\ W^Th=1\end{cases}$$

假设 $R_1,R_2,\cdots,R_n$ 是 n 项资产的收益率, $W=(w_1,w_2,\cdots,w_n)^T$ 是投资

组合的权重向量，$\mu=(E(R_1),E(R_2),\cdots,E(R_n))^T=(\mu_1,\mu_2,\cdots,\mu_n)^T$，$h=(1,1,\cdots,1)^T\in R^n$，$\mu^*$，$risk^*$ 表示期望的收益率与风险值，且有 $\mu_p=\sum_{i=1}^{n}w_i\mu_i=W^T\mu$。

首先引入模型(P3)等价的一个命题

$$(P3')\begin{cases}\max\limits_{W}(\lambda W^T\mu-risk(R_p))\\ s.t.\ W^Th=1\end{cases},\lambda\in R^+ \tag{7—14}$$

模型 $(P3')$ 属于多目标决策，可以将其转化为

$$(P3'')\begin{cases}\max\limits_{W}(W^T\mu)\\ \max\limits_{W}(-risk(R_p))\\ s.t.\ W^Th=1\end{cases} \tag{7—15}$$

对于模型 $(P3'')$ 的求解方法很多，线性加权法是其中非常重要的一种。利用该方法可以将多目标优化模型转化为单目标优化模型

$$\begin{cases}\max\limits_{W}(\theta_1W^T\mu-\theta_2risk(R_p))\\ s.t.\ W^Th=1\end{cases} \tag{7—16}$$

若令 $\lambda=\theta_1/\theta_2$，就得到模型 $(P3')$。

然后证明模型(P1)、(P2)、$(P3')$ 的两两间等价性。

引入 Kuhn-Tucker 定理，对于带有约束条件的非线性优化模型

$$\begin{cases}\min\limits_{X}f_0(x)\\ s.t.\ f_i(x)\leqslant 0,i=-m_1,\cdots,-1\\ f_i(x)=0,i=1,\cdots,m_2\end{cases} \tag{7—17}$$

其中，X 为凸集；当 i⩽0 时，$f_i(x)$ 为凸函数，当 i⩾0 时，$f_i(x)$ 为线性函数。若 $f_0(x)$ 在 $x\in X$ 处取得最小值，必然存在常数 $\lambda_i(i=-m_1,\cdots,0,\cdots,m_2)$，使得对任意 $x\in X$，有

$$\sum_{i=-m_1}^{m_2}\lambda_if_i(x^*)\leqslant\sum_{i=-m_1}^{m_2}\lambda_if_i(x) \tag{7—18}$$

成立。此外，若 $\lambda_i\geqslant 0(i<0)$，$\lambda_if_i(x^*)=0(i\neq 0)$，$\lambda_0\geqslant 0$，则该条件还为充分条件。

下面来证明这三个模型等价，首先给出模型(P1)、(P2)、($P3'$) 的 Kuhn-Tucker 条件。

由于模型(P1)、(P2)、($P3'$) 都属于带有约束条件的非线性优化模型，其最优解必满足 Kuhn-Tucker 条件。

对于模型(P1)，其 Kuhn-Tucker 条件为

$$(KT1)\begin{cases}\lambda_0^{(1)} risk(W^*)+\lambda_1^{(1)}(\mu^*-M(W^*))\leqslant\lambda_0^{(1)} risk(W)+\lambda_1^{(1)}(\mu^*-M(W))\\ \lambda_1^{(1)}(\mu^*-M(W^*))=0\\ \lambda_0^{(1)}>0,\lambda_1^{(1)}\geqslant 0\end{cases} \tag{7-19}$$

其中，$\lambda_i^{(1)}$ 中的上标(1)表示(KT1)中的 $\lambda_i(i=0,1)$ 将其进行等价变换，得到

$$\begin{cases}risk(W^*)+\nu_1(\mu^*-M(W^*))\leqslant risk(W)+\nu_1(\mu^*-M(W))\\ \nu_1(\mu^*-M(W^*))=0\\ \nu_1\geqslant 0\end{cases} \tag{7-20}$$

其中，$\nu_1=\lambda_1^{(1)}/\lambda_0^{(1)}$。

对于模型(P2)，其 Kuhn-Tucker 条件为

$$(KT2)\begin{cases}\lambda_0^{(2)}(-M(W^*))+\lambda_1^{(2)}(risk(W^*)-risk^*)\\ \qquad\leqslant\lambda_0^{(2)}(-M(W))+\lambda_1^{(2)}(risk(W)-risk^*)\\ \lambda_1^{(2)}(risk(W^*)-risk^*)=0\\ \lambda_0^{(2)}>0,\lambda_1^{(2)}\geqslant 0\end{cases} \tag{7-21}$$

其中，$\lambda_i^{(2)}$ 中的上标(2)表示(KT2)中的 $\lambda_i(i=0,1)$ 将其进行等价变换，得到

$$\begin{cases}(-M(W^*))+\nu_2(risk(W^*)-risk^*)\leqslant(-M(W))+\nu_2(risk(W)-risk^*)\\ \nu_2(risk(W^*)-risk^*)=0\\ \nu_2\geqslant 0\end{cases} \tag{7-22}$$

其中，$\nu_2=\lambda_1^{(2)}/\lambda_0^{(2)}$。

对于模型(P3)，其 Kuhn-Tucker 条件为

$$(KT3)\begin{cases}\lambda_0^{(3)}(risk(W^*)-\lambda M(W^*))\leqslant\lambda_0^{(3)}(risk(W)-\lambda M(W))\\ \lambda_0^{(3)}>0\end{cases} \tag{7-23}$$

其中，$\lambda_i^{(3)}$ 中的上标(3)表示(KT3)中的 $\lambda_i(i=0)$ 将其进行等价变换，得到 $risk(W^*)-\lambda M(W^*)\leqslant risk(W)-\lambda M(W)$。

其次,证明模型(P1)与 $(P3')$ 之间的等价性。若 W^* 为模型 $(P3')$ 的最优解,则满足(KT3);显然,在 $\mu^*=M(W^*)$ 和 $\lambda=\nu_1$ 时,则 W^* 也满足(KT1),也即模型(P1)的最优解。反之,若 W^* 为模型(P1)的最优解,则满足(KT1),在 $\lambda=\nu_1$ 时,则 W^* 也满足(KT3),也即模型 $(P3')$ 的最优解。因此,模型(P1)与 $(P3')$ 等价。

再次,证明模型(P2)与 $(P3')$ 之间的等价性。若 W^* 为模型 $(P3')$ 的最优解,则满足(KT3);若在 $risk^*=risk(W^*)$ 和 $1/\lambda=\nu_2$ 时,则 W^* 也满足(KT2),即模型(P2)的最优解。反之,若 W^* 为模型(P2)的最优解,则满足(KT2)且 $\nu_2=0$,在 $1/\lambda=\nu_2$ 时,则 W^* 也满足(KT3),即模型 $(P3')$ 的最优解。因此,模型(P2)与 $(P3')$ 等价。

最后,根据传递性,模型(P1)、(P2)与 $(P3')$ 之间两两等价。证毕。

7.3.5 VaR-BPT-SA 模型的有效边界

由模型(P1)、(P2)与 $(P3')$ 等价性,VaR-BPT-SA 模型可转化为

$$\min_{W} VaR_{p,\alpha} \tag{7—24}$$

$$s.t.\begin{cases}E(R_p)=\mu_p=\sum_{j=1}^{m}\sum_{i=1}^{n}w_i p_j \tilde{r}_{ij}\geqslant\mu^*\\ \sum_{i=1}^{n}w_i=1\end{cases}$$

该模型表示,在满足最低收益率约束、资本预算约束的前提下,投资者应如何分配各种资产,使投资组合的风险价值 VaR 最小。

为了求解模型(7—24)的有效边界,需要讨论 R_p 的概率分布,因为只有知道了 R_p 的概率分布,才可能求解 $Prob(R_p\leqslant VaR)\leqslant\alpha$ 中的 VaR(给定 α 时)。为了便于对比分析,这里分正态分布与非正态分布两种情况分别来讨论。

(1)正态分布情形

假设 R_p 服从标准正态分布,模型(7—24)进一步写为

$$\min_{W} VaR_{p,\alpha}=\min_{W}(z_{1-\alpha}\sigma_p-\mu_p)=\min_{W}(z_{1-\alpha}\sqrt{W^T\Sigma W}-\mu^T W) \tag{7—25}$$

$$s.t.\begin{cases}\mu_p=\sum_{j=1}^{m}\sum_{i=1}^{n}w_i p_j\tilde{r}_{ij}=\sum_{i=1}^{n}w_i\left(\sum_{j=1}^{m}p_j\tilde{r}_{ij}\right)=\mu^T W\geqslant\mu^*\\ \sum_{i=1}^{n}w_i=1\end{cases}$$

其中，$VaR_{p,\alpha}=z_{1-\alpha}\sigma_p-\mu_p$ 是风险资产收益率服从正态分布的假设下由VaR的定义推导得到的，$z_{1-\alpha}$ 是标准正态分布的 $1-\alpha$ 分位数，且 $0<\alpha<0.5$。$\mu_i=\sum_{j=1}^{m}p_j\tilde{r}_{ij}$ 是第i种资产的预期收益率，$\mu=(\mu_1,\mu_2,\cdots,\mu_n)^T$，$\sigma_{ij}$ 表示证券i的收益 R_i 和证券j的收益 R_j 之间的协方差，$\Sigma=(\sigma_{ij})_{n\times n}$ 是资产间的协方差矩阵，且严格正定，$\sigma_p^2=\sum_{i=1}^{n}\sum_{j=1}^{n}\sigma_{ij}w_iw_j=W^T\Sigma W$。$\mu^*$ 是事先给定的最低收益率。

为讨论模型(7－25)的求解问题，先给出以下概念和引理(刘庆伟、彭大衡，2002)。

引理7.1 集合 $D=\left\{W\in R^n\,\middle|\,\sum_{i=1}^{n}w_i\mu_i\geqslant\mu^*,\sum_{i=1}^{n}w_i=1\right\}$ 是 R^n 的闭凸子集。

引理7.2 函数 $f(w_1,w_2,\cdots,w_n)=\sqrt{w_1^2+w_2^2+\cdots+w_n^2}$ 为凸函数，且在 R^n 的任一非空闭凸子集上存在唯一的最小值。

引理7.3 函数 $\sigma(W)=\sqrt{W^T\Sigma W}$ 为凸函数，且在 R^n 的任一非空闭凸子集上存在唯一的最小值。

定理7.1 当集合 D 非空时，模型(7－25)存在唯一最优解。

由引理7.1－7.3很容易证明定理1成立。同样可以证明模型(7－25)中不等式约束在最优解处是紧的(姚京、李仲飞，2004)，因此VaR-BPT-SA模型的解与Markowitz均值－方差模型是一样的，具有相同的边界组合。这样很多在均值－方差框架下的结果可以直接借用。

李腊生等(2006)推导均值－方差模型的组合边界在均值－标准差平面上的关系可以表示为双曲线

$$\sigma_p=\sqrt{a\mu_p^2+2b\mu_p+c}=\sqrt{a\left(\mu_p+\frac{b}{a}\right)^2+\frac{ac-b^2}{a}}\qquad(7-26)$$

其中，$\begin{bmatrix}a & b\\ b & c\end{bmatrix}=(E_i^T\Sigma^{-1}E_i)^{-1}$，且 $E_i=\begin{bmatrix}\mu_1 & 1\\ \mu_2 & 1\\ \vdots & \vdots\\ \mu_n & 1\end{bmatrix}$。由于 Σ，$E_i^T\Sigma^{-1}E_i$ 为正定矩阵，逆矩阵也是正定矩阵，且对称，于是 $\begin{bmatrix}a & b\\ b & c\end{bmatrix}$ 是正定的，故 $a,c>0$，且 $ac>b^2$。

借用李腊生推导的均值—方差模型的组合边界，将(7—26)式代入(7—25)式，有

$$VaR_{p,\alpha}=z_{1-\alpha}\sigma_p-\mu_p=z_{1-\alpha}\sqrt{a\mu_p^2+2b\mu_p+c}-\mu_p \tag{7—27}$$

整理得

$$\left(\frac{VaR_{p,\alpha}+\mu_p}{z_{1-\alpha}}\right)^2=a\mu_p^2+2b\mu_p+c \tag{7—28}$$

从而

$$(a\cdot z_{1-\alpha}^2-1)\mu_p^2+2(b\cdot z_{1-\alpha}^2-VaR_{p,\alpha})\mu_p+c\cdot z_{1-\alpha}^2-VaR_{p,\alpha}^2=0 \tag{7—29}$$

因此

$$\mu_p=\frac{-(b\cdot z_{1-\alpha}^2-VaR_{p,\alpha})+\sqrt{az_{1-\alpha}^2VaR_{p,\alpha}^2-2bz_{1-\alpha}^2VaR_\alpha+(b^2-ac)z_{1-\alpha}^4+cz_{1-\alpha}^2}}{a\cdot z_{1-\alpha}^2-1} \tag{7—30}$$

或

$$\frac{(VaR_{p,\alpha}+\mu_p)^2}{z_{1-\alpha}^2\left(c-\frac{b^2}{a}\right)}-\frac{\left(\mu_p+\frac{b}{a}\right)^2}{\frac{c}{a}-\frac{b^2}{a^2}}=1 \tag{7—31}$$

(7—30)式和(7—31)式即为 VaR-BPT-SA 模型的有效边界曲线方程，如图 7.3。

图 7.3 中曲线 AB 为 VaR-BPT-SA 模型的有效边界，点 A 为全局 VaR 最小点，下面求其对应的期望收益率与 VaR。

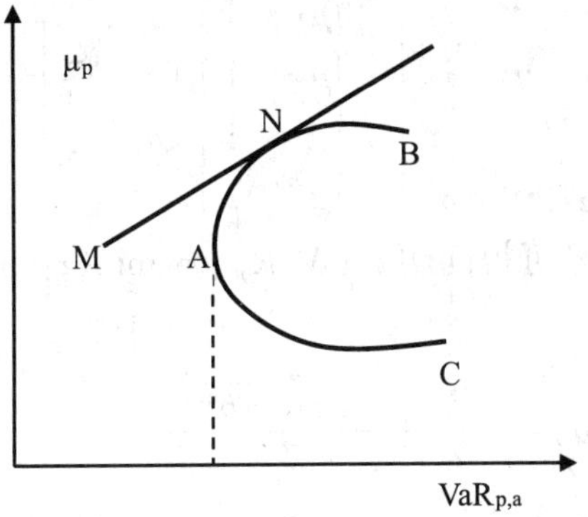

图 7.3　VaR-BPT-SA 模型有效边界

由于

$$VaR_{p,\alpha}=z_{1-\alpha}\sigma_p-\mu_p=z_{1-\alpha}\sqrt{a\mu_p^2+2b\mu_p+c}-\mu_p$$
$$=z_{1-\alpha}\sqrt{a\left(\mu_p+\frac{b}{a}\right)^2+\frac{ac-b^2}{a}}-\mu_p \tag{7-32}$$

令 $\frac{dVaR_{p,\alpha}}{d\mu_p}=\frac{a\mu_p+b}{\sqrt{a\mu_p^2+2b\mu_p+c}}z_{1-\alpha}-1=0$,得

$$\mu_p=-\frac{b}{a}+\frac{\sqrt{ac-b^2}}{a\sqrt{az_{1-\alpha}^2-1}} \tag{7-33}$$

把(7—33)式代入(7—32)式得

$$VaR_{p,\alpha}=\frac{b}{a}+\frac{\sqrt{(ac-b^2)(az_{1-\alpha}^2-1)}}{a}=\frac{b+\sqrt{(ac-b^2)(az_{1-\alpha}^2-1)}}{a} \tag{7-34}$$

定理 7.2 在显著性水平 α 下,如果模型(7—25)中的全局最小 VaR 投资组合存在,那么它是均值—方差有效的。

证明:设在显著性水平 α 下全局最小 VaR 投资组合为 m,投资组合均值为 μ_m,方差为 σ_m^2,假设它不是均值—方差有效的,即存在另一组合的均值和方差分别为 μ_n,σ_n^2,满足 $\mu_n\geqslant\mu_m$,$\sigma_n^2\leqslant\sigma_m^2$,两个不等式的等号不能同时成立,则 $z_{1-\alpha}\sigma_n-\mu_n\leqslant z_{1-\alpha}\sigma_m-\mu_m$,即 $VaR_{n,\alpha}=z_{1-\alpha}\sigma_n-\mu_n\leqslant VaR_{m,\alpha}=z_{1-\alpha}\sigma_m-\mu_m$,这和 m 为全局最小 VaR 投资组合矛盾,假设不成立。

定理 7.3 当且仅当 $\alpha<1-\Phi\left(\frac{\sqrt{a}}{a}\right)$ 时,在此水平下的全局最小 VaR 投资组合 $W_{\min}^{VaR*}$ 存在,并且

$$W_{\min}^{VaR*}=-\begin{bmatrix}\sigma_1^2 & \sigma_{12} & \cdots & \sigma_{1n}\\ \sigma_{21} & \sigma_2^2 & \cdots & \sigma_{2n}\\ \vdots & \vdots & \vdots & \vdots\\ \sigma_{n1} & \sigma_{n2} & \cdots & \sigma_n^2\end{bmatrix}^{-1}\begin{bmatrix}\mu_1 & 1\\ \mu_2 & 1\\ \vdots & \vdots\\ \mu_n & 1\end{bmatrix}\begin{bmatrix}a & b\\ b & c\end{bmatrix}\begin{bmatrix}-\frac{b}{a}+\frac{\sqrt{ac-b^2}}{a\sqrt{az_{1-\alpha}^2-1}}\\ 1\end{bmatrix}$$

证明:由前面推导可得问题 $\min\limits_{W}VaR_{p,\alpha}=\min\limits_{W}(z_{1-\alpha}\sigma_p-\mu_p)$ 的全局最小 VaR 投资组合为

$$\begin{cases}\mu_p=-\frac{b}{a}+\frac{\sqrt{ac-b^2}}{a\sqrt{az_{1-\alpha}^2-1}}\\ VaR_{p,\alpha}=\frac{b+\sqrt{(ac-b^2)(az_{1-\alpha}^2-1)}}{a}\end{cases} \tag{7-35}$$

要使得全局最小 VaR 存在,必须满足 $(az_{1-\alpha}^2-1)>0$,即 $\alpha<1-$

$\Phi\left(\frac{\sqrt{a}}{a}\right)$ 满足是全局最小 VaR 投资组合存在的必要条件。

下面证明充分性，在 $\alpha < 1-\Phi\left(\frac{\sqrt{a}}{a}\right)$ 时，有

$$\begin{aligned}\frac{d^2VaR_{p,\alpha}}{d\mu_p^2} &= d\left[\frac{a\mu_p+b}{\sqrt{a\mu_p^2+2b\mu_p+c}}z_{1-\alpha}-1\right]/d\mu_p \\ &= \frac{a\sqrt{a\mu_p^2+2b\mu_p+c}-(a\mu_p+b)^2/\sqrt{a\mu_p^2+2b\mu_p+c}}{a\mu_p^2+2b\mu_p+c}z_{1-\alpha} \\ &= \frac{a(a\mu_p^2+2b\mu_p+c)-(a\mu_p+b)^2}{(a\mu_p^2+2b\mu_p+c)^{3/2}}z_{1-\alpha} \\ &= \frac{ac-b^2}{a\left[\left(\mu_p+\frac{b}{a}\right)^2+\frac{ac-b^2}{a}\right]^{3/2}}z_{1-\alpha} > 0 \end{aligned} \tag{7—36}$$

充分性证毕。

(2)引入无风险资产情形

考虑引入无风险资产的情形，投资者可以以无风险利率 μ_0 对其进行借贷，即考虑如下模型

$$\begin{aligned}\min_W VaR_{p,\alpha} &= \min_W(z_{1-\alpha}\sigma_p-\mu_p) \\ &= \min_W\left[z_{1-\alpha}\sqrt{\sum_{j=1}^{n}\sum_{i=1}^{n}\sigma_{ij}w_iw_j}-\left(\mu_0w_0+\sum_{i=1}^{n}\mu_iw_i\right)\right]\end{aligned} \tag{7—37}$$

$$s.t.\begin{cases}\mu_0w_0+\sum_{i=1}^{n}\mu_iw_i=\mu_p\geqslant\mu^* \\ w_0+\sum_{i=1}^{n}w_i=1\end{cases}$$

借用武喜民等(2005)探讨均值一方差模型时的思想得到如下结论：当投资组合中若存在无风险证券时，均值一方差模型边界是一条过点 $(0,\mu_0)$，且斜率为 $\sqrt{\frac{ac-b^2-(a\mu_0+b)^2}{a(ac-b^2)}}$ 的直线，即 $\mu_p=\mu_0+\sigma_p\sqrt{\frac{ac-b^2-(a\mu_0+b)^2}{a(ac-b^2)}}$，其中 μ_0 为无风险证券的收益率。

相应地，某一投资组合是 VaR-BPT-SA 模型有效的，当且仅当

$$\mu_p=\mu_0+\frac{VaR_{p,\alpha}+\mu_p}{z_{1-\alpha}}\sqrt{\frac{ac-b^2-(a\mu_0+b)^2}{a(ac-b^2)}}$$

即 $$VaR_{p,\alpha}=\mu_0 z_{1-\alpha}\sqrt{\frac{a(ac-b^2)}{ac-b^2-(a\mu_0+b)^2}}+\mu_p\left(z_{1-\alpha}\sqrt{\frac{a(ac-b^2)}{ac-b^2-(a\mu_0+b)^2}}-1\right) \quad (7-38)$$

由此可以看出,引入无风险资产的 VaR-BPT-SA 模型的有效边界也是一条过点 $(0,\mu_0)$,且斜率为 $1/\left(z_{1-\alpha}\sqrt{\frac{a(ac-b^2)}{ac-b^2-(a\mu_0+b)^2}}-1\right)$ 的直线,见图 7—3 的 MN。

定理 7.4 当 $z_{1-\alpha}\sqrt{\frac{a(ac-b^2)}{ac-b^2-(a\mu_0+b)^2}}-1>0$,即 $\alpha<1-\Phi\left(\sqrt{\frac{ac-b^2-(a\mu_0+b)^2}{a(ac-b^2)}}\right)$ 时,投资组合是 VaR-BPT-SA 模型有效的,当且仅当它是均值—方差有效的;当 $\alpha>1-\Phi\left(\sqrt{\frac{ac-b^2-(a\mu_0+b)^2}{a(ac-b^2)}}\right)$ 时,不存在 VaR-BPT-SA 模型有效的投资组合。

证明:当 $\alpha<1-\Phi\left(\sqrt{\frac{ac-b^2-(a\mu_0+b)^2}{a(ac-b^2)}}\right)$ 时,由(7—38)式知,每一均值—方差有效的投资组合产生一组属于 VaR-BPT-SA 模型有效边界上的点 $(\mu_p, VaR_{p,\alpha})$。同时,属于 VaR-BPT-SA 模型有效边界前沿上的每一组 $(\mu_p, VaR_{p,\alpha})$,也都是均值—方差有效的。当 $\alpha>1-\Phi\left(\sqrt{\frac{ac-b^2-(a\mu_0+b)^2}{a(ac-b^2)}}\right)$ 时,μ_p 随着 $VaR_{p,\alpha}$ 增大而减小,所以不是 VaR-BPT-SA 模型有效的投资组合。

这里可以看出,显著性水平 α 并不是越大越好,选择的 α 太大,相应的置信水平 $1-\alpha$ 就会小,全局最小 VaR 投资组合可能会不存在,所以在选择 α 时必须非常小心。

(3)非正态性情形

上面讨论了正态分布假设均值—VaR 模型的最优解和有效边界。但是随着时间的流逝,对于资产收益率服从正态分布的质疑越来越多,于是大量学者尝试使用正态分布基础上扩展的各种分布拟合金融资产收益率的分布(如 JSU 分布、偏 t 分布、Gram-Charlier 分布),而后在这些分布下改进与完善 VaR 度量方法以及优化投资决策问题。Zangari(1996)从 Gram-Charlier 分布出发在

VaR 的计算中引用 Cornish-Fisher 扩展方法，有效地改善了 VaR 的估值。Ortobelli 和 Rachev(2001)分析了在椭球等高分布假设下的均值—散度模型。姚京、李仲飞(2004)分别考虑了存在无风险资产、负债和非正态分布时均值—VaR 模型的有效选择问题。由此可以看出，对于资产收益率服从非正态分布时，详细探讨均值—VaR 模型的最优解的研究并不多。Roy(1952)提出利用 Chebyshev 不等式提出 VaR 的上界，即若收益率的分布存在有限的均值和方差，有 Chebyshev 不等式

$$P(d_\alpha\sigma_p \leqslant |R_p-\mu_p|) \leqslant \left(\frac{1}{d_\alpha}\right)^2 \tag{7—39}$$

又因为

$$P(d_\alpha\sigma_p \leqslant |R_p-\mu_p|)=P(R_p-\mu_p \geqslant d_\alpha\sigma_p)+P(-R_p+\mu_p \geqslant d_\alpha\sigma_p)$$

故

$$P(R_p \leqslant -VaR_{p,\alpha})=P\left(\frac{R_p-\mu_p}{\sigma_p} \leqslant \frac{-VaR_{p,\alpha}-\mu_p}{\sigma_p}\right)$$

$$=P(R_p-\mu_p \leqslant -d_\alpha\sigma_p) \leqslant P(|R_p-\mu_p| \geqslant d_\alpha\sigma_p) \leqslant \left(\frac{1}{d_\alpha}\right)^2 \tag{7—40}$$

其中，$d_\alpha=\dfrac{VaR_{p,\alpha}+\mu_p}{\sigma_p}$。

由 $\left(\dfrac{1}{d_\alpha}\right)^2 \leqslant \alpha$ 可得　$VaR_{p,\alpha} \leqslant \dfrac{\sigma_p}{\sqrt{\alpha}}-\mu_p$

这时以上界 $\dfrac{\sigma_p}{\sqrt{\alpha}}-\mu_p$ 代替精确的 VaR 作为上述问题的目标函数，即

$$\min_W\left(\frac{\sigma_p}{\sqrt{\alpha}}-\mu_p\right)=\min_W\left[\frac{1}{\sqrt{\alpha}}\sqrt{\sum_{j=1}^{n}\sum_{i=1}^{n}\sigma_{ij}w_iw_j}-\sum_{i=1}^{n}\mu_iw_i\right] \tag{7—41}$$

$$s.t.\begin{cases}\sum_{i=1}^{n}\mu_iw_i=\mu_p \geqslant \mu^* \\ \sum_{i=1}^{n}w_i=1\end{cases}$$

故与(7—31)式类似，可得

$$\frac{(VaR_{p,\alpha}+\mu_p)^2}{\frac{1}{\alpha}\left(c-\frac{b^2}{a}\right)}-\frac{\left(\mu_p+\frac{b}{a}\right)^2}{\frac{c}{a}-\frac{b^2}{a^2}}=1 \tag{7—42}$$

这就是非正态性假设利用 Chebyshev 不等式得到的均值－VaR 模型的有效边界。

令 $$\frac{dVaR_{p,\alpha}}{d\mu_p}=\frac{1}{\sqrt{\alpha}}\frac{a\mu_p+b}{\sqrt{a\mu_p^2+2b\mu_p+c}}-1=0$$，得

$$\mu_p=-\frac{b}{a}+\frac{\sqrt{(ac-b^2)\alpha}}{a\sqrt{a-\alpha}} \tag{7-43}$$

将(7－43)式代入(7－42)式得 $$VaR_{p,\alpha}=\frac{b}{a}+\frac{\sqrt{(ac-b^2)(a-\alpha)}}{a\sqrt{\alpha}}$$

同理，$$(\mu_p,VaR_{p,\alpha})=\left(-\frac{b}{a}+\frac{\sqrt{(ac-b^2)\alpha}}{a\sqrt{a-\alpha}},\frac{b}{a}+\frac{\sqrt{(ac-b^2)(a-\alpha)}}{a\sqrt{\alpha}}\right)$$

就是有效边界的全局最小点。当 $z_{1-\alpha}<\frac{1}{\sqrt{\alpha}}$ 时，上述求解所得到的有效组合仍然是方差的有效组合的子集，当然同时在正态分布假设下 VaR-BPT-SA 模型得到的有效边界又是 VaR 上界求解所得到的有效边界的子集。

7.3.6 不允许卖空情况下的 VaR-BPT-SA 模型

在投资过程中，允许卖空会加大投资者和金融市场的风险。因此一般情况下，不发达市场(如 2011 年之前的中国股票市场)是不允许卖空的。此外，对于允许卖空的投资组合模型，采用解析的方法求解即可，但对于不允许卖空的模型，求解方法则要复杂得多。因此，针对中国股票市场的实际情况，研究不允许卖空投资组合模型及其最优化问题是很有必要的。

不允许卖空情况下的 VaR-BPT-SA 模型为

$$\min_W VaR_{p,\alpha} \tag{7-44}$$

$$s.t.\begin{cases}\mu_p=\sum_{j=1}^{m}\sum_{i=1}^{n}w_i p_j \tilde{r}_{ij}\geqslant\mu^*\\ \sum_{i=1}^{n}w_i=1\\ w_i\geqslant 0,i=1,2,\cdots,n\end{cases}$$

该模型表示，在满足最低收益率约束、资本预算约束和非负约束的前提下，投资者应如何分配各种资产，使投资组合的风险价值 VaR 最小。

对于上述不允许卖空情况下的 VaR-BPT-SA 模型的求解同样分正态分布

与非正态性分布下来探讨。

(1)正态分布情形

若收益率 R_p 服从正态分布，则上面 VaR-BPT-SA 模型变为

$$\min_W VaR_{p,\alpha}=\min_W(z_{1-\alpha}\sigma_p-\mu_p)=\min_W(z_{1-\alpha}\sqrt{W^T\Sigma W}-\mu^TW) \quad (7-45)$$

$$s.t.\begin{cases}\mu_p=\sum_{j=1}^{m}\sum_{i=1}^{n}w_ip_j\tilde{r}_{ij}=\mu^TW\geqslant\mu^*\\ \sum_{i=1}^{n}w_i=h^TW=1\\ w_i\geqslant 0,i=1,2,\cdots,n\end{cases}$$

下面使用张鹏(2008)以及张鹏、张忠桢(2008)的序列二次规划法结合不等式组的旋转算法求解方法，讨论上述正态分布假设下 VaR-BPT-SA 模型的最优策略。

由于 $f(W)=z_{1-\alpha}\sqrt{W^T\Sigma W}-\mu^TW$ 是凸函数，则 $f(W)$ 在 W^k 的二阶 Taylor 展开式为

$$g(W)=f(W^k)+f'(W^k)(W-W^k)+(W-W^k)^Tf''(W^k)(W-W^k)/(2!) \quad (7-46)$$

其中，$f(W^k)=z_{1-\alpha}\sqrt{(W^k)^T\Sigma W^k}-\mu^TW^k$，$f'(W^k)=z_{1-\alpha}\frac{(W^k)^T\Sigma}{\sqrt{(W^k)^T\Sigma W^k}}-\mu^T$，$f''(W^k)=z_{1-\alpha}\frac{(W^k)^T\Sigma W^k\Sigma-(\Sigma W^k)(\Sigma W^k)^T}{[(W^k)^T\Sigma W^k]^{3/2}}$。

则(7—46)式可转化为

$$g(W)=z_{1-\alpha}\sqrt{(W^k)^T\Sigma W^k}+z_{1-\alpha}\frac{(W^k)^T\Sigma}{\sqrt{(W^k)^T\Sigma W^k}}(W-W^k)+(W-W^k)^T\frac{z_{1-\alpha}}{2}\cdot z_{1-\alpha}\frac{(W^k)^T\Sigma W^k\Sigma-(\Sigma W^k)(\Sigma W^k)^T}{[(W^k)^T\Sigma W^k]^{3/2}}(W-W^k)-\mu^TW$$

其中，$b^k=z_{1-\alpha}\frac{(W^k)^T\Sigma}{\sqrt{(W^k)^T\Sigma W^k}}$，$A^k=z_{1-\alpha}\frac{(W^k)^T\Sigma W^k\Sigma-(\Sigma W^k)(\Sigma W^k)^T}{[(W^k)^T\Sigma W^k]^{3/2}}$，$A^k=(a_{ij}^k)_{n\times n}$，$b^k=(b_1^k,b_2^k,\cdots,b_n^k)$。

模型(7—45)的二次规划问题为

$$\min_W\{b^k(W-W^k)+(W-W^k)^TA^k(W-W^k)-\mu^TW\} \quad (7-47)$$

$$s.t.\begin{cases}\sum_{j=1}^{m}\sum_{i=1}^{n} w_i p_j \tilde{r}_{ij} = \mu^T W \geqslant \mu^* \\ \sum_{i=1}^{n} w_i = 1 \\ w_i \geqslant 0\end{cases}$$

模型(7—47)为一个凸二次规划问题，其 Kuhn-Tucker 条件为

$$\begin{cases}a_{i1}^k w_1 + \cdots + a_{in}^k w_n - \sum_{j=1}^{n} a_{ij}^k w_j^k + b_i^k - \mu_i - \lambda_1 \mu_i + \lambda_2 \geqslant 0, i = 1,2,\cdots,n \\ \mu_1 w_1 + \cdots + \mu_n w_n \geqslant \mu^* \\ w_1 + \cdots + w_n = 1 \\ (a_{i1}^k w_1 + \cdots + a_{in}^k w_n - \lambda_1 \mu_i + \lambda_2 - \sum_{j=1}^{n} a_{ij}^k w_j^k + b_i^k - \mu_i) w_i = 0, i = 1,2,\cdots,n \\ w_1 \geqslant 0, w_2 \geqslant 0, \cdots, w_n \geqslant 0, \lambda_1 \geqslant 0\end{cases} \quad (7-48)$$

其中 λ_1, λ_2 为模型(7—47)前两个约束对应的拉格朗日乘子。

设第 k 个子问题的初始解为 w^k 。不等式组(7—48)的旋转算法的计算步骤：

步骤1　确立初始表。以 $w_1 \geqslant 0, \cdots, w_n \geqslant 0, \lambda_1 \geqslant 0, \lambda_2 \geqslant 0$ 为初始基本不等式，$e_1, e_2, \cdots, e_{n+2}$ 为初始基向量，$y^{(0)} = (0,\cdots,0,0)^T$ 为初始基本解。其余线性(不)等式是非基(不)等式，它们的系数向量 $g_i = (a_{i1}^k, \cdots, a_{in}^k, \mu_i, 1), (i = 1,2,\cdots,n)$，$g_{n+1} = (\mu_1, \cdots, \mu_n, 0, 0)$，$g_{n+2} = (1, \cdots, 1, 0, 0)$ 是非基向量，其偏差分别 $\sigma_i = g_i y^{(0)} - \sum_{i=1}^{n} a_{ij}^k w_j^k + b^k - \mu_i = -\sum_{i=1}^{n} a_{ij}^k w_j^k + b_i^k - \mu_i$ ，$i = 1,2,\cdots,n$ ，$\sigma_{n+1} = g_{n+1} y^{(0)} - \mu_0 = -\mu_0$，$\sigma_{n+2} = g_{n+2} y^{(0)} - 1 = -1$，列出表 7.1 所示的初始表。

表 7.1　初始表

	e_1	$\cdots$	e_n	e_{n+1}	e_{n+2}	σ_i
g_1	a_{11}^k	$\cdots$	a_{1n}^k	$-\mu_1$	1	σ_1
$\cdots$	$\cdots$	$\cdots$	$\cdots$	$\cdots$	$\cdots$	$\cdots$
g_n	a_{n1}^k	$\cdots$	a_{nn}^k	$-\mu_n$	1	σ_n
g_{n+1}	μ_1	$\cdots$	μ_n	0	0	$-\mu_0$
g_{n+2}	1	$\cdots$	1	0	0	-1

步骤2　预处理。进行两次旋转运算，g_1 入基 e_{n+2} 出基，g_{n+2} 入基 e_1 出基，然后删掉入基向量 g_{n+2} 所在列和出基向量 e_{n+2} 所在行。

步骤 3　主迭代。①若所有非基向量的偏差为非负数，停止计算，当前基本解为最优解。否则，进行第二步。②以偏差最小的非基向量入基，如果该行没有正元素，原问题无可行解，停止计算。若该行的对角元素为正，以其为枢轴进行一次旋转运算，转①；否则，以该行的最大正元素及其对称元素为枢轴先后进行两次旋转运算，转①。

(2)非正态性情形

与允许卖空情形下 VaR-BPT-SA 模型求解类似，由于对资产收益率服从正态分布假设的质疑，学者们先后发展了大量分布（如 JSU 分布、偏 t 分布、Gram-Charlier 分布）来描述数据序列的尖峰厚尾等特征，但是在这些分布假设下 VaR-BPT-SA 模型求解问题会遇到很大的困难。故实践中通常也只是使用 Chebyshev 不等式用 VaR 的上界近似作为目标函数来简化非正态性假设下模型的求解问题。因此，对于不允许卖空情形下 VaR-BPT-SA 模型，考虑非正态性情形下的最优解问题，只需先将目标函数调整为 $\min\limits_{W}(\sigma_p/\sqrt{\alpha}-\mu_p)$，然后类似上面正态分布假设下利用序列二次规划法结合不等式组的旋转算法就可求解不允许卖空情况下 VaR-BPT-SA 模型的最优策略。

7.3.7　VaR-BPT-MA 模型

参照 Shefrin 和 Stataman 的做法，本章仅讨论两个心理账户的资产组合的情形。设投资者存在两个心理账户，低心理账户下投资者通过对 VaR-BPT-SA 模型优化组合可获得期望投资财富 W_p^l，同时获得期望投资财富 W_p^l 而面临的风险满足 $Prob(W-W_p^l\geqslant VaR_{p,\alpha_1}^l)\geqslant\alpha_1$；高心理账户下投资者通过对 VaR-BPT-SA 模型进行优化投资组合可获得期望投资财富 W_p^h，同时获得期望投资财富 W_p^h 而面临的风险满足 $Prob(W-W_p^h\geqslant VaR_{p,\alpha_2}^h)\geqslant\alpha_2$。定义 $LVaR_{p,\alpha_1}^l=\dfrac{VaR_{p,\alpha_1}^l}{VaR_{p,\alpha_1}^l+VaR_{p,\alpha_2}^h}$，它表示最优资产组合中获得低期望投资财富 W_p^l 而面临的低风险 VaR_{p,α_1}^l 占获得低期望投资财富 W_p^l 而面临低风险 VaR_{p,α_1}^l 与获得高期望投资财富 W_p^h 而面临的高风险 VaR_{p,α_2}^h 之和的比例。该指标是低心理账户下的相对风险指标，其值越大，表明投资者面临的相对风险越大。同样方式可定义 $HVaR_{p,\alpha_2}^h=\dfrac{VaR_{p,\alpha_2}^h}{VaR_{p,\alpha_1}^l+VaR_{p,\alpha_2}^h}$ 为高心理账户的相对风险指标。

采用 Cobb-Douglas 生产函数作为效用函数，于是建立在低心理账户上的效用为 $U_l=(LVaR_{p,\alpha_1}^l)^{1-\gamma}E(W_p^l)^{\gamma}$，当投资 K_l 个单位资金给低期望水平心理账户，则总效用为 $U_L = K_l(LVaR^l_{p,\alpha_1})^{1-\gamma}E(W^l_p)^\gamma$；建立在高心理账户上的效用 $U_h = (HVaR^h_{p,\alpha_2})^{1-\beta}E(W^h_p)^\beta$，当投资 K_h 个单位资金给低期望水平心理账户，则总效用 $U_H = K_h(HVaR^h_{p,\alpha_2})^{1-\beta}E(W^h_p)^\beta$。其中 $0 \leqslant \gamma,\beta \leqslant 1$ 是权系数，被用来权衡对安全性指标的重视程度，它们的取值越大，说明越不重视安全性，而更加重视期望财富。

假定投资者的整体效用是低期望账户的效用函数与高期望账户的效用函数的联合体为

$$U = [1 + k_h(K_h(HVaR^h_{p,\alpha_2})^{1-\beta}E(W^h_p)^\beta)] \cdot k_l[K_l(LVaR^l_{p,\alpha_1})^{1-\gamma}E(W^l_p)^\gamma] \tag{7-49}$$

投资者通过使满足约束的(7－49)式最大化而在两心理账户间分配资金，即

$$U = [1 + k_h(K_h(HVaR^h_{p,\alpha_2})^{1-\beta}E(W^h_p)^\beta)] \cdot k_l[K_l(LVaR^l_{p,\alpha_1})^{1-\gamma}E(W^l_p)^\gamma] \tag{7-50}$$

$$s.t.\begin{cases} K_l + K_h \leqslant K_0 \\ K_l \geqslant K_{l0} \\ K_h \geqslant K_{h0} \end{cases}$$

这里，k_l 和 k_h 两心理账分别为反映投资者对低期望水平心理账户和高期望水平心理账户重视程度的权系数，K_{l0} 和 K_{h0} 为投资者要求的对低期望水平心理账户和高期望水平心理账户的最低投资单位个数，K_0 是投资者总体的资金单位个数。

投资者的投资选择过程如下：总体预算为 K_0，首先计算在预算为一个单位资金时，低期望水平心理账户和高期望水平心理账户的投资情况，并得到在各心理账户上的投资效用；其次，在总体资金的使用满足对各个心理账户的最低投资额度的约束下，将总体资金 K_0 在低期望水平心理账户和高期望水平心理账户之间进行分配，达到整体投资效用最大化。

综上所述，可以看到 VaR-BPT-MA 模型的构造过程。首先，利用单心理帐户的求解结果进行效用函数计算；其次，选用了 Cobb-Douglas 生产函数形式构造效用函数；最后，投资分配的目标是追求投资的整体效用最大化。因此 VaR-BPT-MA 模型与 BPT-MA 模型一样反映了投资者的损失厌恶特点以及在投资中既寻求安全保证又追求高风险以期望获取高收益的行为特征。

同时，注意到 VaR-BPT-MA 模型的构造过程与 BPT-MA 模型有很大区别。首先，两个模型中选用的风险指标不同，VaR-BPT-MA 模型中的风险测度

是给定 α 时满足 $Prob(W \geqslant VaR) \geqslant \alpha$ 的最小 VaR 值，而 BPT-MA 模型中的风险测度选择的是给定 VaR 时满足 $Prob(W \geqslant VaR) \geqslant \alpha$ 的 α 值。虽然两个模型中风险度量形式上相似，但是选择对象不同。其次，两个模型虽然均选择 Cobb-Douglas 生产函数形式构造效用函数，但应用的具体指标不同，VaR-BPT-MA 模型采用风险相对指标和期望财富，而 BPT-MA 模型采用概率风险指标和期望财富。再次，VaR-BPT-MA 模型比较方便扩展到多心理账户中。最后，由于假设前提符合实际优化投资情况，因而 VaR-BPT-MA 模型可以在实际投资组合中进行应用。

7.4　中国股票市场行为资产组合模型的实证分析

通过本章前面各节的讨论我们知道，行为金融学对于投资者个体的投资组合选择的研究，依然沿用收益一风险框架的同时，考虑加入投资者偏好、参考点选择、心理账户等心理因素对于其选择的影响，其中投资者心理因素对于资产组合选择的影响主要体现在选取的风险测度方法上。而投资者行为选择的群体叠加决定了动态市场均衡，表现为市场的价格波动。中国股票市场的发展过程中，提供了大量有关市场价格变动的数据，因此这里结合中国股票市场的实践，检验与讨论在中国股票市场的选择环境或约束下，投资者资产组合选择所形成的有效边界。

7.4.1　模型构建与数据选择

为了不使问题过于复杂，同时由于收益率分布主观模型的性质等问题需要进一步探讨，这里暂时撇开对投资者预期收益分布的讨论，仅考虑存在收益与风险二元决定因素时，投资者的最优行为选择所决定的有效边界。鉴于本章前面关于资产组合理论模型的讨论，下面分别考虑基于损失厌恶偏好的均值一方差模型投资者的选择有效边界曲线模型为

$$R_{Mt} = \alpha_0 + \alpha_1\sigma_{Mt} + \alpha_2\sigma_{Mt}^2 + \alpha_3 min\{\sigma_1, \sigma_2, \cdots \sigma_n\}_t + \alpha_4 max\{\sigma_1, \sigma_2, \cdots \sigma_n\}_t + \varepsilon_{1t} \tag{7—51}$$

其中，R_{Mt} 表示资产组合的收益率，σ_{Mt} 与 σ_{Mt}^2 表示资产组合的标准差与方差，代表资产组合的风险变量与风险变量的 2 次方，$min\{\sigma_1, \sigma_2, \cdots \sigma_n\}_t$ 与 $max\{\sigma_1, \sigma_2, \cdots \sigma_n\}_t$ 分别为风险最小和风险最大有效证券的风险。

之所以选择考虑这样的模型是因为前面基于投资者损失厌恶偏好的投资组合选择中我们认为资产组合的市场价格除了取决于市场风险与市场风险的

2 次方以外，它还受风险最小和风险最大有效证券风险取值的影响。

基于前景理论回报一风险模型投资者选择的有效边界曲线模型为

$$PT_{Mt}^{+}=\beta_0+\beta_1 PT_{Mt}^{-}+\beta_2(PT_{Mt}^{-})^2+\varepsilon_{2t} \qquad (7-52)$$

其中，收益变量 PT_{Mt}^{+} 与风险变量 PT_{Mt}^{-} 的定义如(7－9)式，鉴于前面均值一方差模型的启示，认为对于收益除了受风险变量的影响之外，还可能受风险变量 2 次方的影响，因此也将风险变量的 2 次方放入模型。

从基于 VaR 的单心理账户行为资产定价模型（VaR-BPT-SA 模型）看出，在正态分布和部分非正态分布假设下投资者选择的有效边界曲线模型为

$$R_{Mt}=\gamma_0+\gamma_1 VaR_{Mt}+\gamma_2 VaR_{Mt}^2+\varepsilon_{3t} \qquad (7-53)$$

其中，R_{Mt} 表示资产组合的收益率，VaR_{Mt} 与 VaR_{Mt}^2 表示资产组合的标准差与方差。

这里选择上证综指作为代表对中国股票市场进行检验与分析。样本区间为 2006 年 9 月至 2011 年 12 月的周数据，共 270 个数据。模型(7—51)中收益率 R_{Mt} 采用对数收益率，即 $R_{Mt}=\ln Y_{Mt}-\ln Y_{M,t-1}$，其中 Y_t 为上证综指的周末收盘指数。标准差 σ_{Mt} 是上证综指每周开盘指数、收盘指数、最高指数和最低指数收益率的标准差。最小风险有效证券风险值 $min\{\sigma_1,\sigma_2,\cdots\sigma_n\}_t$ 与最大风险有效证券风险值 $max\{\sigma_1,\sigma_2,\cdots\sigma_n\}_t$ 分别根据 32 个不同行业指数每周开盘指数、收盘指数、最高指数和最低指数，计算得到各个行业收益率的标准差，选择其中最小、大的一个标准差①。模型(7－52)中收益指标 PT_{Mt}^{+}、风险指标 PT_{Mt}^{-} 依赖于价值函数的选择，这里参照 De Giorgi 等(2006)的作法，同时为了简化计算，选取价值函数为

$$V(x)=\begin{cases}x, & x\geqslant 0\\ \lambda x, & x<0,\lambda>1\end{cases} \qquad (7-54)$$

其中，$\beta=\dfrac{\lim\limits_{x\to 0^-}v'(x)}{\lim\limits_{x\to 0^+}v'(x)}=\lambda$，参照 Kahneman 和 Tversky 的研究，取 $\lambda=2.5$，因为 λ 表示投资者对于损失相对盈利的敏感度。RP 设定为上证综指取每周开盘指数、收盘指数、最高指数和最低指数收益率的均值，π_s 取 $\dfrac{1}{4}$，故 PT_{Mt}^{+}，PT_{Mt}^{-} 由上证综指的每周开盘指数、收盘指数、最高指数和最低指数对应收益率

① 参照李腊生、刘磊、毛书宇"基于异质性投资者的投资组合选择与证券市场价格"，中国金融学年会论文，2011 年，山东济南。

按定义计算可得。而模型(7—53)中的风险指标 VaR_{Mt}，分别通过基于正态分布假设下收益率原始数据和基于正态性转换后数据计算所得(记为 VaR^{*}_{Mt} ①)，取 $\alpha=0.05$，数据来源于 Resset 金融研究数据库和大智慧股票软件。

7.4.2 数据处理与模型回归

(1)上证综指周收益率的正态性检验

上证综指周收益率以及经正态性转换后的数据序列的基本统计特征如表 7.2。从表 7.2 看出，上证综指周收益率序列在显著性水平 $\alpha=0.05$ 下没有通过正态性检验，认为其不能服从正态分布。而通过运用 Matlab 软件编程完成 Johnson 体系中 SU 转换函数中参数 γ，δ，ξ，λ 的极大似然估计，选择 SU 转换函数对原收益率数据进行正态性转换，从表 7.2 中看到，转换后的数据序列显著地通过了正态性检验。

表 7.2 上证综指转换前后周收益率的基本统计特征

状态	均值	标准差	偏度	峰度	Jarque-Bera	Prob
转换前	0.001103	0.042510	−0.070505	4.071753	13.04867	0.001467
转换后	−0.067661	0.830233	−0.039019	2.474301	3.154015	0.206592

然后通过 ADF 方法检验各个变量的平稳性，具体检验结果见表 7.3。从表 7.3 的相关统计量的取值不难发现所有模型所涉及的 11 个变量都是平稳变量。

表 7.3 回归模型中相关变量的 ADF 检验

变量	ADF 统计量	临界值(1%)	变量	ADF 统计量	临界值(1%)
σ_{Mt}	−10.5365	−3.4546	$(PT^{-}_{Mt})^2$	−11.6378	−3.4546
σ^2_{Mt}	−10.8795	−3.4546	VaR_{Mt}	−15.9355	−3.4546
$Min\{\sigma_1,\sigma_2,\cdots\sigma_n\}_t$	−8.25303	−3.4546	$(VaR_{Mt})^2$	−14.6416	−3.4546
$Max\{\sigma_1,\sigma_2,\cdots\sigma_n\}_t$	−6.1789	−3.4546	VaR^{*}_{Mt}	−16.9295	−3.4546
PT^{+}_{Mt}	−10.7750	−3.4546	$(VaR^{*}_{Mt})^2$	−14.3912	−3.4546
PT^{-}_{Mt}	−11.5752	−3.4546			

① VaR^{*}_{Mt} 的计算公式仍与 VaR_{Mt} 类似，不同之处仅 σ_{Mt} 是将上证综指取每周开盘指数、收盘指数、最高指数和最低指数收益率经正态性转换后的数据计算的标准差。

(2)回归结果与分析

首先通过对模型(7—51)采用逐步回归分析法，最后得到回归方程

$$\hat{R}_{Mt}=2.5294\sigma_{Mt}-1.3062\sigma_{Mt}^2-0.8523\min\{\sigma_1,\sigma_2,\cdots,\sigma_{32}\} \quad (7-55)$$

(2.8053)　(−2.7336)　(−1.9798)

$R^2=0.0313$　$\bar{R}^2=0.0240$　D. W. $=1.9309$

其次对模型(7—52)采用逐步回归分析法，得到回归方程

$$\hat{PT}_{Mt}^{+}=0.0002+2.4445PT_{Mt}^{-} \quad (7-56)$$

(2.8583)　(68.4580)

$R^2=0.9461$　$\bar{R}^2=0.9459$　D. W. $=1.9054$

同样对模型(7—53)采用逐步回归分析法，得到回归方程为

$$\hat{R}_{Mt}=49.2490VaR_{Mt}+23.0025(VaR_{Mt})^2 \quad (7-57)$$

(27.7948)　(2.6988)

$R^2=0.7438$　$\bar{R}^2=0.7429$　D. W. $=1.9841$

最后使用正态性转换后数据计算的 VaR 作为解释变量，再对模型(7—53)进行回归，得到的方程为

$$\hat{R}_{Mt}=0.1468VaR_{Mt}^{*} \quad (7-58)$$

(43.4403)

$R^2=0.8760$　D. W. $=2.1347$

通过对模型整体的估计效果及估计参数相关检验统计量的取值初步筛选，认为上述四个方程可用，说明考虑投资者心理因素的投资组合模型在中国股票市场都有一定的适用性，这也进一步表明行为金融学将投资者的心理因素对于投资选择过程的影响考虑进来的正确性。但是进一步比较可以看到，回归方程(7—56)的样本可决系数 R^2 与调整的样本可决系数 $\bar{R}^2$ 最高，说明样本数据对于模型(7—52)的拟合优度最好。随后是经正态性转换后的 VaR-BPT-SA 模型的回归方程(7—58)的样本可决系数 R^2 很高，达到通常回归方程拟合优度选择的统计标准($R^2\geqslant0.85$)。基于正态分布假设下 VaR-BPT-SA 模型的回归方程(7—57)的样本可决系数 R^2 及其调整的 $\bar{R}^2$ 相对也比较高，超过了 0.7，而基于投资者损失厌恶偏好的均值—方差模型的回归方程(7—55)中样本可决系数 R^2 与调整的样本可决系数 $\bar{R}^2$ 只有 0.0313 与 0.0240，说明回归方程(7—55)拟合优度最低。这说明对于中国股票市场来说，前景理论回报－风险模型和正态性转换后 VaR-BPT-SA 模型所描述的收益与风险之间的权衡关系决定

了投资者对资产组合的最优选择，回归方程(7—56)和(7—58)是最适宜中国股票市场投资者资产组合的有效边界。相对而言，传统的均值一方差模型与中国股票市场投资者的资产组合选择有效边界相差比较远，难以指导中国股票市场投资者在各类资产之间选择组合投资以战胜市场。

进一步分析回归方程(7—56)与(7—58)，不难发现收益率变量与市场风险变量之间存在线性关系，且 $dPT^{+}_{Mt}/dPT^{-}_{Mt}=2.4445>0$，$dR_{Mt}/dVaR_{Mt}=0.1468>0$，这说明中国股票市场在整体表现上属于风险追求型，或者说风险追求型投资者是中国股票市场的投资主体。按照行为金融学的选择理论，这意味着目前中国股票市场大多数投资者处于亏损状态，这与中国股票市场目前的实际情况相一致。

对于回归方程(7—57)来说，仅从回归方程的拟合优度来看，也是中国股票市场投资者不错的资产组合可选择集合。回归方程(7—57)中不论是风险变量还是风险变量的 2 次方均与收益率之间是同向变动关系，风险变量每变动1%，市场收益率就会同向变动72.2515%>0(即49.2490%+23.0025×1%)，即 $dR_{Mt}/dVaR_{Mt}=49.2490+46.0050VaR_{Mt}>0$，说明市场运行遵从风险对收益同向变动，市场总体表现出风险追求型的特征，但是 $d^2R_{Mt}/dVaR^2_{Mt}=46.0050>0$，说明曲线(7—57)具有下凸型特征，这与前面关于 VaR-BPT-SA 模型(7—53)的理论探讨相矛盾。究其原因，可能是由于对于模型(7—53)进行回归的过程中，VaR_{Mt} 的数据计算是在正态分布假设下完成的，而这与检验结果实际不相符合。因此这里再一次证明：当经验数据不服从正态分布时，正态性转换方法是比较优秀的一种方法。

7.5 实证结果分析与风险防范

通过上节结合中国股票市场实践对于资产组合模型的探讨，我们发现考虑了投资者情绪、偏好等心理因素的投资组合模型均可以在一定程度上改善中国股票市场投资者的投资选择过程。前景理论回报一风险模型的意图就是最大限度地考虑投资者的心理因素对于投资组合选择的影响，当然这取决于前景理论回报一风险模型中价值函数和决策权重函数的选择和构造。价值函数可以刻画投资者损失厌恶偏好特征，决策权重函数可以描述投资者对于风险的敏感性等。但是前面我们对于模型的处理过程中，考虑模型和数据处理的便利性，部分参考了 De Giorgi 等(2006)在实证分析中对价值函数和决策权重函数的选择以及对参数的处理，选择一次分段幂函数为价值函数，并且使决策权重函

数 π_s 与实际概率函数相等，并且在这里认为上证综指每周开盘指数、收盘指数、最高指数和最低指数收益率出现的概率相同，这些处理方法极大简化了实证分析过程，但是也可能没有真正体现前景理论回报－风险模型的优势，有待于深入研究。因此鉴于目前研究这里我们暂时认为 VaR-BPT-SA 模型在基于正态转换后的回归方程(7－58)对于目前中国股票市场投资者是最适宜的的运行模式，能够指导中国股票市场投资者的投资组合选择。

对于 VaR-BPT-SA 模型，从前面理论探讨我们发现，基于收益率服从正态分布假设下，由于 VaR 计算得到大大简化，因此 VaR-BPT-SA 模型的解集容易求解，即有效边界相对容易得到，而且得到 VaR-BPT-SA 模型的有效边界是 Markowitz 的均值－方差模型有效边界的子集，并且张鹏(2008)通过中国股票市场中的实证分析验证了限制卖空情形下 VaR-BPT-SA 模型相对于均值－方差模型减缩了投资组合的有效边界。但是大量实践数据证明收益率时间序列具有非对称、尖峰厚尾特征，不服从正态分布，这就限制了正态分布假设下 VaR-BPT-SA 模型在实践中的应用，随后关于非正态分布下 VaR 的估测和基于此的 VaR-BPT-SA 模型的探讨不断进行，但均因 VaR 的复杂性而没有得到 VaR-BPT-SA 模型的统一的显性解，故使 VaR-BPT-SA 模型与现实存在差距，难以指导实践。而正态性转换方法的使用使这一问题得到很好的解决，从回归方程(7－58)可以看出，正态性转换方法不仅解决了非正态性假设下 VaR-BPT-SA 模型的求解问题，而且极大地简化了收益与风险之间的权衡关系，这一研究模型的另一个重要贡献体现在通过对样本数据作正态性转换处理中平滑了样本数据，消除了其异方差性。这能为中国股票市场投资者投资组合选择提供了极为有益的指导，因为利用回归方程(7－58)，投资者在收益与风险之间进行权衡而决定投资组合选择时，只要清楚自己投资组合的预期收益，他就可以知道自己对应的最小风险；反之，投资者了解自己所愿意承担的风险，就可获悉自己投资组合的预期收益，因为从回归方程(7－58)清晰地看到，投资者愿意承担的风险每增加 1%，获得的收益率就可增加 1.1468%。这对于上没有形成自己投资风格，不成熟的非理性的中国股票市场投资者是一个简单直观且重要的指导方法。

对投资者来说，最为实用也是最切实可行的指导就是这些运行模式在投资实践中如何指导操作，也就是说，投资者怎样选择才能在控制风险在适宜水平的同时获取最大收益，或是在收益一定的情况下能使风险最小。由于回归方程(7－58)是投资者投资的有效边界，即在此直线上投资是投资者的最优选择。在中国股票市场，投资者尤其个人投资者受资金、时间等所限，不可能同时持有太多股票。故这里只选取4只股票作为组合选择对象来说明这一问题。这里选取被认为是各行业板块具有成长性的代表性股票，分别为包钢稀土(600111)、贵州茅台(600519)、浙江医药(600216)与中远航运(6000428)，计算出它们在2001年1月至2011年12月期间的平均周收益率为0.001187、0.003185、0.000094与－0.002210。首先来考虑假设等比例的投资获得预期收益为0.000564，依据回归方程(7－58)投资者的风险VaR＝0.003168，即以95％的把握来确定未来一时期内中国股票市场1单位交易收益率承担的最大损失将不超过0.003168。这样，中国股票市场的投资者就可以依据VaR-BPT-SA模型这样一个投资组合范式来防范和管理风险，这样投资者面对投资的目标和需要管理的风险所蕴含的不确定将大大减少，那么由于不确定所产生的非理性行为就会大大降低。

第八章

总结与展望

8.1 总　结

本书以中国股票市场的运行特征为基点，将投资者的行为选择作为主线，引入行为金融学的选择理论，选择在特色鲜明的中国股票市场环境中，研究大量有限理性投资者个体的选择行为以及由于投资者认知偏差的群体合力所形成的股票市场价格偏差，以及针对价格偏离基本价值波动所形成的噪声交易风险度量进行了有效的探讨，同时结合中国股票市场的实际提出了行之有效的风险防范措施。

本书的主要结论包括：

(1)中国股票市场经过二十余年的快速发展，股权分置和市场化制度逐步走向规范阶段，但是与成熟的资本市场相比，还存在着进一步发展的巨大困境，最主要的原因是由于中国股票市场制度性缺陷所导致的上市公司经营与信息披露、投资者投资理念不成熟以及监管等方面存在的问题。

(2)行为金融学的选择理论突破了传统的研究模式，从投资者经济心理活动规律与投资者经济行为产生、发展、演变的内在机理，以新的视角将重新审视人的因素对市场的影响。中国股票市场由于其研究的前沿性和利益冲突的集中性，一直是中国市场经济的试验先锋。因此行为金融学的选择理论为准确描述中国股票市场投资者的行为选择和决策过程提供了新的视角，同时为中国股票市场价格波动以及由此形成的市场风险提供了合理的解释。

(3)正是由于中国股票市场制度性缺陷形成了其特有的运行特征，这样的市场选择环境或约束又决定着股票投资者不一样的行为选择。由于资金、技术与信息等方面的优势，操纵股票市场价格获取超额利润成为机构投资者在与个人投资者博弈过程中的最优策略。机构投资者利用题材制造概念，按“选美博弈”规则编织美女幻影，诱骗个人投资者群起追逐、跟风操作，形成羊群效应，从而完成吹大股价泡沫并将泡沫留给个人投资者而将财富留给自己的过程。面对机构投资者操纵股价的投机行为，个人投资者的最优选择就是追涨杀跌，这种一致性投机行为加剧了中国股票市场价格的上涨下跌。

(4)不确定的条件下，投资者会出现各种认知偏差，进而诱发投资者出现决策与行为偏差。又因为投资者个体之间会基于心理传染或羊群行为而导致投资者出现集体性认知偏差，进而导致投资者群体预期出现系统性偏差以致集体无意识行为，导致股票价格偏差。行为金融理论将非理性噪声交易者引入资产定价模型，说明股票市场价格除了受到理性交易者的影响，还会受到噪声交易者的影响，从而为测定中国股票市场噪声交易风险提供了理论基础。本书对中国股票市场各分类行业的噪声交易风险进行了实际测算，发现中国股票市场投资者面临巨大的噪声交易风险。

(5)股票市场的风险是客观存在的，其测定与度量引起了理论与实务界的极大关注。目前测度风险的方法多种多样，其测度方法不同，风险值也迥异，因此风险测度方法的选择也会面临风险，如概率分布设定风险。VaR是目前全球广为使用的风险测度指标，其符合投资者对风险的损失感受。本书从理论适用范围、模型推导以及经验检验等多角度证明了风险管理实务中正态分布假设所蕴含的巨大风险，基于正态分布假定的VaR估测可能存在对实际风险的严重低估，因而基于VaR的风险管理方法在实践中可能会丧失它的有效性。故本书放弃金融计量学家给予很大关注的正态分布和正态扩展分布方法，另辟蹊径选择基于数据的正态性转换方法处理经验数据，然后计算VaR值，并在中国股票市场验证了该方法既提高了VaR估值的准确性，又改善了VaR估测精细化的有效性。

(6)行为金融学对于投资者的选择过程研究的最主要贡献就是将投资者的信念、情绪、偏好等心理因素加入了选择决策过程。本书在对投资者的投资组合选择研究时，依然沿用收益一风险框架，添加投资者偏好、参考点选择、心理账户等心理因素优化投资选择过程，并认为投资者心理因素对于资产组合选择的影响主要体现在选取的风险测度方法上，所以首先探讨基于损失厌恶偏好的均值一方差模型，解释不同投资者的行为选择以及基于投资者行为选择的股票市场价格偏差。其次构建基于损失厌恶与单心理账户的行为资产组合模型，在一种简单新颖解法的基础上探讨此模型在正态与非正态性假设下的显性最优解。同时发现非正态性假设下，模型难以找到统一的显性最优解，这需要在每一种分布假设下，先讨论 VaR 的最优值，然后才能探讨 VaR-单心理账户行为资产组合模型的解。最后认为多心理账户行为资产组合模型相对于传统模型改进巨大，并且可以很好地解释一些金融异象，但是行为金融理论中还没有构造出一般性的模型，故参照 Shefrin 和 Stataman 的做法，构造了基于 VaR 的两个心理账户的资产组合模型。

(7)考虑投资者资产组合选择模型在经验检验方面存在困难，本书从市场选择的角度入手，结合中国股票市场的实践，从实证角度说明了风险追求型投资者是中国股票市场的投资主体，而目前中国股票市场大多数投资者处于亏损状态。并指出 VaR-BPT-SA 模型是适合中国股票市场的运行模式。

8.2 中国股票市场风险防范的相应建议

中国是一个发展中的国家，由国家主导“制度创新”而产生股票市场，由于建设的时间较短，因而历史地决定了市场经济体制的不规范、不完善与不成熟，表现出一定的市场机制和制度工具的“夹生性”。同时面对尚未脱离“国家隐性担保”而缺乏自身活力的上市国有企业以及未经过市场经济长期陶冶而缺乏风险观念的股民，可以说中国股票市场蕴含着巨大风险，足以引起监管部门和投资者的重视。而风险防范的目标就是处置和控制风险，防止和减少损失，保障社会生产及各项活动的顺利进行，风险防范的实质是以经济合理的方式消除风险导致的各种灾害性后果。同时由于股票市场是整个国民经济的核心地带，是各种矛盾、各种风险因素的聚集点，市场各方一直处于不确定性的风险环境中，从而对股票市场的风险防范有着特别重要的意义。

中国股票市场是一个新兴市场，股票市场风险及其表现虽然与其他国家股票市场有相同之处，但其深层次的原因却是截然不同。由于上市公司、政府行为、市场参与者股票市场博弈中存在的特殊性，使得中国股票市场的风险主要表现为功能性风险、政策性风险、人为操纵风险以及噪声交易风险等。这些独特风险又主要表现在政府管理职能的偏差和市场监管的缺陷以及由于缺乏有效的外部监督，加之内部治理机制的缺陷所导致的上市公司行为的不规范。也正是由于制度建设上的缺陷和管理上的偏差才使得庄家有了利用噪声交易者心理偏差操纵市场的条件，形成了对市场风险的扩大作用，造成了对中国股票市场发展的严重危害。

股票市场是一个风险市场，只要市场存在就会有交易，有交易就会有风险。就是说，风险不可能消除，只能防范与管理。股票市场是中国市场经济的必要一环，健康且运行良好的股票市场能为中国市场经济发展提供优秀的资本市场。目前中国股票市场面临的风险是多方面多层次的，因此风险防范不可能指望靠某一部门某一项目一朝一夕就可以完成，而是一个长期的、艰巨的系统工程，因此需要动员社会各方面的力量，从宏观、微观、技术等多角度构建中国股票市场的风险防范体系。首先政府部门需要规范股票市场主体行为、加强制度建设来防范股票市场风险。其次股票市场参与者（这里仅讨论投资者）要加强自身风险防范。投资者在股票投资时既要做好股票市场环境外部风险防范，又要做好自身内部风险防范。

政府部门的工作主要包括转变政府股票市场的“隐性担保”角色，完善上市公司退市机制形成优胜劣汰的竞争机制，促成股票市场避险机制的出台和完善以及强化投资者保护机制等，使股票市场中的功能性风险、政策性风险和人为操纵风险降到最低。同时政府对于股票市场噪声交易风险的防范也大有作为，虽然噪声交易风险不可能完全消除，但行之有效的防范方法包括：套利交易、舆论、政策信号等。

套利交易对于抑制噪声交易风险显然具有重要的意义，因为套利交易是一种完全与噪声交易相反的交易策略，当噪声交易者的错误预期使资产价值被低估时，套利交易则是买入该资产，这种反向的力量对于维持资产价格的稳定有着重要的作用，否则，资产价格将会更深入的下跌；当噪声交易者的错误预期使资产价值被高估时，套利交易则选择卖出该资产，从而形成乐观性噪声交易的反向力量，它对于维持资产价格的稳定同样有着极其重要的作用。在噪声交易的市场中，套利交易可能由于套利力量不足，使得套利交易才具有了风险套利的性质，为了提高套利风险或噪声风险管理的有效性，套利能力的分布就是一个值得研究的课题，相比套利能力一次性用尽，序贯性非对称使用套利能力可能对于防范噪声交易风险更为有效，所谓套利能力一次性用尽指，当理性套利者发现价值与价格出现偏差时，即当市场出现套利机会时，其将所拥有的全部资源一次性用于套利交易；而序贯性非对称使用套利能力则是，即使理性套利者发现了价值与价格出现偏差，有套利机会存在，他也不一次性地用尽所拥有的全部资源，而是根据价值与价格偏差的程度非均匀地使用资源，如按几何数列来使用套利资源。序贯性非对称套利交易更有效的原因在于，随着市场价格向同一方向变动，噪声交易效应具有边际递减的性质，相反，套利交易效应具有边际递增的性质，这不仅决定了相同资源水平下，序贯性非对称套利总能力要大于一次性套利总能力，而且也极大地增大了同期套利交易能力大于噪声交易能力的概率，即增大了市场价格出现反转的概率，从而使噪声交易风险防范的效果得以提升。

事实上，噪声交易风险是一种市场风险，且噪声交易模型表明，这种市场风险是由噪声交易者的一致性预期错误引起的，它造成市场价格对价值的系统性偏离，从这个意义上看，噪声交易风险具有系统性风险的特点。舆论作为信息传递与对投资者进行教育的手段，其不仅有着传递最新资讯、描述客观事实的功能，而且其观点也会影响投资者的预期，最终影响投资者的行为选择。作为传递最新资讯、描述客观事实的工具，它能使噪声交易者改善信息状况，扩展信息集，从而有利于修正预期错误，最终起到降低噪声交易风险的目的；作为对市场运行或价值评价观点的表达，舆论能让噪声交易者认识到自身的错误，众所周知，认识到错误是修正错误的前提，只有首先认识到错误，才有可能改正错误，噪声交易者错误的修正，实质上就是噪声交易风险的降低。总之，舆论无论是改善噪声交易者的信息集，还是让噪声交易者认识到自己的错误，其结果均会使市场中噪声交易者的比重 μ 变小，从而起到有效管理噪声交易风险的作用，新闻效应模型就是对这一问题的理论总结。值得注意的是，舆论对噪声交易者的影响是双面性的，客观、理性的舆论有利于降低噪声交易者风险，而虚假、煽动性的舆论则会进一步刺激噪声交易者的噪声交易，甚至使理性套利者变为噪声交易者，从而增大噪声交易风险，上世纪末网络股泡沫就是一个很好的例证。因此，加强舆论导向与质量的管理具有极端重要的意义。

理性套利在防范噪声交易风险方面的有效性我们在上面已经论述，如果噪声交易势力足够强大，理性套利者也有可能被噪声交易者击败。这就是说，完全依赖于市场投资者的自发行为对于有效地控制噪声交易风险的作用可能是有限的，市场失灵的现象仍然会发生。市场失灵为政府干预提供了理由，虽然政府干预未必一定比市场自发调节来的要好，但有些情况下，它的确效果明显。政策信号作为市场自发调节与政府干预的中间状态，它不仅在宏观经济管理中具有重要的作用，而且在管理金融市场噪声交易风险中同样重要。噪声交易风险作为具有系统性风险性质的一类风险，其相应的管理手段自然可以从产生系统性风险因素的层面去寻找，宏观经济政策作为产生系统性风险的主要因素之一，无论是理性套利交易者还是噪声交易者，其预期的形成都会包含对相关宏观经济政策的预期，也就是说，政策信号首先会影响投资者的政策预期，进而影响资产价格的预期，当政策信号是逆噪声交易者错误交易方向时，它将对噪声交易者的预期产生冲击，这种冲击一方面使噪声交易者修正错误，部分噪声交易者可能因此成为理性套利者，即使是噪声交易者不能成为理性套利者，噪声交易者的错误可能因政策信号冲击而逆转，从而形成另一错误预期方向的噪声交易者，结果使一致性错误的噪声交易者变成两股对抗的交易势力，由此降低噪声交易风险。另一方面，即便是政策信号不能改变噪声交易者错误的一致性，至少它能使噪声交易者认识到噪声交易的政策性风险在增大，从而起到克制噪声交易的作用。因为，噪声交易者并非是完全不顾及风险的交易者，他们之所以会成为噪声交易者是由于预期错误所致，而不是他们更偏好风险。当噪声交易者实行更有克制的交易时，至少噪声交易风险难以进一步增大，政策信号由此也就发挥了噪声交易风险防范的作用。

另外政府部门要鼓励与重视风险测度工具的研发，一方面要重视国外先进风险测度工具的学习与引进，另一方面又要鼓励国内学者与技术人员研发适合中国股票市场的测度工具。风险测度工具的研发与使用的过程中要注意其在中国的适用性与可比性，这样才能更好地判断中国股票市场面临风险的大小，才能为下一步风险管理选择、风险防范与控制做好准备工作。

对于中国股票市场的投资者来说，首先要防范来自股票市场环境所带来的外部风险，这就要求投资者学习股票投资的基本知识，掌握股票投资的一般技巧，学会用基本分析和技术分析的方法分析股市走向，掌握必要的风险防范分析方法。技术分析与基础分析两种分析方法各有优劣，技术分析法常常在有效程度较低的市场中大显身手，判断市场的走势，从而获得超额收益。然而，由于市场的复杂性，人们在使用技术分析法时典型地运用了启发法①，于是不可避免地可能犯启发式认知偏差，因此简单地使用技术分析法容易得出错误的判断，误导投资者的投资选择，同时，技术分析法只是分析证券价格走势的短期趋势，并不能准确预测长期价格走势。基本分析法可能在周期较长的个别股票价格的预测和相对成熟的股票市场可能更有用武之地（史金艳，2010），其注重宏观环境、上市公司的行业状况、利润和前景等因素的分析。在投资实务中，基本分析法容易受到框定效应的影响，产生框定偏差。人们在试图通过表象认识事物本质时，不可避免地受到表象的迷惑，特别是上市公司为掩盖自身经营过程中的问题时，往往会利用框定效应来诱导人们对事件的判断，从而影响人们所作的选择。因此，投资者在投资选择时，既要保持自己的理性，也要理解市场的非有效性和非理性，既要进行基于价值分析的投资选择，也要基于技术分析解析市场上投资者的情绪以及市场价格的未来趋势，在两者之间寻找一种平衡和节奏（饶育蕾，2010）。

---

① 启发法与算法是两种相对应的解决问题策略。算法有精确的解题步骤与规则，启发法是拼接经验的解题方法，是一种思考上的捷径，是解决问题的一种简单化的策略。

中国股票市场中的投资者不仅要防范来自股票市场环境的风险,更要防范来自投资者自身的风险。而机构投资者相对于个人投资者来说,资金、技术和信息资源上都占有优势,所以机构投资者风险防范就是要注意形成自己的投资风格,不要人云亦云。个人投资者具有代表性的不成熟投资心理素质:盲目跟风的随大流心理,凭借运气的侥幸心理,犹豫不决的徘徊心理,孤注一掷的赌博心理。这种不良心理素质给个人投资者造成的金钱损失,形成的精神压力可想而知,那么作为个人投资者防范风险,至少应有意识地从以下几方面去培养和锻炼自己的心理素质,才有可能成为成功的投资者。第一,有良好的期望心理。在投资中,每个投资者都希望盈利,在投入市场之前,许多人也有自己的一个预期。因此投资者切忌有过高的不切实际的期望值,要控制自己的贪婪,每经历一次熊市或牛市后以及进行新的投资时,都应客观地评价自己的期望值。第二,有自己的投资理念。在股票市场中,投资者的情绪和行为容易受周围心理氛围与情感影响,因而其股票投资选择时可能会随大众,这是一种躲避遭受挫折的主观反应,但有时会使投资者失去很多机会。因此,投资者应随着在股市摸爬滚打的经验的增多,要逐步形成自己的投资风格和投资理念。坚持在科学分析各种信息资料的基础上形成自己的观点和投资理念,加强自己的独立分析、独立判断能力。第三,有耐心。成功的投资人往往将多数时间用于研究而不是交易,在没有理想时机的情况下,他们会耐心等待,一旦时机成熟,就会立即采取行动。因此,不论是持股待涨,还是打算在股价下跌后买进,投资者都必须经历一段忍耐、等待的时间。对于长期投资者而言,要想取得预期收益,更是需要忍耐的功夫。第四,有自我管理能力。投资者在进行投资前,首先就必须确定自己的投资目标、选择自己的投资理念、确定自己的投资计划。在制定好投资计划后,进行实际操作时,一定得注意时机的选择和行为的果断,只要时机一出现,就应不再犹豫,“该出手时就出手”。当投资计划实施一段时间以后,投资者就必须对自己的投资行为加以评估,对投资绩效加以检查。投资者在进行绩效评价之后,要对投资成败进行适当的归因,以保持稳定、积极向上的情绪和精神状态,以利再战。

行为金融学的选择理论突破了传统的研究模式,从投资者经济心理活动规律与投资者经济行为产生的内在机理,以新的视角将人的因素对市场的影响考虑到模型中。而基于行为金融学的投资策略为投资者提供了全新的投资理念和组合设计,不仅可以能使自己有效防范选择错误风险,还可以基于他人的认知偏差制定相应的投资策略,进一步洞察影响资产定价的因素,先人一步,把握时机,获取稳定的投资收益。因此受行为金融学的选择理论的启发,中国股票市场的投资者也要学习与借鉴行为金融理论下的行为投资策略。

8.3 研究存在的问题与展望

本书进行了大量研究,但是还有很多值得进一步改进与深入研究的地方:

首先,本书意识到了建立前景理论与已有的优秀风险测度指标之间联系的重要意义,并尝试构造基于累积决策权重函数的收益率分布主观模型,但是搭建包含行为因素的投资者预期收益分布与传统优秀风险测度指标之间桥梁本身就是一个极具深度和挑战性的课题,因此本书没有展开深入研究。

然后,现有行为资产定价模型的理论研究比较多,应用于实践的主要问题在于构架行为市场组合的困难,国内外学者不断研究与改进行为市场组合的构建问题,如何将噪声交易者的情绪和行为因素对于资产定价的影响充分反映,尤其中国股票市场的行为市场组合如何构建是今后需要不断进行的研究工作。

其次,VaR 技术是一种非常复杂的方法,本书在越接近正态分布为更优的选择原则下使用正态性转换函数对经验数据进行变换后,说明了 Johnson 转换中的 SU 转换函数适宜作为转换函数,并且在中国股票市场上证明其的有效性。但是目前为止还没有找到具有普适性的转换函数,因此这是今后还需努力的方向。

再次,在 VaR-单心理账户行为资产组合模型的研究中,由于时间的关系没有从理论上继续探讨资本市场线与有效边界切点的性质,没有真正深刻剖析和继续挖掘 VaR-单心理账户行为资产组合模型相对于 Markowitz 的均值一方差模型的区别与优势。同时由于非正态性假设下 VaR 估算的复杂性与多样性将会显著地影响投资者的投资选择过程,因此非正态分布假设下均值－VaR 模型(除了本书的 Chebyshev 不等式与正态性转换方法)的继续探讨将十分困难,也是今后进一步研究的方向。另外,本书的模型没有考虑实际市场中的摩擦因素如交易成本、买卖临界限制、交易量限制以及税收等,如何将这些实际交易限制考虑到现有的模型中并提供相应的算法也是值得进一步研究的问题。

最后,心理账户是行为金融学的核心理论之一,可以很好地解释一些金融异象。但是心理账户理论尤其是多心理账户理论在指导资产组合的实践中,理论上还没有构造出一般性的模型,本书也只是按照 Shefrin 和 Stataman 的做法,仅讨论两个心理账户的资产组合的情形,并且这一模型在实践中的有效性还没有检验,因此如何构建多心理账户行为资产组合模型更好解释与指导实践也是值得深入考虑的问题。

参考文献

[1]安起光，王厚杰.引入无风险证券的均值－VaR投资组合模型研究[J].中国管理科学，2006年第2期:12－15
[2]白锐锋.经济计量学模型检验方法研究[D].天津财经大学博士论文，2010年:95－96
[3]曾晓洁，黄嵩，储国强.基金投资风格与基金分类的实证研究[J].金融研究，2004年第3期:66－78
[4]陈思卓，高峰，祁斌.机构投资者交易行为特征研究[J].金融研究，2008年第8期:122－130
[5]陈彦斌，周业安.行为资产定价理论综述[J].经济研究，2004年第6期:117－127
[6]陈晓，陈小悦，倪凡.我国上市公司首次股利信号传递效应的实证研究[J].经济科学，1998年第5期:33－43
[7]陈晓，陈小悦，刘钊.A股盈余报告的有用性研究－来自上海、深圳的实证证据[J].经济研究，1999年第6期:21－28
[8]蒂米奇·威塔斯.金融监管－变化中的游戏规则[M].上海:上海财经大学出版社，2000年:123－167
[9]董志勇.行为金融学[M].北京:北京大学出版社，2009年:191－234
[10]都国雄，宁宣熙.我国股市收益概率分布的统计特征分析[J].中国管理科学，2007年第5期:16－22
[11]方琦.从主流金融学与非主流金融思想之比较看金融学发展[J].财政监督，2010年第1期:75－76
[12]方勇.异质预期、噪声交易和价格被动[J].技术经济与管理研究，2010年第2期:3－7
[13]顾娟，刘建洲.信息不对称与股票价格变动－我国证券市场信息传导机制的经济学分析[J].经济研究，2004年第2期:106－114
[14]韩其恒，唐万生，李光泉.机会约束下的投资组合问题[J].系统工程学报，2002年第1期:87－93
[15]何兴国，周开国.牛、熊市周期和股市间的周期协同性[J].管理世界，2006年第4期:35－40
[16]何兴强，李涛.不同市场态势下股票市场的非对称反应[J].金融研究，2007年第8期:131－140
[17]何涛，陈晓.现金股利能否提高企业的市场价值:1997－1999年上市公司会计年度报告期间的实证分析[J].金融研究，2002年第8期:44－56
[18]赫伯特·西蒙.管理行为－管理组织决策过程的研究[M].北京:北京经济学院出版社，1991年:15－29

[19]贺学会，尹晨．作为投机策略的噪声交易：一个交易操纵模型[J]．财经理论与实践，2004年第25期：38－41
[20]侯成淇．非正态分布条件下的投资组合模型研究[D]．武汉大学博士论文，2005年：35－39
[21]胡支军，叶丹．基于损失厌恶的非线性投资组合问题[J]．中国管理科学，2010年第4期：28－33
[22]黄范章，徐忠．投资、投机及我国股市的投机性分析[J]．金融研究，2001年第6期：56－89
[23]黄思明，陈薇，杨国梁．摩擦市场上允许买空卖空的投资组合问题[J]．中国管理科学，2006年第5期：28－32
[24]孔方方．行为资产定价模型实证方法改进探究[J]．科学技术与工程，2010年第10期：8632－8635
[25]郭丹，徐伟，雷佑铭．机会约束下的均值－VaR组合投资问题[J]．系统工程学报，2005年第3期：256－260
[26]李腊生，翟淑萍．现代金融投资统计分析[M]．北京：中国统计出版社，2006年：68－81
[27]李腊生．不确定性决策与金融资产投资[M]．广州：广东人民出版社，2002年：274－301
[28]李腊生，余砚新，张艳莉等．我国证券市场的累计成本效应及投资主体行为研究非理性交易的实证分析[M]．北京：中国统计出版社，2006年：103－139
[29]李腊生，翟淑萍．混合预期噪声交易模型及我国证券市场非理性交易的实证分析[J]．统计研究，2009年第10期：95－102
[30]李腊生，翟淑萍，关敏芳．证券市场收益率分布时变性的经济学分析及其我国的经验证据[J]．统计研究，2011年第11期：66－78
[31]李腊生，王虹舒．不确定性、经济选择方式与资源配置效率[J]．经济学家，2009年第11期：13－21
[32]李腊生，翟淑萍，刘磊．投资者异质性与证券市场定价—理论模型与中国的经验证据[J]．投资研究，2011年第8期：95－102
[33]李广众．银行、股票市场与长期经济增长：中国的经验研究与国际比较[J]．世界经济，2002年第9期：57－62
[34]李铁群．基于过度自信异质信念条件下的行为资本资产定价模型[J]．统计与决策，2010第23期：58－61
[35]李向军．中国股市应建立政策与股市的协调机制．证券日报，2001年11月26日
[36]李心丹，王冀宁，傅浩．中国个体证券投资者交易行为的实证研究[J]．经济研究，2002年第11期：54－63
[37]李晓渝，苟宇．行为资产定价实证：中国股票市场噪声交易者风险测度[J]．南开经济研究，2006年第3期：54－67
[38]李潇潇，杨春鹏，姜伟．基于投资者情绪的行为资产定价模型[J]．青岛大学学报(自然科

学版),2008 第 4 期:95—98
[39]李艳丽,李忠民.上市公司经营业绩与股票价格的相关性研究[J].哈尔滨商业大学学报,2007 年第 5 期:57—60
[40]李礼,王曼舒,齐寅峰.股利政策由谁决定及其选择动因[J].金融研究,2006 年第 1 期:74—85
[41]李学峰.股票市场均衡与投资者行为选择:对中国股市非均衡状态的理论研究[J].南开经济研究,2005 年第 4 期:69—75
[42]林国春,段文斌.行为金融学及博弈论应用[M].天津:南开出版社,2006 年:287—311
[43]刘子斐,史敬.VaR 模型比较技术及其评价[J].金融研究,2008 年第 5 期:130—137
[44]刘庆伟,彭大衡.投资机会与 VaR 约束下的投资组合分析[J].经济数学,2002 年第 19 期:85—89
[45]刘国光,王慧敏.沪深股市收益分布尾部特征研究[J].数理统计与管理,2005 年第 3 期:108—112
[46]刘勇.中国股价行为金融计量研究[D].东北财经大学博士学位论文,2003 年:37—42
[47]陆静,龚珍.基于行为资产定价模型的 A、B 股票市场分割研究[J].统计与决策,2010 年第 14 期:133—136
[48]陆蓉,徐龙炳."牛市"和"熊市"对于信息的不平衡反应研究[J].经济研究,2004 年第 3 期:65—72
[49]吕江林.我国的货币政策是否应对股价变动做出反应?[J].经济研究,2005 年第 3 期:80—90
[50]马永开,唐小我.行为证券组合投资决策方法研究[J].系统工程学,2003 年第 1 期:71—76
[51]马曙光,黄志忠,薛云奎.股权分置、资金侵占与上市公司现金股利政策[J].会计研究,2005 年第 9 期:45—52
[52]茆诗松,周纪芗.概率论与数理统计[M].北京:中国统计出版社,2000 年:331—334
[53]彭飞.基于行为金融的资产选择模型研究[D].西南财经大学博士学位论文,2005 年:18—45
[54]祁斌,黄明,陈思卓.机构投资者与股市波动性[J].金融研究,2006 年第 9 期:54—64
[55]邱奕奎,安宜,胡运权.基于行为金融理论的非理性投机泡沫模型研究[J].经济纵横,2009 年第 6 期:86—88
[56]权丽平,张彦伟.亚洲金融危机——行为金融学的剖析[J].金融研究,2005 年第 8 期:163—170
[57]饶育蕾,盛虎.行为金融学[M].北京:机械工业出版社,2010 年:125—131
[58]姚京,李仲飞.基于 VaR 的金融资产配置模型[J].中国管理科学,2004 年第 1 期:8—14
[59]任有泉.中国上市公司股利政策稳定性的实证研究[J].清华大学学报(哲学材会科学版),2006 年第 1 期:121—128

[60]任煜.2004—2008 年我国银行股票价格与会计信息的价值相关性研究[J].金卡工程,2009 年第 3 期:158—159

[61]荣喜民,武丹丹,张奎廷.基于均值—VaR 投资组合最优化[J].数理统计与管理,2005 年第 5 期:96—103

[62]邵宇.微观金融学及其数学基础[M].北京:清华大学出版社,2003 年:429430

[63]施东辉.中国股市微观行为[M].上海:上海远东出版社,2001 年:213—245

[64]史金艳.行为金融理论与应用[M].大连:大连理工大学出版社,2010 年:118—132

[65]孙爱军,陈小悦.会计盈余的信息含量研究—兼论中国股市的利润驱动特性[J].北京大学学报,2002 年第 1 期:15—27

[66]孙培源,施东晖.基于 CAPM 的中国股市羊群行为研究—兼与宋军、吴冲锋先生商榷[J].经济研究,2002 年第 2 期:64—70

[67]孙春花,李腊生.基于均值—VaR 最优投资决策[J].第 13 届中青年统计学研讨会,太原,2011 年 10 月

[68]唐国琼,邹虹.上市公司现金股利政策影响因素的实证研究[J].财经科学,2005 年第 2 期:150—156

[69]万欣荣、蒋少伐、朱红磊.我国股票收益影响因素的定价模型实证研究[J].金融研究,2005 年第 12 期:62—72

[70]王永宏,赵学军.中国股市“惯性策略”和“反转策略”的实证分析[J].经济研究,2001 年第 6 期:56—61

[71]汪贵浦,王明涛.Harlow 下偏矩证券组合优化模型的求解方法研究[J].系统工程理论与实践,2003 年第 6 期:42—47

[72]魏刚.中国上市公司股利分配的实证研究[J].经济研究,1998 年第 6 期:22—31

[73]文凤华,陈耀年,黄德龙.过度自信、后悔厌恶与收益率分布非正态特征[J].财经理论与实践,2002 年第 28 期:59—66

[74]文凤华,马超群,巢剑雄.基于风险偏好的最优投资决策分析[J].中国管理科学,2002 年第 5 期:26—29

[75]武晓春.我国上市公司股权结构与股利政策[J].经济问题,2003 年第 4 期:44—46

[76]夏新平,崔吉勇,余明桂.民营上市公司现金股利信号传递效应实证研究[J].商业研究,2006 年第 10 期:125—128

[77]夏明,李家和.中国证券市场“非理性”行为分析及政策研究[J].管理世界,2008 年第 6 期:70—71

[78]徐龙炳.中国股票市场股票稳态特性的实证研究[J].金融研究,2001 年第 6 期:36—43

[79]徐富明,李红,柯永红.股票投资决策中的处置效应及其应对策略[J].广东金融学院学报,2009 年第 5 期:78—87

[80]徐绪松,陈彦斌.深沪股票市场非线性的实证研究[J].数量经济与技术经济研究,2001 年第 3 期:110—113

[81]徐绪松,陈彦斌.基于相对财富和习惯形成的资本资产定价模型[J].管理科学学报,2004年第3期:1-6

[82]徐绪松,马莉莉,陈彦斌.考虑损失规避的期望效用投资组合模型[J].中国管理科学,2007年第10期:42-47

[83]徐滇庆,于宗先.泡沫经济与金融危机[M].北京:中国人民大学出版社,2000年:82-108

[84]姚海洋,李仲飞.不同借贷利率下的投资组合选择-基于均值和的效用最大化模型[J].系统工程理论与实践,2009年第1期:22-28

[85]阎大颖.中国上市公司控股股东价值取向对股利政策影响的实证研究[J].南开经济研究,2004年第6期:53-61

[86]杨胜刚,卢向前.行为金融、噪声交易与中国证券市场主体行为特征研究[J].湖南大学学报,2002年第1期:25-29

[87]杨朝军,蔡明超,徐慧泉.中国证券投资基金风格分类研究[J].上海交通大学学报,2004年第3期:359-367

[88]杨迪睿,韩德宗.期望理论与中国个人证券投资者的交易行为[J].西南民族大学学报(人文社科版),2005年第6期:284-286

[89]易宪容,赵春明.行为金融学[M].北京:社会科学文献出版社,2004年:78-90

[90]俞乔,程滢.我国公司红利政策与股市波动[J].经济研究,2001年第4期:32-40

[91]袁艺,茅宁.从经济理性到有效理性:经济学研究理性假设的演变[J].经济学家,2007年第2期:21-26

[92]张鹏,张忠桢,岳超源.基于效用最大化的投资组合旋转算法研究[J].财经研究,2005年第12期:117-126

[93]张鹏,张忠桢,岳超源.限制性卖空的均值-半绝对偏差投资组合模型及其旋转算法研究[J].中国管理科学,2006年第2期:7-11

[94]张鹏,张忠桢,曾永泉.限制性卖空的均值-方差投资组合优化[J].数理统计与管理,2008年第1期:124-129

[95]张鹏.不允许卖空情况下均值-方差和均值-VaR投资组合比较研究[J].中国管理科学,2008年第4期:30-35

[96]张鹏,张忠桢.不允许卖空情况下M-VaR和M-SA投资组合比较研究[J].中国管理科学,2008年第10期:263-267

[97]张屹山,方毅.中国股市庄家交易操纵的模型与政策分析[J].管理世界,2007年第5期:40-48

[98]张新.中国金融学面临的挑战和发展前景[J].金融研究,2003年第8期:36-44

[99]张松.行为金融学中的资产组合选择问题[D].北京大学博士学位论文,2011年:86-101

[100]张小涛.基于损失厌恶的长期资产配置研究[D].天津大学博士论文,2005年:34-37

[101]张义春,许文彬.风险与金融风险的经济学再考察[J].金融研究,2002年第3期:65

—73
[102]赵志君.股票价格对内在价值的偏离度分析[J].经济研究,2003年第10期:66—93
[103]周爱民,张荣亮.行为金融学[M].北京:经济管理出版社,2005年:67—78
[104]周丹,郭万山.股价偏差的信息不确定性与投资者行为效应研究述评[J].商业研究,2010年第10期:109—116
[105]周月刚,雷晓燕.参考价格分布和股票回报:基于处置效应的分析[J].经济学(季刊),2011年第3期:1039—1060
[106]周焯华,黄珂.行为金融视角下中国证券市场投资策略研究[J].技术经济,2009年第11期:66—70
[107]朱明秀.我国上市公司股权结构与股利政策关系的实证研究[J].审计与经济研究,2005年第3期:87—95
[108]朱宝军,吴冲锋.异质投资者与资产定价:一个新的资本资产定价模型[J].数量经济技术经济研究,2005年第6期:154—161
[109]朱醒辰.中国股市投机性泡沫问题[J].企业导报,2009年第7期:40—43
[110]Abel,Andrew B. Asset Prices Under Habits Formation and Catching up with the Joneses[J]. American Economic Review Papers and Proceedings,1990,80:38—40
[111]Adler,T. ,Kritzman,M. . Mean-variance versus Full-scale Optimization: in and out of Sample [J]. Journal of Asset Management,2007,7(5):302—311
[112]Ammer E,Khalifa H. A. Fuzzy Portfolio Optimization a Quadratic Programming Approach [J]. Chaos,Solitons and Fractals,2003,18:1045—1054
[113] Alexandre. G, A. Baptisa. Economic Implications of using Mean-VaR Model for Portfolio Selection Comparison with Mean-variance Analysis[J]. Journal of Economic Dynamic and Control,2002,26:115—126
[114]Bakshi,Gurdip S,Zhiwu Chen. The Spirit of Sapitalism and Stock Market Prices[J]. American Economic Review,1996,86:133—157
[115]Barberis,Nicholas,Ming Huang,and Tano Santos. Prospect Theory and Asset Prices [J]. Quarterly Journal of Economics,2001,5:1—53
[116]Barberis,Nicholas,Andrei Shleifer,and Robert Vishny. A Model of Investor Sentiment [J]. Journal of Financial Economics,1998,49(3):307—343
[117] Ball R. J. ,Bown P. An Empirical Evaluation of Accounting Income Numbers[J]. Journal of Accounting Research,1968,4:159—178
[118]Bem,D. J. An Experimental Analysis of Selfpersuasion[J]. Journal of Experimental Social Psychology,1965,[1]:199—218
[119]Binswanger M. Stock Market Booms and Real Economic Activity: Is This Time Different[J]. International Review of Economics and Finance,2000,9:387—415
[120] Black F. Capital Market Equilibrium with Restricted Borrowing [J]. Journal of

Business,1972,45:444—454

[121]Black,Fisher and John C. Cox. Valuing Corporate Securities:Some Effects of Bond Indenture Provisions[J]. Journal of Finance,1976,31. 351—367

[122] Breeden, Douglas T. An Intertemporal Asset Pricing Model with Stochastic Consumption and Investment Opportunities[J]. Journal of Financial Economics,1979,7:265—296

[123]Chang T—J,Meade N,Beasley J,SharaihaY. Heuristics for Cardinality Constrained Portfolio Optimization[J]. Computers and Operations Research,2000,27:1271—1302

[124]Chang E C,Cheng J W,Khorana A. An Examination of Herd Behavior in Equity Market:An International Perspective[J]. Journal of Banking&Finance,2000,24(10):1651—1679

[125]Chen A. H. Y,Jen F. C. and Zionts S. . The Optimal Portfolio Revision Policy[J]. Journal of Business,1971,44(1):51—61

[126]Christie,Willianm G. and Roger D. Huang. Following the Pied Piper:Do Individual Returns Herd around the Marker? [J]. Financial Analysis Journal,1995,4:31—37

[127]Choe,H Kho,B ect. Do Foreign Investors Destabilize Stock Market? The Korean Experience in1997[J]. Journal of Financial Economics,1999:227—264

[128]Clark P. A Subordinated Stochastic Process Model with Finite Variance for Speculative Prices[J]. Econometrica,1973,41(1):135—155

[129]Consigli G. Tail Estimation and Mean-VaR Portfolio Selection in Markets Subject to Financial Instability[J]. Journal of Banking &Finance,2002,26:1355—1382

[130] Constantinides, George M. Habit Formation: A Resolution of the Equity Premium Puzzle[J]. Journal of Political Economy,1990,98:519—543

[131] Constantinides, George M, Duffie Darrell. Asset Pricing with Heterogeneous Consumers[J]. Journal of Political Economy,1996,104:219—240

[132]Crama Y,Schyns M. Simulated Annealing for Complex Portfolio Selection Problems [J]. Euopean Journal of Operational Research,2003,150:546—571

[133]Daniel,D K Hirshleifer,A Suhramanyam. Investor Psychology and Security Market under-reaction and Overreaction[J]. Journal of Finance,1998,53(6):1839—1885

[134]David Hirshleifer,Avanidhar Subrahmanyam,Sheridan Titman. Feedback and the Success of Irrational Investors[J]. Journal of Financial Economics,2006,81(2):311—338

[135]Deng X. T. Li,Z. F. Wang S. Y. A Minimax Portfolio Selection Strategy with Equilibrium[J]. European Journal of Operational Research,2005,166:278—292

[136] De Bondt W,Thaler Richard. H. Does Stock Market Overreact? [J]. Journal of Finance,1985,3:793—807

[137]De Giorgi E. ,Hens T. Making Prospect Theory fit for Finance[J]. Financial Markets

and Portfolio Management,2006,20(3):339—360

[138]De Long J. B. ,Shleifer A. ,Summers L,Waldmann R. J. Noise Trader Risk in Financial Markets[J]. Journal of Political Economy,1990a,98:703—738

[139] De Long J. B. , Shleifer A. , Summers L, Waldmann R J.. Positive Feed-back Investment Strategies and Destabilizing Rational Speculation[J]. Journal of Finance. 1990b,45:375—395

[140]Duffie,Darrell. Dynamic Asset Pricing Theory[M]. Princeton University Press,1996

[141]Easterbrook Frnak. Two Agency Cost Explanations of Dividends[J]. American Economic Review,1984,74:650—659

[142]Elton E. J. ,Gruber M. J.. Marginal Stockholder Tax Rates and the Clientele Effect[J]. Review of Economics and Statistics,1970,2:69—70

[143]Fama E F. The Behavior of Stock Market Prices[J]. Journal of Business,1965,1:34—105

[144]Fama E. F. Stock Returns,Real Activity,Inflation,and Money[J]. American Economic Review,1981,71:545—564

[145] Fernández, Alberto, Gamez Sergio. Portfolio Selection using Neural Net-works[J]. Computers and Operations Research. 2007,34(4):1177—1191

[146]Fishburn P C. Mean-risk Analysis with Risk Associated with Below—target Returns [J]. American Economical Review,1977,67:116—126

[147]Friedman M,Savage LJ. The Utility Analysis of Choices Involving Risk[J]. Journal of Political Economy,1948,56:279—304

[148]Foster G. Quarterly Accounting Data:Time-series Properties and Predictive Ability Results [J]. The Accounting Review,1977:1—21

[149]Gali J. Keeping up with the Joneses:Consumption Externalities[J]. Journal of Money, Credit,and Banking,1994,26(1):1—8

[150]Graham,John R. Herding among Investment Newsletters:Theory and Evidence[J]. Journal of Finance,1999,54:237—268

[151]Grinblatt M,Sheridan T,Wermers R. Momentum Investment Strategies,Portfolio Performance,and Herding:A Study of Mutual Fund Behavior[J]. American Economic Review,1995,85(5):1088—1105

[152]Grullon G. ,Michaely R. Swaminathan. B. Are Dividend Changes a Sign of Firm Maturity? [J]. Journal of Business,2002,75:387—424

[153]Hagstromer B. ,Binner J. Stock Selection with Full-scale Optimization and Differential Evolution[J]. Applied Financial Economics,2009,19(19):1559—1571

[154]Haug,Jorgen. Explicit Characterizations of Financial Prices with History-Dependent Utility[J]. Journal of Mathematical Economics. 2001,36:337 —356

[155]Hong Harrison, and Jeremy C Stein. A Unified Theory of Underreaction, Momentum, Trading and Overreaction in Asset Markets[J]. Journal of Finance, 1998, 11: 1—64
[156]Hou, Kewei, Lin Peng, and Wei Xiong. A Tale of Two Anomalies: the Implication on Investor Attention for Price and Earnings Momentum[J]. Baruch College, Ohio, State University, and Princeton University, Working paper, 2006
[157]Jacob N. L.. A limited-diversification Portfolio Selection Model for the Small Investor [J]. The Journal of Finance, 1974, 29(3): 847—856
[158]JensenM, Meckling W Theory of the Firm: Managerial Behavior, Agency Costs and Ownership Structure[J]. Journal of Financial Economics, 1976, 3: 305—360
[159]Jenesn M.. Agency Costs of Free Cash Flow, Corporate Finance and Takeover[J]. American Economic Review, 1986, 76: 323—329
[160]Jin H., Zhou X.. Behavioral Portfolio Selection in Continuous Time[J]. Mathematical Finance, 2008, 18(3): 385—426
[161]Josef L, Shleifer A, Robert W. Vishny. The Impact of Institutional Trading on Stock Prices[J]. Journal of Financial Economics, 1992, 32: 23—43
[162]Johnson, N. L. Systems of Frequency Curves Generated by Methods of Translation [J]. Biometrika, 1949, 36: 149—176
[163]Jushan BAI, Serena NG. Tests for Skewness, Kurtosis, and Normality for Time Series Data[J]. Journal of Business & Economic Statistics, 2005(23): 49—60
[164]Kawadai N, Konno H. Solving Large Scale Mean-variance Models with Mens Non-factorable Matrices[J]. Journal of the Operations Research Social of Japan, 2001, 44 (3): 251—260
[165]Kahneman D, Riepe M W. Aspect of Investor Psychology: Beliefs, Preferences, and Bases Investment Advisers Should Know about[J]. Journal of Portfolio Management, 1998, 24(4): 52—65
[166]Kahneman D, Tversky A. Prospect Theory: An Analysis of Decision Making under Risk [J]. Econometrica, 1979, 47(2): 263—291
[167]Kaminsky, G Schmukler, T. What Triggers Market Jitters: A Chronicle of the Asian Crisis[J]. Journal of International Money and Finance, 1999: 537—560
[168]Kendall M G, Stuart A. The Advanced Theory of Statitics [M]. 3rded. London: Griffin, 1973
[169]Kim, Woochan and Shang-jin wei. Foreigh Portfolio Investors Before and During a Crisis[J]. NBERWorking Paper. 1999, No. 6968. (Cambridge, Massachusetts: NBER)
[170]Konno H., Suzuki K. A Mean-variance-skewness Optimization Model[J]. Journal of the Operations Research Society of Japan, 1995, 38: 173—187
[171]Kupiec, P. H. Techniques for Verifying the Accuracy of Risk Measuremen Models[J].

Journal of Derivatives,1995,3(2):73—84

[172]Kupiec P. H. and S. A. Sharpe. Animal Spirits, Margin Requirements, and Stock Price Volatility[J]. Journal of Finance,1991,146:717—731

[173]Kurz M. Optimal Economic Growth and Wealth Effects[J]. International Economic Review,1968,9:347—357

[174]Kyle, A. S.. Continuous Auctions and Insider Trading[J]. Econometrica,1985,53:1315—1335

[175]Lakonishok, Josef Andrei, Shleifer and Robert W. Vishny. The Impact of Institutional Trading on Stock Price[J]. Journal of Financial Economics,1992,32:23—43

[176]La Porta R. ,Lopez—de-Silanes F. ,Shleifer A. ,Vishny R.. Agency Problem and Dividend Policies around the World[J]. Journal of Finance,2000,55:1—33

[177]León T, Liern V, Vercher E. Viability of Infeasible Portfolio Selection Problems: A Fuzzy Approach[J]. European Joumal of Operational Research,2002,139:178—189

[178]Leigh, Lamin. Stock Market Equilibrium and Macroeconomic Fundamentals[J]. IMF Working Papers 97/15, International Monetary Fund

[179]Levy, Haim. Stochastic Dominance and Expected Utility: Survey and Analysis[J]. Management Science,1992,38(4):555—593

[180]Lintner, John. Distribution of Income of Corporations among Dividends, Retained Earnings and Taxes[J]. American Economic Review,1956,46:97—113

[181]Lintner John. The Value of Risky Assets and the Selection of Risky Investments in Stock Portfolios and Capital Budgets[J]. Review of Economics and Statistics,1965,47:13—37

[182]Lucas, Robert E, Jr. Asset Prices in an Exchange Economy[J]. Econometrica,1978,46:1429—1445

[183]LuisMuga · Rafael Santamaría. Momentum, Market States and Investor behavior[J]. Empir Econ,2009,37:105—130

[184]Mandelbrot B. The Variation of Certain Speculative Prices[J]. Journal of Business,1963,36:394—410

[185]Markowitz H. Portfolio Selection. Efficient Diversification of Investments[J]. Cowles Foundation for Research in Economics at Yale University, Monograph,1959,16, John Wiley & Sons, New York, USA

[186]MayersD. Non-marketable Assets and Capital Market Equilibrium under Uncertainty [M]. PPStudies in the Theory of Capital Markets, Praeger Publishers,1972.

[187]Miller M. H. and Rock K. Dividend Policy Asymmetric Information[J]. Journal of Finance,1985,9:1031—1051

[188]Miller M, Modigliani F. Dividend Policy, Growth and the Valuation of Shares[J].

Journal of Business,1961,34:411—433

[189]Mukherjee D. ,A. Naka. Dynamic Relations between Macroeconomic Variables and the Japanese Stock Market:An Application of a Vector Error Correction Model[J]. Journal of Financial Research,1995,18:223—237

[190]Mossin J. Equilibrium in a Capital Asset Market [J]. Econometrica,1966,35:768—783

[191]Mullainathan,S. Richard Thaler. Behavioral Economics[M]. International Encyclopedia of Social Sciences. Pergamon Press,1st edition,2001,8:1094—1100

[192]Nelson,D. B. Conditional Heteroskedasticity in Asset Return:A New Approach[J]. Econometrica,1990,59:347—370

[193]Odean Terrance. Volume,Volatility,Price,and Profit When All Traders are above Average[J]. The Journal of Finance,1998,6:1887—1934

[194]Ortobelli S. ,Rachev S. Safety First Analysis and Stable Paretian Appoach to Portfolio Choice Theory[J]. Mathematical and Computer Modelling,2001,34:1037—1072

[195]Patel N. R. and Subrahmanyam M. G. . A Simple Algorithm for Optimal Portfolio Selection with Fixed Transaction Costs[J]. Management Science,1982,28 (3):303—314.

[196]PaganA. R. ,K. A. Sossounov. A Simple Framework for Analyzing Bull and Bear Markets[J]. Journal of Applied Econometrics,2003,18:23—46

[197]Pettit R. R. . Tax,Transaction Cost and the Clientele Effect of Dividends[J]. Journal of Econoimcs,1977,12:419—436

[198]Philippe J. B,Potter M. Price Comparison Theory of Financial Risks:From Statistical Physics to Risk Management[M]. Cambridge University Press,2000

[199]Pogue G. A. . An Extension of the Markowitz Portfolio Selection Model to Include Variable Transaction Costs,Short Sales,Leverage policies and Taxes[J]. The Journal of Finance,1970,25 (5):1005—1028

[200]Poon S. ,S. J. Taylor. Macroeconomic Factors and the U. K. Stock Markets[J]. Journal of Business Finance and Accounting,1991,18:619—636

[201] Rockafeller T, Uryasev S. Optimization of Conditional Value-at-risk[J]. Journal of Risk,2000,2(3):21—24

[202]Rozeff M. S. . Growth Beta and Agency Costs as Determinants of Dividend Payout Ratios[J]. Journal of Financial Research,1982,5:249—259

[203]Roy A. D. Safety-first and the Holding of Assets[J]. Econometrics,1952,20:431—449

[204]Schaerf A. Local Search Techniques for Constrained Portfolio Selection Problems[J]. Computional Economics,2002,20:177—190

[205]Sharpe W. Capital asset prices:A Theory of Capital Market Equilibrium under Conditions of Ris[J]. Journal of Finance,1964,19:425—442

[206]Shefrin,Hersh,and Meir Statman,The Disposition to Sell Winners too Early and Ride

Losers too Long:Theory and Evidence,Journal of Finance,1985,40:777—790

[207]Shefrin H,Statman M. Behavioral Capital Asset Pricing Theory[J]. Journal of Financial and Quan-titative Analysis,1994,29(3):323—349

[208]Shiller. Market Volatility and Investor Behavior[J]. American Economic Review,1990,80(2):58—62

[209]Shiller R J. Stock Prices and Social Dynamics[J]. Brookings Papers on Economic Activity,1984,457—498

[210]Shleifer,Andrei and Robert Vishny. Limits of Arbitrage[J]. Journal of Finance,1997,52(1):35—55

[211]Staw,B. M. Knee-deep in the Big Muddy:A Study of Escalating Commitment to a Chosen Course of Action[J]. Organizational Behavior and Human Performances,1976,16:27—44

[212] Sundaresan, SureshM. Intertemporally Dependent Preferences and the Volatility of Consumption and Wealth[J]. The Review of Financial Studies,1989,2:73—89

[213]Vikash Ramiah and Sinclair Davidsin. Noise Traders and a Behavioral Asset Pricing Model:Australian Evidence[J]. Working Papers of RMIT University,2003

[214]Wang S. Y. ,Zhu S. S. On Fuzzy Portfolio Selection Problem[J]. Fuzzy Optimization and Decision Marking,2002,1:361—377

[215]Wermers R. Mutual Fund Herding and the Impact on Stock Prices[J]. Journal of Finance,1999,54 (2):581—622

[216]Weil,Philippe. The Equity Premium Puzzle and the Risk-ree Rate Puzzle[J]. Journal of Monetary Economics,1989,24:401—421

[217]Yu L,Wang S Y,Lai K K. An Integrated Data Preparation Sehemen for Neural Network Data Analysis[J]. IEEE Transactions on Knowledge and Data Engineering,2006,18:1-13

[218] Yoshimoto A. The Mean-variance Approach to Portfolio Optimization Subject to Transaction Costs[J]. Journal of the Operations Research Society of Japan. 1996,39(1):99—117

[219]Zangari P. A VaR Methodology for Portfolios that include Options[J]. Risk Metrics Monitor,1996,(first quarter):4—12

[220] Zou H. The Spirit of Capitalism and Long-Run Growth[J]. European Journal of Political Economy,1994,10(2):279—293

[221] Zou H. The Spirit of Capitalism and Savings Behavior[J]. Journal of Economic Behavior and Organization,1995,28:131—143

[222]Zou H. The Spirit of Capitalism,Social Status,Money,and Accumulation[J]. Journal of Economic,1998,68(3):219—233